MODERN LIBERTY

And the Limits of Government

현대의 자유

우리 시대의 이슈 04

현대의 자유 그리고 정부의 한계

원제_ Modern Liberty : And the Limits of Government

초판 1쇄 인쇄_ 2011년 11월 4일
초판 1쇄 발행_ 2011년 11월 14일

지은이_ 찰스 프리드
옮긴이_ 이나경

펴낸곳_ 바이북스
펴낸이_ 윤옥초

책임편집_ 이성현
편집팀_ 도은숙, 김태윤, 이현실, 문아람
표지디자인_ 방유선
디자인팀_ 윤혜림, 이민영, 남수정, 윤지은

ISBN_ 978-89-92467-60-5 04300
        978-89-92467-18-6 (세트)

등록_ 2005. 07. 12 | 제313-2005-000148호

서울시 마포구 서교동 395-166 서교빌딩 703호
편집 02)333-0812 | 마케팅 02)333-9077 | 팩스 02)333-9960
이메일 postmaster@bybooks.co.kr
홈페이지 www.bybooks.co.kr

책값은 뒤표지에 있습니다.

바이북스는 책을 사랑하는 여러분 곁에 있습니다.
독자들이 반기는 벗 - 바이북스

MODERN LIBERTY
And the Limits of Government

현대의
자유

ㅡ그 리 고 정 부 의 한 계ㅡ

찰스 프리드 지음 ― 이나경 옮김

바이북스
ByBooks

우리 시대는 정보의 시대라 불린다. 정보가 지금처럼 풍부했던 적은 일찍이 없었다. 그러나 우리의 세계를 형성하고 새롭게 만들어주는 것은 정보가 아니라 바로 '생각들'이다. '우리 시대의 이슈Issues of Our Time'는 오늘의 선도적인 사상가들이 새 밀레니엄에서 중요시되고 있는 '생각들'을 탐구하는 기획 총서다. 철학자 콰메 앤터니 애피아Kwame Anthony Appiah, 법률가이자 법학자인 앨런 더쇼비츠Alan Dershowitz, 노벨 경제학상을 수상한 경제학자 아마르티아 센Amartya Sen과 함께 시작하는 이 총서에는 모두 복잡함을 피하고 명료함을 추구하는 공통점을 가진 저자들이 참여한다. 진심을 가지고 적극적으로 임해준 저자들 덕에 정말 매력적인 책들이 나오게 되었다. 각각의 책은 우리가 중요시하는 가치들뿐 아니라 가치들 사이의 갈등을 해결할 방법의 중요성도 인지하고 있다. 법률, 정의, 정체성, 도덕, 자유와 같은 개념들은 추상적이지만 동시에 우리와 매우 밀접한 것들이다. 우리가 이 개념들에 관해 이해하는 것은 우리가 누구이며 우리가 무엇이 되고 싶은지 정의하는 데 도움을 준다. 이 개념들을 어떻게 정의하느냐에 따라 우리도 정의될 것이다. 따라서 이 총서는 독자로 하여금 기존의 가정들을 재검토하고 지배적 경향에 맞서 싸울 수 있도록 도와줄 것이다. 여러분이 이 저자들의 편에서 생각하든 저자들과 논쟁하든 간에, 저자들은 여러분의 마음을 움직이기까지는 하지 못해도 여러분이 자신의 생각을 테스트해볼 수 있는 기회는 분명히 마련해줄 것이다. 이들에겐 각양각색의 시각과 독특한 목소리와 생동감 넘치는 이슈가 있기 때문이다.

총서 편집자 **헨리 루이스 게이츠**Henry Louis Gates, Jr.

_ 하버드대 인문학부 'W.E.B. 듀보이스' 교수

저자의 말

복지 국가 속의 개인의 자유, 즉 현대의 자유는 1960년대부터 구상해 왔던 집필 주제다. 그 원형은 오래전 친구 네 명에게 들려주었던 나의 이야기다. 이 책은 그 네 명의 친구에게 헌정되었다. 자유에 대한 나의 생각들은 내 저서나 강의 내용, 레이건 행정부 시절의 업무 내용 등에까지 이런저런 형태로 반영되어 왔다. 〈우리시대의 이슈〉 시리즈의 편집자인 헨리 루이스 게이트 주니어Henry Louis Gates, Jr.가 '발언의 자유'를 주제로 책을 써달라는 의뢰를 했던 것은 내가 집필한 《법이란 무엇인가Saying What the Law Is:The Constitution in the Supreme Court》가 출판된 직후였다. 그 책의 주제가 바로 발언의 자유였기 때문에, 나는 주제의 지평을 일반적인 자유로 넓혀서, 조금 다른 방식으로 책을 써보고 싶다고 제안을 했다. 나는 〈우리 시대의 이슈〉 시리즈와 자유 민주주의 사회에 기여를 하고 싶었다. 60여 년 전, 프리드리히 하이에크Friedrich Hayek가 《노예의 길The Road to Serfdom》에서 그랬던 것처럼 말이다. 하지만 이미 알고 있었다. 좋은 의미로, 뉴딜 이후의 세계는 이미 저물고 있다는 것을.

특정 학과를 이수하지 않았더라도, 기술적 지식이 없더라도 쉽게 읽을 수 있는 책을 쓰고 싶었다. 이 관점을 유지하면서 구체적이고도 직접적인 설명과 꼼꼼하고 공정한 주장을 펼치는 데 주력했다. 친구인 브루스 애커먼Bruce Ackerman 교수의 표현을 빌리자면 '변호사나 학자들이 아닌 사람'을 위한 책을 쓴다는 것은 큰 도전이었다.

그래도 다행히 뛰어난 편집자들을 만나 일을 수월하게 진행할 수 있었다. 신념을 끝까지 고수했던 로비 해링턴Roby Harrinton, 꼼꼼하면서도 박력 있고, 따뜻하고 열정적인 제안들을 해준 로버트 웨일Robert Weil은 요즘 출판업계에서는 거의 만나볼 수 없는 자질을 가진 편집자였다. 그리고 여러 단계에서 내 초고를 읽어주며 참으로 많은 도움과 용기를 준 브루스 애커먼, 콰메 앤터니 애피아Kwame Anthony Appiah, 스티븐 브레이어Stephen Breyer, 앨런 더쇼비츠Alan Dershowitz, 필립 피셔Philip Fisher, 스티븐 그린블랫Stephen Greenblatt, 재닛 할리Janet Halley, 대릴 레빈슨Daryl Levinson, 리처드 포스너Richard Posner, 앨런 스톤Alan Stone, 그리고 윌리엄 스턴츠William Stuntz의 우정과 협력에 다시 한번 감사의 뜻을 전하고 싶다. 또 자료 정리와 편집을 도와준 제자들, 대니얼 켈리Daniel Kelly, 티앤 티앤 마이민Tian Tian Mayimin, 그리고 특별히 스콧 다소비치Scott Dasovich에게도 고마움을 전한다.

매사추세츠 주 케임브리지에서
찰스 프리

차례

사랑하는 벗
로널드 드워킨과 토머스 네이글에게

수많은 가르침을 주었던
로버트 노직과 존 롤스를 추억하며

Chapter 1

자유:그 실체를 찾아서

Liberty : The Very Idea

인기 높은 위대한 지도자무솔리니는 환호하는 군중을 향해 이렇게 말했다. "우리는 자유의 여신의 썩은 몸뚱이를 짓밟을 것이다."

- W. B. 예이츠, 《아이리시 인디펜던트》, 1924년 8월 4일

G. B. 마블리는 자기 원수라도 되는 듯 자유를 증오했다.

- 뱅자맹 콩스탕

현대 자유의 주창자였던 뱅자맹 콩스탕Benjamin Constant, 1767~1830은 '개인의 자유는 현대인에게 최우선적인 가치'라고 주장했다.[1] 콩스탕과 그의 연인이자 자유의 옹호자로 유명했던 스탈 부인Madame de Stael, 프랑스의 작가은 공동체적 유토피아를 꿈꿨던 막시밀리앙 로베스피에르Maximilien François Robespierss, 1758~1794, 프랑스의 정치가의 공포 정치를 피해 살아남았지만 결국 거대한 나폴레옹 제국에서 추방당하고 말았다. 콩스탕은 이렇게 주장했다. "자유란 단순한 독립을 말하는 것이

아니다. 개인의 자유란, 개인을 지배하려는 독재주의의 권위와 소수를 굴복시키려는 대중의 힘에 저항해 쟁취한 독립과 승리를 의미한다."

그가 영국식 입헌 군주제를 실현하기 위해 프랑스로 돌아오자 루이 필리프Louis Philippe, 1773~1850 왕은 고맙게도 그의 많은 채무를 갚아주었지만, 콩스탕은 그렇다고 왕정에 대한 비판을 거두지는 않을 것이라고 경고했다. 그는 이렇듯 지키지도 못할 공약을 남발하곤 했다고 전해진다.[2]

아이자이어 벌린Isaiah Berlin, 1909~1997은 그의 기념비적인 논문 〈자유의 두 개념Two Concepts of Liberty〉에서 고대인의 자유와 현대인의 자유를 비교하면서, 콩스탕의 해석을 인용했다. 콩스탕은 이 두 시대의 자유에는 차이가 있다고 지적했다.[3] 고대인의 자유는 어떤 지배자에게도 종속되지 않고, 자기 땅을 경작하고 추수하는 권리를 의미했다. 땅이 유일한 재산이고, 지배자의 속박에서 벗어나는 길은 비참함과 외로움을 수반하는 망명밖에 없었던 고대인들에게 이 자유야말로 인간으로서 꿈꿀 수 있는 최대의 축복이었다. 소크라테스도 아테네에서 망명하는 대신 독배를 선택하지 않았던가. 하지만 콩스탕은 이 고대인의 자유는 '전체주의' 속에서 실현된다고 해석한다. 전체주의 국가였던 스파르타는 국가를 위해 '개인'을 말살시켰는데, '국민이 자유를 누릴 수 있도록 개인을 노예화한 것'이다.[4] 현대에 들어서자 사람들은 두둑한 지갑을 챙겨(또는 대박을 터트릴 희귀 역쇄逆刷 우표나, 계좌번호와 비밀번호를 지참하고) 국경을 넘어, 세계 어느 곳에서나 새 삶을 시작할 수 있게 되었다.[5] 자유주의자 콩스탕이 가장 이상적으로

16

현대의 자유

생각했던 것은 자신의 의지로 자신의 삶을 살아갈 수 있는 자유였다. 지금과 마찬가지로 당시에도 미국은 이런 이상에 가장 근접한 나라였고, 젊은 시절 콩스탕은 이 신대륙으로의 이민을 고려했다고 한다.[6]

나는 그런 신념 속에서 자랐다. 우리 가족은 프라하에서 미국으로 건너왔다. 로베스피에르나 나폴레옹과 같은 광기에 사로잡혀 조국과 국민의 영광을 부르짖으며 개인의 삶을 짓밟아버린 대량 학살자를 피해, 부유하고 상업적이며, 편안하고 문명화된 도시로 망명한 것이다. 히틀러Adolf Hitler, 1889~1945가 몰락한 후, 우리 가족은 고향으로 돌아가려고 했지만, 체코슬로바키아는 더 끔찍한 피의 학살자의 손아귀에 들어가고 말았다. 평등주의라는 이름으로, 모든 사람은 공동체의 일원이며 모든 국민은 조국의 일원이라는 지옥이 시작된 것이다.

국민이 아닌 개인의 자유와 현대의 자유, 바로 이것이 이 책을 통해 내가 이야기하고자 하는 주제다.

유사 이래 자유의 최대 적은 선善이었다. 도시나 국가, 인종, 또는 정당 같은 공동체의 이익도 여기에 해당될 것이다. 그 극단적인 예가 바로 이집트의 피라미드 건설에 동원되어 중노동에 시달리다 죽어간 수만 명의 노예의 모습이다. 그들의 중노동은 경이로웠다. 아니, 여전히 경이롭다. 이집트의 이 무덤들은 파라오의 영광을 나타내는 동시에 죽음을 넘어 영원한 생명을 누리려는 절실한 소망이 구현된 공간이기도 했다. 썩지 않는 미라의 모습으로 파라오들은 금은보화와 함께 묻혔다. 하지만 영광은 언제나 영원한 생명으로 통하는 길이었다. 파라오들은 스스로의 영광과 영원한 생명을 위해 피라미드를 쌓아올렸지만, 수많은 종교는 언제 어디서나 신의 더 큰 영광을 드러내기 위해 개인의 자유를 희생시켰다. 그 개인이 신자인지 아닌지는 중요하지 않았다. 인간은 권력과 명예, 아름다움을 얻기 위해서라면 자신뿐 아니라 남의 힘이라도 빌리고 싶어 하는 법이다. 하지만 세상에는 남을 희생시켜서라도 옹호해야 할 가치가 있다고 생각하는 사람들이 있다. 캄보디아의 들판에서 폴 포트Pol Pot, 1925~1998가 자행한 대량 학살의 악몽과 중세 일본의 법정에서 이루어졌던 그 복잡한 의식儀式들을 떠올려보기 바란다.

이런 사람들은 자신이 추구하는 선은 너무나 숭고한 가치를 지니기 때문에 그 가치를 위해 희생되는 것은 축복이며, 그렇기에 '희생'이 아니라고 주장한다. 피해를 보는 사람들의 이익은 완전히 배제된 관점이다. 히틀러는 아리아 인종의 이익과 영광을 추구했다. 가장 뛰어난 인종이 초인超人의 지배를 받는 것이다. 이 계획에서 열등한 인종은 제거되거나 정복당해야 하는 존재이지, 이익과 영광을 같이 나눌 대상이 아니었다. 역사 속에서 이런 사례들은 수없이 많다. 그리고 그 속에서 억압받는 사람들은 단 한 번도 이익의 수혜자가 될 수 없었다. 왜냐하면, 그 이익은 보다 '가치' 있는 목표를 실현하기 위한 것이지, 한 개인을 위한 이익이 아니기 때문이다. 이를 가장 극명하게 보여주는 것인 종교 의식이다. 신에 대한 헌신은 누구에게도 이익을 가져다주지 못한다. 하지만 복종과 노예화의 역사 속에서 강조되었던 것은 남의 헌신을 강요하는 목소리였지, 공동의 이익, 억압받는 사람들의 혜택, 또는 쌍방에 도움이 되거나 모두에게 유용한 이익을 주장하는 의견은 들을 수 없었다.

평등주의는 '억압'의 논의에서 중요하면서도 모호한 역할을 한다. 자유는 너무나 중요하기 때문에 모든 사람은 평등하게 최대한 자유를 누려야 한다. 그런데 평등함에는 또 다른 시각이 존재한다. 평등은 자유보다 중요하며, 자유뿐 아니라 다른 중요한 가치들도 모든 사람이 평등하게 누리지 못한다면 주어질 수 없다는 것이다. 이 두 번째 시각에서 보면, 평등은 앞서 언급한 다른 선들, 즉 조국의 영광이나 신에 대한 헌신과 맥락을 같이한다. 즉, 평등은 개인의 이익에 우선하며, 그렇기 때문에 평등을 위해서라면 개인이 누려야 할 가치는 상실되어도 된다는 것이다. 그 희생이 누구에게도 득이 되지 못할지라도.

즉, 누구도 혜택을 누리지 못하고 모두가 '공평'하게 고통을 받음으로써 평등이 실현되는 것이 선이라는 논리다. 바로 이것이 부유하고 교육받은 캄보디아의 도시 사람들을 시골 들판으로 끌어내어 죽이고 생매장했던 폴 포트의 논리이자 피라미드의 평등함이다. 개인의 행복과 같은 이익은 위대한 '가치'를 위해 희생될 수 있다는 피라미드의 평등함 말이다.

국가의 권력이 무엇인지, 국부國富나 성공적인 정복이 무엇을 의미하는지 대부분 잘 알고 있을 것이다. 또 신의 영광을 추구하는 사람들 역시 그 영광이 무엇인지 알고 있으리라 생각한다. 그렇다면, 자유는 무엇을 의미하는가? 우선 그 일반적인 개념에 대해 알아보도록 하자.

모든 시작은 개인이다.[7] 세상에는 사회, 국가, 가족 등 많은 공동체가 있다. 하지만 이 모든 공동체를 구성하는 것은 한 사람 한 사람의 개인이다. 이 개인들이 한데 뭉쳐 전통을 창조하고, 종교를 계승하고, 단체를 조직하고, 시간과 공간의 에너지를 만들어간다. 인간은 개인의 집합체인 사회와 국가에 소속된 일원으로서 그 사회와 국가의 전통 속에서 살아간다. 또한, 인간은 자신이 만들어낸 언어와 문화를 영위하며, 이를 통해 의식을 키워간다. 이러한 사회나 국가, 가족, 전통, 종교, 언어 그리고 문화는 모두 개인 한 사람 한 사람의 창조물이다. 만약 누구도 말을 하지 않았다면 언어는 존재하지 않았을 것이다. 물론 생각을 기록할 문자는 존재했을 수 있겠지만 말이다. 사회나 문화(또는 기업이나 축구 팀)는 그 자체로 살아 있다고 할 수 있다. 개인들의 삶과 밀접한 관계를 가지는 이런 요소들은, 그 개인의 생명이 스러지고 난 후에도 그대로 존재한다. 큰 폭으로 변화하거나, 그 속에서 살아가는 개인들은 느끼지 못할 정도의 미미한 변화만이 일어날 수도 있겠지만, 존재한다는 것 자체에는 변함이 없다. 하지만 이 모든 것의 출발점은 개인이다. 눈과 귀, 입과 손, 뇌를 가지고, 언어를 읽고 듣고 이해하며, 전통을 느끼고 그 전통이 계승되었음을 기억하는 것은 오직 인간밖에 없기 때문이다.

한 개인 또는 사람들이 중요시하는 일반적인 가치는 모두 개인의 경험을 통해 의미가 부여된 것들이다. 여기까지 이해가 되었다면 다음 단계로 넘어가보자. 이 단계가 중요하다. 사람들에게 중요한 문제들, 즉 삶의 중요한 선택들은 모두 개개인의 판단에 의해 이루어지며 그 결과에 대한 책임 역시 그 판단을 내린 개개인이 져야 한다. 여기서 나는 책임이라는 말을 썼지만, 이는 단순한 비유가 아니다. 예를 들어, 믿음이란 개인이 믿을 만하다고 스스로 선택한 가치다. 사람은 직접 외부 세계에서 인지한 것이든, 남이 알려준 것이든 간에 의식 속에 들어온 어떤 가치를 그 자신이 판단하여 그것이 믿을 만한 것인지, 아니면 환상이나 오류, 거짓인지를 판단한다. 그리고 이런 판단 과정을 거쳐 '믿음'을 갖게 된다. 이런 판단들은 순식간에 이루어진다. 대부분의 사람은 직관적으로 판단을 내린다. 누군가 나에게 비가 오니 우산을 가져가라고 했다면, 나는 정말로 비가 오는지, 그리고 그 말이 농담인지 아니면 진담인지, 또는 그 말을 한 사람이 제정신인지 미친 사람인지를 판단할 것이다. 어쩌면 나는 남의 말을 너무 쉽게 믿을지도 모르고, 충동적일 때도 있을 것이며, 어리석거나 오만한 판단을 내릴지도 모른다. 하지만 그 모든 판단은 다양한 신념의 형태이며, 신념은 모두 그 판단을 내린 사람, 즉 나의 것이다.

또한, 사람은 좋고 나쁨, 옳고 그름에 대한 판단을 내리고 이에 따라 자신의 행동을 선택한다. 이런 선택들은 때때로 편견이나 감정, 남에 대한 공포에 지배되지만, 그렇다 하더라도 그 선택을 내린 것은 개인이며, 어떤 행동을 하기로 결심하는 것도 자신이다.[8] 그리고 인간 사회를 만들어가는 이런 믿음과 선택, 행동들은 모두 개개인에 따라 다르며 그렇기 때문에 일반화될 수 없다. 이런 개체성이 시대정신이나 문화와 융합될 때도 있지만, 이 시대정신이나 문화 역시 각 개인의 인식과 결론, 선택과 행동으로 만들어지는 것이다. 또한, 같은 시대와 문화 속에서 살아가는 사람들이라도 각각이 경험하는 시대와 문화는 모두 '자신만의 것'이다. 이런 관점에서 본다면, 개인은 이 모든 것에 책임이 있다.

판단과 선택뿐 아니라 아픔과 쾌락, 만족과 불만, 인생의 힘이 되는 열정 역시도 개인의 것이다. 이는 이기주의나 이타주의와는 아무 상관이 없다. 호사스럽고 편안한 생활 속에서 자신만의 행복을 추구하는 사람도 있겠지만, 자연과 예술의 미를 추구하며 행복을 느끼거나, 가족, 친구 또는 인류의 번영을 보며 행복을 느끼는 사람도 있을 것이다. 어떤 가치를 추구할지 선택을 하고 이 가치들을 충족시킴으로써 행복해지거나 또는 실패해 불행해지는 것 역시 개인의 몫이다. 다시 한번 말하지만, 인간이 선善이나 뛰어난 예술의 아름다움을 선택하는 것은 그것들이 어떤 만족감을 주기 때문이 아니라 이 가치들이 그 자체로 선하고 의미가 있기 때문이다. 나는 이 가치들이 그 자체로 가치 있기 때문에 만족(또는 실망)한다. 만약 신께서 내게 이런 가치들이 주는 만족감과 이런 가치 자체 둘 중 하나를 선택할 수 있는 기회를 준다면, 나는 이 가치 자체를 선택할 것이다.[9] 사랑하는 이의 행복을 바라는 이유도 같은 이치다. 사랑하는 사람이 행복한 모습을 보며 내가 만족하기 위해서가 아니라, 자신의 연인을 위해서 상대의 행복을 비는 것이다(〈카사블랑카〉에서 일사와 빅터 라즐로를 탈출시키고 자신은 도주의 길을 선택한 릭을 생각해보라). 그리고 이렇게 숭고하든 하찮든, 또 이기적이든 관대하든, 모든 가치에 의미를 부여하는 것은 개인이다. 왜냐하면, 그 가치를 판단하는 것이 우리 자신이기 때문이다. 그렇기에 이 가치는 모두 '개인의' 가치다.

마지막으로 조심해야 할 것은 이 개인주의를 유아론唯我論과 혼동해서는 안 된다는 점이다. 여기서 말하는 개인주의란, 한 개인이 선택하고 경험하는 모든 것은 가치 있는 것이며, 그렇기에 '절대선絶對善'이란 의미가 아니다. 좋고 나쁨, 옳고 그름, 쓸모 있음과 쓸모없음을 판단하는 것이 각 개인의 몫이라는 뜻이다. 어떤 선택을 하는 당사자가 근본적으로 잘못된 사고방식을 가지고 있거나, 미신에 사로잡혀 있거나, 범죄자거나, 극단적인 이기주의자라고 해서 그 선택 자체가 부정될 수는 없는 것이다. 개인은 자신의 신념과 판단, 선택과 행동에 대해 책임을 져야 한다. 이러한 신념이나 판단, 선택과 행동이 개인의 것이기 때문에 가치가 있다거나, 또는 없다고 주장하는 것은 잘못이다. 왜냐하면, 이는 개인의 책임을 부정하는 일이기 때문이다.

이 인간의 개인성, 즉 믿음과 판단, 선택에 대한 책임이야말로 자유로워지고자 하는 인간 욕구의 기반이자, 자유의 토대다. 내가 하고 싶지 않은 일을 누군가가 내게 시키려고 하거나, 어떤 신념을 믿게 하기 위해 속임수를 쓰는 것은 인간으로서의 가장 심층적인 부분에 대한 공격이라 할 수 있다. 자유의 근원을 공격하는 이런 행동은 인생에 대한 개입이다. 이는 도움을 주지 않거나 길에서 비켜주지 않는 것과는 전혀 다른 이야기다. 남의 인생에 개입하려는 사람들은 남의 자유를 자신들의 목적에 이용하려 한다. 남을 도와주지 않거나, 길을 비켜주지 않는 것은, 상대방이 판단을 하고, 느끼고, 선택을 할 수 있는 개인이라는 것을 인식하지 못하기 때문인 경우가 많지만, 의도적으로 타인에게 어떤 행동을 강요하려고 한다는 것은, 그가 판단하고, 느끼고 선택할 수 있는 능력을 갖춘 인간임을 알기에, 이 능력을 이용하여 자신의 목적을 달성하려는 것이다. 즉 타인의 자유를 박탈하려 하는 것이다.

자유란 규범화된 개인성이다. 나를 외면하거나 치고 지나가는 등 나를 존중하지 않는 사람은 내가 사고를 하고, 계획을 세우며, 판단을 하는 인간이라는 사실을 무시한다. 예를 들어 2층 창문 아래를 지나가는 자신의 원수에게 해를 입히려고, 나를 창문에서 집어던지는 사람은 내가 생각을 하고 책임을 지는 존재가 아닌 사물로 본다. 반면 내 자유를 침해하는 사람들은 나의 개인성, 즉 내가 사고력과 추리력, 판단력을 가진 인간임을 알면서도 내 의지를 꺾고 자신의 뜻을 따르도록 강요한다. 내 계획은 그들이 세우는 계획의 전제 조건이다. 즉, 그들은 자신의 계획을 내 계획에 끼워넣도록 강요한다. 그들은 내가 독립적이며 책임감이 있고, 의식을 가진 자유인이라는 것을 알고 있기에 목적 달성을 위한 수단으로 이용하는 것이다. 자유의 침해는 이런 것이다. 나를 자신과 같은 한 인간이라고 인식하는 동시에 그 자신과 나를 인간이게 만드는 부분을 부정하는 것이다. 바로 이런 관계가 타인과 나의 자유를 말해준다.

인간은 생각하고 느끼는 존재이며 이기적이든 관대하든 간에 나름대로의 계획(쉽게 말하면 자신이 추구하는 가치)이 있고, 이 계획들을 중요하게 생각한다. 그런데 이 계획들은 나를 이용하려는 사람뿐 아니라 나를 치고 지나가거나, 무시하는 사람에 의해서도 차질이 생길 수 있다. 또한, 개인이 남의 도움 없이 이룰 수 있는 일은 거의 없다. 어머니의 뱃속에 수태되어 태어나고, 자라고, 말을 배우는 것 역시 남의 도움이 없었다면 불가능한 일이다. 주위 사람들이 갓난아기를 외면한다면, 그 아기는 죽고 말 것이다. 이렇듯 개인의 계획들(추구하는 가치들)의 실현 여부는 언제나 다른 사람들에게 달렸다. 여기서 중요한 것은 이 상호 의존이 어떤 식으로 이루어지는지를 인식하는 것이다. 사람들은 인간으로서, 또 한 사람의 개인으로서, 자신의 생각과 선택에 동조 또는 반대하는 누군가를 필요로 한다(물론 어머니의 태내에 있을 때나 갓난아기 때에는 그렇지 않을지도 모르지만 조만간 그렇게 된다). 이런 모든 계획은 자유와 관련이 있다. 왜냐하면 이런 가치들은 남의 선택을 끌어내거나, 보류시키거나, 변경시킴으로써 실현되는데, 이런 행동은 '인간이란 무시되거나 제거되어야 할 물건이 아니라 하나의 인격체라는 인식'을 보여주기 때문이다. 하지만 타인과의 관계가 항상 그런 것만은 아니다. 남을 치고 지나가거나 무시할 때도 있다. 흔히 이해력과 판단력, 선택할 수 있는 타인의 능력을 필요로 하는 목표를 추구할 때 이런 관계가 형성된다.

타인의 능력을 이용하는 것은 타인의 자유를 이용하는 것이다. 하나의 인격체로서 남과 구별되는 특징이 되는 이런 능력들을 이용하는 길은 두 가지다. 하나는 이런 능력을 가진 개인과 협동하는 길이고, 다른 하나는 개인을 강압적으로 이용하는 길이다(여기서 강압이란 단어는 신체적인 구속이 아닌 위협이나 명령을 뜻한다. 즉, 들고 있는 총을 흔들어 보이며 타인에게 이동하도록 명령하는 것을 생각하면 된다). 협력을 끌어낸다는 것은, 남이 나와 같은 선택을 하도록 유도하는 것이다. 이 협력은 강압처럼 보일 수도 있다. 강압은 사실, 거절할 수 없는 제안이기 때문이다.[10] 여기서 아주 극단적인 예를 하나 들어보겠다.

은행 지점장이 고객들의 목숨을 구하기 위해서 지하 금고실을 열어 은행 강도에게 협력을 한 경우나 땅 주인이 인기 레스토랑의 임대차 계약을 갱신하면서 엄청나게 전세금을 올리겠다고 우기는 경우는 강압에 해당한다고 할 수 있다. 반면 모차르트Wolfgang Amadeus Mozart, 1756-1791와 극작가인 로렌초 다 폰테Lorenzo Da Ponte, 1749-1838가 공동 작업으로 오페라 〈피가로의 결혼The Marriage of Figaro〉을 완성시키기까지의 과정, 또 함께 살게 된 연인의 모습은 협력의 좋은 예다.

이 모두 자유와 연관된 예다. 즉 각각의 개인은 다른 사람을 한 인격체로 인정하면서 이용했다. 은행 강도의 경우도 예외는 아니다. 그럼 이제부터 자유가 침해당한 순간, 또 실현된 순간들을 소개해보고자 한다. (자유의 개념은 권리를 내포하며, 무의식적으로, 부주의로 인해 남의 자유를 침해하는 경우도 있겠지만, 사악한 속셈에 의해 의도적인 침해를 저지르는 경우도 있다는 것을 설명하고자 한다. 개인은 이 모든 경우에서 자신의 자유를 지키려 할 것이고, 국가 역시 국민의 자유를 지켜주어야 한다. 그러나 이 두 경우는 그 침해의 의도가 명백히 다르므로 방어와 대응 방식도 달라진다.)

나는 자유란 표준화된 개인성이라 정의했다. 이 책의 나머지 부분에서는 이 정의를 보다 명확하게 설명하고 어째서 이런 관점이 중요한지, 그리고 이것이 간과되었을 때 어떤 문제점이 생기는지 살펴보고자 한다. 파라오나, 폴 포트, 현대 중국이나 이란, 쿠바처럼 알기 쉬운 예를 통해서가 아니라, 현대의 풍요롭고 민주적인 사회 속에서 일어난 일들을 예시로 소개하며 이야기를 풀어나갈 생각이다. 즉, 역사 속 공포의 망령을 끌어내는 것이 아니라 수준 높은 자유 민주주의의 모델이라 볼 수 있는 사회에서 일어난 세 가지 예를 들어보려 한다. 내가 선택한 이 예들은 잔혹하거나 극단적이지 않으며, 그렇다고 일반화할 수 있는 내용은 아니지만, 우리의 마음에 무거운 울림을 남긴다. 왜냐하면 이 예들은 개인의 자유, 민주적인 자유가 아닌, 콩스탕이 '현대의 자유'라 불렀던 그 자유를 침해하고 있기 때문이다.

세 가지 자유의 침해 사례 ▦ Three Gentle Challenges

언어 경찰

1977년, 캐나다 퀘벡 주의 프랑스계 주민들에 의해 '프랑스어 헌장'이 제정되었다. 200년 넘게 영국계가 실권을 잡고 있는 퀘벡 주에서 프랑스계 캐나다인의 문화와 언어의 정체성을 지키기 위해서는 특단의 조치가 필요하다는 위기감이 작용한 것이다.[11]

프랑스어를 공식어로 인정하는 이 헌장은 퀘벡 주민들의 일상에 큰 영향을 미치게 된다. 이 법령에 따라 정부 관리들이 다음과 같은 조치를 취했기 때문이다. 몬트리올 중국인 병원은 고령의 중국인 환자들을 위한 의료기관이다. 환자 대부분은 중국어밖에 하지 못한다. 그러나 프랑스어 부서(일명 언어 경찰)는 이 병원이 중국어를 할 수 있는 간호사를 채용하겠다는 구인 광고를 내지 못하게 했다. 또한, 소년 시절 위니페그Winnipeg에서 프랑스어 학교를 다녔던 우크라이나 출신의 한 아버지는 영국계인 아내와 함께 퀘벡 주로 이사를 온 후

자신의 일곱 살 난 아들을 영어 학교에 보내려 했지만, 당국에 의해 거부당했다. 왜냐하면 이 아버지가 프랑스계 부모로 분류되어 있었기 때문이었다. 이 부부는 아들을 홈스쿨로 교육하기로 결정했다. 한 할머니는 강 건너 퀘벡 주에 사는 손녀에게 말하는 인형을 선물하려고 통신 판매로 주문하려 했지만, 그 인형의 입에서 나오는 말이 영어라는 이유로 주문할 수 없었다. 또한, 몬트리올에 거주하는 한 유대인 석공은 자신의 조부가 50년 전에 만든 '비석 제조업자'라는 서명에 포함된 다섯 개의 히브리 문자가 프랑스어 문자보다 더 크다는 이유로 고소를 당할 위기에 처하기도 했다. 한 영자신문사의 사주는 '언어 경찰'에게 업무 방해죄로 고소를 당했는데, 그 이유는 '언어 경찰'이 뉴스실에 붙어 있는 영어 표지판의 사진을 찍는 모습을 이 신문사의 직원이 사진에 담았기 때문이었다.[12] 이런 당국의 조치 중에 몬트리올 중국인 병원과 영어 학교 입학 문제는 법원에서 위헌 판결을 받았다.[13]

뉴욕과 런던이라면, 사람들은 상점에서 영어로 물건을 사고, 자녀가 영어 교육을 받고, 과속 운전으로 걸려 법정에 나가게 되면 판사는 영어로 판결을 내릴 것을 믿어 의심치 않는다. 미국에서는 영어와 병행하여 스페인어 표지판이 설치된 지역이 많으며, 스페인어로 의사소통을 할 수 있는 기업, 병원, 공공기관들도 늘고 있다. 또한, 다양한 언어의 통·번역사들이 증인 심문 시 의사소통을 도와주며, 사법 절차에 동석해야 하는 경우도 많다. 하지만 그렇다고 해서 미국이나 영국, 호주에서 살고 있는 사람 중, 자신이 영어권 사회에서 살고 있지 않다고 생각하는 사람은 없다. 마찬가지로 프랑스에서는 프랑스어가, 독일에서는 독일어가, 일본에서는 일본어가 공식어다. 앞서 언급한 외국어 서비스(스페인어는 1번을 눌러주세요)는 이런 지위를 흔들 수 없다. 이렇게 외국어가 난무하고 있지만(어쩌면 그 덕분에) 영어를 사용하는 미국인은 1번을 누르면서 그저 이렇게 생각할 뿐이다. '이런 서비스가 있으니 참 편리하군.' 퀘벡 주의 주민들도 미국인이나 영국인, 프랑스인, 일본인들이 누리는 것을 원할 것이다. 그저 자기 조국의 '당연한' 언어 환경 속에서 생활하는 자유 말이다.[14]

캐나다 국가 의료보험

두 번째 역시 퀘벡 주의 사례로, 캐나다 정부와 국민이 매우 자랑스럽게 생각하는 국가 의료보험과 관련된 문제다. 예로부터 병든 사람을 돌보는 것은 자선 단체의 의무였으며, 현대에 이르러서는 사회적 책임으로 인식되고 있다. 하지만 현대의 복잡한 국가 체제 속에서 이 책임을 다하려면 그만큼 복합적인 시스템이 필요하다. 의료 기술의 발전으로 질병과 죽음에 대한 인류의 공포는 크게 줄어들었지만 그만큼 의료진과 병원, 의약품은 비싸졌다. 혹자는 이런 사회적 의료 보장은 전 국민을 대상으로 해야 하며, 누구에게나 똑같은 수준의 의료 서비스를 제공해야 한다고 주장한다. 부자나 건강에 대한 우려가 있는 사람이라도 비싼 민간 요양 기관에서 치료를 받아서는 안 되며 영리 병원의 진료 행위도 금해야 한다는 것이다. 이를 허용하면 수준 높은 의사나 간호사들이 고급 의료 서비스 분야로 옮겨가게 되어 일반 의료 서비스가 제한될 수 있기 때문에 '질병이나 상해를 입은 국민에게는 국가의 의료 서비스를 받을 권리가 있다'는 일반적인 인식이 무너진다는 논리다. 하지만 어떤 방법을 택하더라도 치료를 받기까지 남보다 더 긴 시간을 기다려야 하는 사람이 나오는 것은 피할 수 없다. 또 치료를 받더라도 그 효과가 그리 좋지 않을 수도 있으며, 죽을 수도 있다.

캐나다에서는 정부가 유일한 보험자다. 의료의 질은 높은 편이다. 하지만 그 서비스를 받기 위해서는 대부분 오랜 시간을 기다려야 한다. 그 때문에 사망 등 치명적인 후유증도 발생한다. 캐나다에서는 국가 의료보험 외에 민간 보험에도 가입할 수 있다. 그러나 퀘벡 주는 국가 의료보험으로 보장해주는 의료 행위에 대해서는 민간 보험의 판매 및 가입을 전면 금지했으며, 의사나 병원 등의 의료 제공자는 민간 보험과 계약할 수 없다. 물론 다른 주로 건너가 의료 서비스를 받는 것은 위법이 아니지만, 그런 경우에도 의료비를 보장해주는 보험에는 가입할 수 없다. 이런 규제를 통해 퀘벡 주 정부는 어느 누구도 주 정부가 유일한 보험자인 현재의 공공 의료보험 체계에서 벗어날 수 없도록 한 것이다(2005년 캐나다 고등법원은 국가 의료보험 체계에 강제적으로 전 주민을 묶어두는 퀘벡 주의 조치 때문에 생명을 위협할 수도 있는 진료 지연 문제가 발생하고 있으며 이는 헌법상의 국민의 권리를 침해한다고 하여 제기된 소송에 대해 4 대 3으로 합헌 판결을 내렸다. 하지만 이 판결은 앞으로 뒤집힐 가능성이 있다. 현 제도는 국가 단일 보험자 체제와 접근성의 평등을 지키기 위해 민간 의료보험 가입을 금지하고 있지만, 현실은 그 목표와는 정반대 방향으로 움직이고 있다. 캐나다 전역에서 법적으로 불법 기관인 민간 수술 병원들이 우후죽순처럼 생겨나고 있기 때문이다).[15]

영국 등 외국에서는 정부 보장형의 전 국민 보험 체제를 채택하고 있지만 동시에 의사와 병원들이 민간 의료 서비스를 제공할 수 있기 때문에 이러한 민간 의료 서비스를 보장하기 위한 민간 보험 시장이 활성화되어 있다.

현재 시행되고 있는 모든 공공 의료 시스템은 정부에 의한 할당과 의료 수준의 제한, 기나긴 대기 명단으로 실현되는 배급제라 할 수 있다. 민간 의료 서비스도 배급과 할당 구조지만, 환자가 납부한 의료비와 의료 제공자들에게 지불한 수가에 의해 이 구조가 유지되고 있다는 차이가 있다.

버몬트 주의 월마트

세계 최대의 할인 매장인 월마트는 교외의 광대한 부지(미식축구 경기장 세 개 크기인 15만 평방피트에 달하는 경우도 종종 있다)를 확보하여 점포를 내고 다양한 상품을 싼 가격에 제공함으로써 큰 수익을 올리고 있다. 몇몇 국가들과 주 정부는 건축 규제 등 여러 법규를 동원하여 월마트 방식의 대규모 쇼핑센터의 입점을 규제해왔다. 그중에서도 문화유산국민신탁 National Trust for Historic Preservation, NTHP은 2004년, 훼손 위기에 처한 문화 사적지史蹟地 리스트에 버몬트 주 전역을 포함시킴으로써 건축 규제를 위한 법적 근거로 삼았다. 문화유산국민신탁이 내세운 이유는 다음과 같다.

역사의 숨결이 남아 있는 마을과 도시, 농장, 구불구불한 농작로, 숲으로 둘러싸인 호수들과 아름다운 산의 경관, 활발한 지역 사회로도 유명한 버몬트 주는 《내셔널지오그래픽 트래블러》의 '세계의 여행지'로도 선정된 바 있다. 그러나 최근 미국 한구석에 위치한 버몬트 주는 공장형 쇼핑센터의 입점 압력에 시달리고 있다. 초대형 쇼핑센터의 입점으로 버몬트의 아름다운 자연 경관이 훼손되고, 유서 깊은 다운타운에 대한 경제적 투자 감소, 지역 경제의 쇠퇴, 지역 사회의 붕괴 등의 결과가 초래될 것으로 예상된다.[16]

물론 월마트 정도의 초대형 할인 매장을 세우려면 광대한 부지가 필요하다. 여기에 주차장과 잇달아 들어설 다른 쇼핑몰들(대부분의 경우 쇼핑몰들은 한데 모여 블록을 형성한다)을 고려하면 어마어마한 면적을 잠식하게 될 것은 분명하다. 그러나 버몬트 주의 전체 면적과 상대적으로 과밀하지 않은 인구 밀도를 생각하면 월마트가 입점하더라도 충분한 규모의 경작지와 산림이 보존될 것으로 생각된다. 이들이 주장하는 '훼손'은 사실 경제적인 부분이다. 소규모 도시와 마을의 중심가를 따라 늘어서 있는 작은 상점들은 가격 면에서나 취급 상품의 다양성에서나 월마트의 경쟁 상대가 되지 못한다. 전국적으로 도로가 정비되면서 과거에는 시골 또는 교외라고 불리던 지역에까지 주택 단지가 확대되었고, 가족 수만큼 자동차를 구입하는 집들이 늘어났다. 그 결과 시내 중심가의 상점에서는 고객 감소가 심각한 문제가 되고 있으며 지난날 마을 사람들이 친구, 이웃들과 어울리던 시골 마을의 그림 같은 중심가는 이제 빈 상점만 즐비한 공동화 지역으로 전락하고 있다. 때문에 사회적 책임감을 끌어내고 유지하기에 필요한 상호 관심과 친밀성이 희박해지고 있다. 주차장이나 대형 마트의

현대의 주류

진열대, 계산을 기다리는 사람들의 행렬 속에서 허물없는 교류가 생겨나리라고는 기대하기 어렵다. 오히려 이는 보다 세분화된 이너서 클적인 친교의 경향을 가속화할 것으로 예상된다.

그렇지만, 여기서 간과해서는 안 되는 것은, 지역 상점들의 폐쇄와 시내 중심가의 공동화를 초래한 원인이 시내 중심가의 상점보다 싸고 다양한 물건을 취급하는 교외의 공장형 할인 매장을 선호하는 마을 사람들의 마음에 있다는 것이다.

마을의 중심가는 애당초 아고라 광장처럼 토론을 위한 장소로 생겨난 것이 아니다. 상점과 관청 등이 한곳에 몰려 있어야지 식료품이나 전자제품 등 생활에 필요한 물건을 사고 관공서에 가서 일을 처리하기가 편리하다고 여기는 마을 주민의 요망이 있었기에 형성되고 발전했다. 행상인이 가가호호 다니며 판매하는 물건보다 상점에서 취급하는 물건들의 질과 다양성이 더 좋았기 때문에, 또 필요한 물건을 카탈로그에서 찾아, 신청 용지에 기입해서 우편으로 부치고, 물건이 도착하기를 기다리기보다는 그 자리에서 구입하길 원하는 주민이 많았기 때문에 마을 안에 상점이 생겼다. 월마트 역시 고객에게 이런 요망을 충족시켜주고 있다. 싼 가격에 적당한 품질의 물건을 살 수 있는 혜택은 일반 시민에게 거대한 매력이며, 버몬트 주의 법규로도 통제할 수 없는 힘을 발휘한다. 마을 사람들의 욕구를 교외의 거대 쇼핑몰이 충족시켜주는 한 시내 중심가의 상점들로 고객이 돌아오는 일은 없을 것이다. 하지만 만약 마을 사람들이 월마트에서 쇼핑하지 않고 고집스럽게 마을의 식료품점을 이용한다면 시내 중심가는 번성할 것이고, 월마트는 철수할 것이다.[17]

과거에는(지금도 이런 지역이 남아 있기는 하지만) 통치자를 선택하거나, 정치에 대해 자기 목소리를 낼 수 없었다. 사람들은 자신의 종교적 또는 정치적 신념을 말하거나 인쇄했다고 해서, 또는 선거에 출마했다고 해서, 아니면 이렇다 할 이유도 없이 투옥되고, 얻어맞고, 살해당했다(이 실상은 지금도 변함없다). 또한, 특정 계층과는 결혼하는 것은 물론 만나는 것조차 금지되던 시절도 있었다. 계층에 따라 직업뿐 아니라 의복도 정해져 있었고, 거주 지역을 선택할 자유도 없었다. 마음대로 이사할 수도 없었으며, 특정 지역에는 들어갈 수도 없었고, 살던 마을을 강제적으로 떠나야 하는 경우도 있었다. 이런 극단적인 자유의 침해 사례를 통해서도 자유가 무엇이며, 어째서 소중한 것인지 배울 수 있을 것이다. 하지만 자유의 침해에 대해서는 너무 획일화된 인식이 지배적이기 때문에 이런 극단적인 예를 통한 '자유'의 논리가 많은 사람에게 거부감을 불러일으키는 것 또한 사실이다.

  그렇기 때문에 이 책에서는 자유주의자들이 주장하는 '정당성'과 관련된 자유 담론은 다루지 않았다. 즉, 체포하고, 언론사를 수색하고, 도청을 하는 권력에 대한 비난 말이다. 여기에서는 재판이나 구금, 사형과 관련된 주장은 등장하지 않는다. 물론 이런 재판이나 사형은 그 정권이 추구하는 가치가 자유든, 폭정이든, 공포든 상관없이 언제나 존재해왔다. 하지만 권력자가 정신이상자였던 경우를 제외하고는, 이런 조치들이 단지 권력자만을 위한 것은 아니었다. 즉, 언제나 사회의 발전 또는 어떤 명령이나 가치관을 지키기 위한 방편이었던 것이다. 전 세계에서 자유가 가장 많이 보장된 국가들은 내부적으로 개인의 자유를 보호하기 위해 경찰과 검사, 감옥 등의 기관을 두며, 외부의 적으로부터 자국민을 보호하기 위해 군대를 보유한다. 이 책의 주된 초점은, 자유를 지키기 위해 허용되어야 하는(또는 허용될수 있는) 현실적인 제도에 대한 고찰이 아니라, 자유 그 자체의 가치와 사회 시스템의 존재 목적이다. 물론 사회가 개인의 자유를 존중하고 보호하기 위해서 약자를 이용하여 잇속을 챙기는 '개인'을 규제해야 한다는 생각에는 나도 동의한다. 하지만 이 주제는 다른 기회에, 다른 책에서 다룰 생각이다. 이 문제들은 자유의 정의, 또는 자유가 중요한 이유를 생각해보는 데 있어 별 도움이 되지 않기 때문이다. 하지만 다음과 같은 질문은 던져볼 수 있다. 과연 이런 규제나 처벌들이 우리의 자유를 박탈하는 것일까? 사회적 규제와 처벌에 부여된정당성을 살펴보는 것이야말로, 현대의 자유와 자유 수호의 필요성, 또 그 한계에 대해 이해하는 첫 걸음이 될 것이다.

이런 규제들은 국민에게 정치적 자유가 보장된 민주 국가들에서 제정되었다는 공통점을 갖는다. 즉, 콩스탕도 말했듯이 민주적인 정치 참여가 '자유'를 보장하지는 못하는 것이다. 앞서 언급한 캐나다 퀘벡 주와 미국 버몬트 주의 세 가지 사례와 일반적인 정부 사업이나 정책을 비교해보자. 정부 사업이나 정책은 납세와 재정 지출이라는 기본 구조를 통해 이루어진다. 국민의 세금을 투입하여 정부가 추진하는 여러 제도나 사업들에 대해 반대하는 사람들은 있지만, 이를 '자유'의 침해라고 주장하는 사람은 극소수에 불과하다. 외교 정책도 마찬가지다. 만약 정부가 개전開戰 결정을 내린다면 반대 여론이 들 끓겠지만, 국민의 자유를 부당하게 빼앗는 처사라고 규탄하는 사람은 거의 없을 것이다. 세금 징수에서 출발하여 파병에 이르기까지의 과정은 정부가 수행하는 모든 기능을 아우른다. 즉, 주류 판매 규제에서 토지 용도 구분 조례까지 국민의 혈세로 추진되는 대부분의 정부 시책들에 대해 국민들은 지지하지 않더라도 이를 받아들이고 따른다. 그렇다면 캐나다의 사례는 어째서 이토록 격렬한 반대 여론을 불러일으키는 것일까?

우선, 이 사례들에는 '강제 징집enlistment'적인 측면이 있다는 것을 지적하고 싶다. 군이 '강제 징집'이라는 단어를 사용한 이유는, 납세자가 반대하는 부문에 정부가 재정을 투입하는 일반적인 시책이나 정책보다 더 '강제성'이 두드러지기 때문이다. 이 '강제 징집'의 사전적인 의미는 말 그대로 전쟁 시에 강제적으로 군인을 징집하는 것을 말한다. 일례로 퀘벡 주의 '프랑스어 헌장'은 영어를 쓰거나 중국어 또는 히브리어 간판을 내건 사람들에게 '프랑스어를 쓰든지, 침묵하든지' 양자택일을 강요한다. 또한, 의사와 환자들은 국가 의료보험에 가입하지 않아도 되지만 그렇게 되면 진료를 할 수도, 치료를 받을 수도 없다. 아니면 미국으로 건너가 치료를 받아야 한다. 월마트에서 쇼핑을 하고 싶은 버몬트 주의 주민들은 이웃 주에서 쇼핑을 하거나, 인터넷 또는 홈쇼핑 등을 통해 통신 판매로 물건을 구입하라고 하는 것도 마찬가지다. 이런 '양자택일'은 모든 사람의 불만을 잠재우는 방법처럼 보일 수도 있지만, 사실은 가장 끔찍한 강압이다.[18]

강압의 주체와 대상 ▓▓▓ Who Imposes on Whom?

위의 세 사례에서 정부의 조치에 반발하고 분개하는 사람들은, 남에게 피해를 주거나 남의 권리를 빼앗으려는 의도는 전혀 없을 것이다. 하지만 납세와 병역의 의무에 대해 생각해보자. 탈세나 병역 기피는 현재 그 자신이 누리는 안전이나 사회 복지를 저해하는 요소가된다. 안전이나 사회 복지는 필요 없다고 주장하는 사람이라도 납세나 병역 제도의 혜택까지 무시할 수는 없을 것이다. 하지만 앞서 소개한 세 가지 사례에서는 법규를 위반한다고 해서 이러한 사회적 혜택을 저해하는 결과를 초래하지 않는다. 프랑스어로 의사소통하며 생활하고 싶은 사람은 길거리에 커다란 히브리 문자로 쓰인 간판들이 몇 개 걸려 있다 해도 원하는 삶을 살 수 있다. 또한, 환자가 민간 의료보험에 가입했다고 해서, 의사들이 영리 병원으로 자리를 옮긴다고 해서, 국가 의료보험으로 진료와 치료를 보장하는 시스템이 붕괴되는 것도 아니다. 또한, 아무리 동네 사람들이 더 싸고 상품 구성도 다양한 교외의 쇼핑센터에서 쇼핑을 즐긴다 하더라도, 버몬트의 시내 중심가에서 물건을 사고 싶은 사람의 자유는 제한받지 않는다. 프랑스어 이외의 언어를 사용하는 사람들이나 적절한 치료를 받아 완쾌된 환자, 또는 싼 가격으로 물건을 제공하는 소매업자는 자신의 선택이 프랑스어 사용의 타당성이나 폭넓은 보장을 해주는 국가 의료보험 제도나 고색창연한 마을 중심가의 상점들의 매력을 옹호하려는 사람들에게 피해를 준다고 생각하지 않는다. 그런데도 정부는 모든 대상자가 동참하지 않고 대안을 선택할 수 있게 되면 대다수가 요망하는 제도가 유지되지 못할 가능성이 있다는 납득할 수 없는 이유를 내세우며 동참을 강요한다. 반대론자들은 바로 이 점에 분노하는 것이다. 이는 병역이나 납세 제도가 자신의 의무를 다하지 않는 무임승차자들로 인해 훼손되는 메커니즘과는 뚜렷한 차이가 있다.

의료보험과 월마트 사례의 경우, 반대론자들의 가장 큰 불만은 세금을 납부하여 해당 제도를 유지하는 것에 기꺼이 공헌할 의사가 있음에도 불구하고 동참을 강요받고 있다는 것이다. 이런 강압은 다수의 논리로 반대론자들의 개인적 또는 공동체적인 생활을 결정할 뿐아니라, 선택 가능한 대안 그 자체를 봉쇄해버리겠다는 것이다. 다시말해 심각한 자유의 침해라 할 수 있다. 문제의 핵심은 사회의 주류 세력이 그 사회의 모습을 결정하는 것에 그치지 않고, 그 사회의 구성원들이 자신과 '다른' 선택을 하는 것조차 내버려두지 않는다는 점이다. 그 '다른' 선택이 가능하다고 해서 다수가 원하는 사회의 모습이 훼손되지 않는다 해도 말이다. 이렇게 삶의 방식을 강요하는 것은 명백한 자유의 침해다. 그리고 이 강압은 가장 민주적이고 일상적인 풍경 속에서 일어나고 있다.

퀘벡 주와 버몬트 주의 주류 세력들은 이런 묘사에 반발할 것이다. 그들은 반대론자들의 입장을 기꺼이 받아들일 의사가 있다고 주장한다. 반대론자들의 말할 권리, 의료 서비스를 제공하고 제공받을 권리, 또는 원하는 곳에서 물건을 살 권리를 허용하더라도 절대다수가 이 '대안'을 선택하지 않을 상황이라면 말이다. 하지만 퀘벡에서 프랑스어 사용을 강제하지 않으면, 프랑스어는 사라지고 말 것이며, 민간 보험이 허용되면 국가 의료보험 체계는 붕괴되고, 월마트 입점을 허용하면 버몬트의 마을들이 황폐해질 것이라고 주장한다. 이 사례들에서 반대론자들이 자유롭게 행동할 수 있는 자유는 오직 '반대론자들의 세계'에서만 허용된다. 반대론자들의 행동은 주류 세력의 선택이 실현되는 것을 방해하기 때문에 반대론자가 아닌 사람들이 피해를 입는다는 것이 그들의 논리다(바로 이것이 경제학자들이 말하는 부정적 외부 효과다). 그 이유는 무엇일까?

아무리 주류 세력들이 프랑스어 사용을 고집한다 해도 만약 상당 수의 퀘벡 주민들이 일상생활 속에서 프랑스어를 사용하지 않는다면 프랑스어를 쓰는 분위기는 크게 위축되고, 얼마 가지 않아 주위의 영어권 사회에서 밀려들어 오는 영어에 대항할 수 없게 될 것이다. 주류 세력들이 추구하는 것은 프랑스(또는 미국에서의 영어)와 같은 언어 환경을 만드는 것이다. 프랑스에서는 굳이 강요하지 않더라도 프랑스어를 쓰는 것은 암묵적인 표준이며, 프랑스어 외의 언어를 사용하는 사람이 있다 하더라도 프랑스어의 지위에 아무런 위협이 되지 않는다. 사실, 프랑스어가 유일한 공식어가 되어야 한다고 주장하는 사람들이 없어도 그 사회 구성원들이 프랑스어를 사용하는 한 프랑스어는 사라지지 않는다. 프랑스에서 사람들이 프랑스어를 사용하는 것은 어떤 규제가 있어서가 아니다. 그저 모든 사람이 쓰는 언어이기 때문이다. 프랑스 사회에서 프랑스어를 사용하는 것은 법률로 정해진 것이 아니다. 흔히들 미국에서는 영어를(또는 프랑스에서는 프랑스어) 사용해야 한다고 하지만, 이는 법으로 규정된 것이 아니라 그것이 그 사회의 일반적인 언어 행태이기 때문이다. 그런 점을 생각하면 퀘벡의 주류 세력이 프랑스어의 지위 확보와 유지를 고집하는 것은 당연한 일이라 할 수 있다. 이들이 헌장을 제정해 프랑스어 사용에 강제성을 부여하지 않는다면 퀘벡의 언어 환경은 급변하여 몬트리올은 지위고하, 남녀노소를 막론하고 모든 주민이 영어를 사용하는 '캐나다의 뉴욕'으로 변모하게 될 것이다.

마찬가지로 평등을 추구하는 관행이나 규제가 없는 한 전 국민 의료보험 제도는 성립될 수가 없다. 평등을 중시하는 이 제도에 대한 사회적 지지가 워낙 확고해서 처음에는 연줄을 이용해 대기 순번을 앞당기려는 시도에 스스로 죄책감을 느끼는 사람도 있을지 모른다. 또한 사람들은 동네 슈퍼마켓의 상냥한 계산원 아주머니가 심장질환이 있는데도 경제적 여유가 없어 치료를 받지 못하고 힘들어하는 모습을 지켜보기보다는, 경제적 부담 없이 자신과 같은 주치의 치료를 받고 충분한 의료 혜택을 누리기를 원한다. 하지만 규제가 없는 한 제공되는 치료가 동일할 수는 없으며, 시간적 혜택 또는 더 나은 수준의 의료 혜택을 받으려는 수요는 늘어날 수밖에 없다. 자녀가 심각한 질환을 앓고 있는데 가장 빨리, 그리고 최상의 치료를 받게 하려고 애쓰지 않는 부모는 없을 것이다. 수요와 공급이 있는 한, 공공과 민간 의료보험 체계는 공존할 수밖에 없다. 국민 대부분이 보다 빠르고, 편하고, 질 높은 의료 서비스를 추구하는 상황 속에서 국가 의료보험 제도는 민간 보험에 가입할 수 없는 일부를 위한 제도일 수밖에 없다. 그럼에도, 전 국민이 이 제도를 유지하기 위해 세금을 내고 있다. 이렇듯 일부만을 위한 제도를 모두가 지탱하는 방식에는 한계가 있다. 민간 보험에 가입한 사람들은 자신이 이용하지도 않는 제도를 위해 세금을 내는 것에 분노를 느끼게 되고, 납세를 강압 또는 자선 활동이라고 인식하게 된다. 더 수준 높은 진료를 받을 수 있고, 정보도 많은 이들은 국가 의료보험이 제공하는 의료의 질에 무관심하게 될 것이며, 그 결과 의료의 질의 격차는 더욱 벌어질 것이다. 이것은 캐나다인들이 절대로 원하지 않는 전개다.

마지막으로 월마트 사례를 생각해보자. 우선 마을 상점들이 다 망해서 시내 중심가가 황폐해지는 것을 원하는 버몬트 주민은 아마 없을 것이다. 아기자기한 마을 상점들과 음료 판매대, 약국을 지키기 위해, 대형 할인 매장에서 쇼핑함으로써 얻을 수 있는 편리함과 경제적 이득을 포기하려는 사람도 있을지 모른다. 하지만 크리스마스 쇼핑을 하는 경우라면, 은행이나 법원 앞에서 이웃을 우연히 만나 이야기를 나눌 수 있는 동네 중심가로 가기보다는 싸고 다양한 물건이 구비되어 있는 월마트에서 쇼핑을 하려는 사람이 더 많을 것이다(대도시나 대학 도시들의 수많은 사람이 이젠 거의 멸종된 개성적인 마을 서점들의 소중함을 부르짖으면서도 급하게 책이 필요하다거나, 늦은 밤 책을 사야 하는 경우에는 마을 서점이 아니라 인터넷 서점에서 책을 주문한다. 그 행동이 마을 서점들의 관 뚜껑에 못을 박는다는 것조차 인식하지 못한 채 말이다).[19]

이는 매우 익숙한 현상이다. 다수의 기여에 의해 어떤 제도나 상황이 유지되는 경우에는 한 개인이 의무를 이행하지 않더라도 잘 드러나지 않기 때문에, 아무런 기여를 하지 않으면서 혜택을 누릴 수도 있다. 그리고 그 유혹은 거대하다. 하지만 불행하게도 사람들이 처해 있는 상황은 대부분 비슷하고, 비슷한 유혹을 느끼기 때문에 그런 제도는 얼마 못 가 붕괴되고 만다. 그렇기 때문에 무임승차로 얻는 이익보다 불이익이 더 크도록 처벌 규정을 만들거나, 월마트의 사례처럼 대안을 아예 봉쇄해버리는 강제성의 메커니즘이 필요한 것이다.

이런 논리라면 소수 세력은, 강제적으로 규제하지 않는 한 다수의 요망에 딴죽을 거는 세력처럼 보인다. 예를 들어, 두 마을을 연결하는 다리를 놓아 보다 활발한 왕래가 이루어지도록 하자는 의견이 나왔다. 하지만 몇몇 사람들은 이 계획에 반대했다. 그들은 이 다리가 경관을 해치고 차량 정체를 초래할 것이며, 이웃 마을 사람들과 사이가 좋지 않으므로 거리나 상점에서 이웃 마을 사람들을 만나고 싶지 않다며 교량 건설에 반대했다. 이 경우, 소수와 다수의 요망을 동시에 충족시킬 방법은 없다. 이 다리를 유료화한다 해도 갈등은 해결되지 않는다. 원하는 사람의 눈에만 교량이나 차량 정체, 방문객을 보이게 하는 방법은 아니기 때문이다.

프랑스어 헌장이나 캐나다 국민 의료보험, 그리고 버몬트의 월마트 규제도 마찬가지다. 대다수 주민의 납세로 유지되는 도로나 경찰력, 국방, 공원 등의 혜택을 납세자만 누릴 수 있도록 하는 것은 거의 불가능하다. 그런 혜택이 필요하지 않다는 이유로 세금을 내지 않는 사람을 배제하기 위해 도로 이용 시에 운전면허증 제시를 요구하거나(승객으로 이용하는 경우에도), 소방서도 비납세자가 신고한 경우에는 대응하지 않는 등의 방법을 생각해볼 수 있다. 하지만 이런 제도나 시설들은 교류의 활성화나, 상품 접근성, 방문객의 교통 편의성 증대 등 간접적인 혜택을 낳는다는 특징이 있기 때문에 비납세자들에게도 혜택이 돌아가는 것을 막을 방도는 없다. 국가 차원의 안전을 보장하는 것은 국방이지만, 사회의 치안을 유지하는 것은 경찰력이다. 범죄자들이 비납세자를 범죄의 희생양으로 삼아도 처벌을 받지 않는다면 범죄는 점점 늘어나 그 사회의 치안은 무너질 것이고, 결국 납세자까지도 범죄로 인한 피해를 입을 것이다. 비납세자들이 누리는 혜택은 납세자들에 의한 긍정적인 외부 효과의 한 예라 할 수 있다. 반면 치안의 붕괴는 비납세자들이 초래한 부정적인 외부 효과다. 문제는, 자신에게도 필요하고, 세금을 납부할 여력이 있음에도, 시책이나 시설은 필요 없으니 돈을 내지 않겠다고 주장하며, 자신이 내야 할 몫을 내지 않는 사람들이 있다는 점이다. 이런 반대론자들이 속출하면 결국 성실하게 세금을 납부하려는 대다수의 납세자들은 원하는 혜택을 충분히 제공받지 못하게 된다. 퀘벡이나 버몬트 주의 다수 세력이 주 정부의 자유주의 정책(원하는 사람만 프랑스어를 쓰면 된다)에 반하는 규제(프랑스어 헌장, 월마트 입점 규제)를 제정한 것도 이 때문일 것이다.

이런 반대론자들의 행동은 심각한 문제다. 하지만 이 세 가지 사례는 공공재를 둘러싼 전통적인 '비납세자 문제'와는 뚜렷한 차이가 있다. 물론 도로나 경찰력, 국방 등의 공공재 문제와 세 가지 사례 모두 긍정적 또는 부정적 외부 효과에 관한 이야기다. 하지만 외부에 의한 편익은 받아들이고, 피해는 배제하는 양측의 메커니즘에는 차이가 있다. 세 가지 사례 모두, 반대론자들에게 가해지는 압력은 해당 제도에 대한 기여, 즉, 도로 건설에 노동력을 제공하거나, 병역의 의무를 다하라는 것이 아니라(여기서 중요한 것은 돈이 아니다) 반대론자들 자신이 원하는 선택을 하지 말라는 것이다. 그런데 이 반대론자들은 해당 제도에 어떤 형태로든 기여할 마음이 있다. 그리고 이것이 더 큰 문제다. 퀘벡의 프랑스어 헌장에 반대하는 사람들은 프랑스어도 사용할 의사가 있을지 모르며, 버몬트의 월마트 입점을 바라는 사람들은 마을 상점의 활성화를 위한 보조금(마을 상점들의 면세 혜택 등의 우대 조치)을 기꺼이 내려 할지 모른다. 또한, 캐나다인 중에는 자신이 이용하지 않더라도 국민 의료보험 제도를 위해 기꺼이 세금을 내려는 사람도 있을 것이다. 자녀를 사립 학교에 보내면서도 공립 학교 운영에 사용되는 세금을 계속 내는 부모처럼 말이다. 즉, 이 세 가지 사례에서 반대론자들이 분노하는 이유는, 주류 세력이 그들에게 기여를 강요했기 때문이 아니라 선택을 원천 봉쇄함으로써 어쩔 수 없이 동참을 할 수밖에 없도록 만들었기 때문이다.

어쩌면 납세 행위가 국민 의료보험 체계를 이용하도록 하는 강제성으로 작용하거나, 시내 중심가의 부흥을 위한 보조금이 월마트의 가격을 끌어올리기 때문에 월마트의 강점이 약화된다고 생각하는 사람도 있을 것이다. 하지만 세 가지 사례에서는 강제성 때문에 대안의 매력이나 가격 경쟁력이 떨어지는 것이 아니라, 그 대안 자체가 사라지고 말았다. 즉, 다른 선택을 하기 위해서는 퀘벡 주에서 이사를 가거나, 의료 서비스를 받기 위해 외국으로 건너가거나, 뉴햄프셔 주까지 가서 쇼핑을 하는 수밖에 없다. 반대론자들의 주장에 주 정부가 내놓은 대응책은 선택을 원천 봉쇄하고, 출구를 막아버리는 것이었다. 베를린 장벽의 논리다.

합리적인 목적을 위해 민주적인 절차로 만들어진 제도가 전 국민의 동참 없이는 유지되지 못하는 경우라면, 출구를 막아도 되지 않느냐고 반문하는 사람도 있을지 모른다. 하지만 출구 봉쇄는 지나친 조치다. 이는 자유의 침해다. 그렇다면, 다른 선택을 하려고 하는 사람을 규제하는 것은 어떤 경우에도 부당한 자유의 억압에 해당하는 것일까?

이 질문에 대해서는 일상적인 사례들을 통해 대답을 모색해보고자한다. 자유는 무엇이며, 현대 사회에서 어떻게 적용될 수 있는가, 또한 개인의 자유가 타인의 자유와 어떻게 공존할 수 있는가, 자유를 희생할 만한 가치란 무엇인가 등에 대해서 살펴보고자 한자. 콩스탕은 "다수의 논리에 굴복시키려는 대중의 힘에 맞선 개인의 승리"를 높게 평가했다. 하지만 소수 세력이 대대수가 원하는 목표의 실현을 방해하는 것이 사실은 더 심각한 폭력이 아닐까?

다음 장에서는 개인과 공동체의 삶을 지배하고 구성하는 신념 중 자유와 상충되는 가치에 대해 이야기하려 한다. 첫 타자는 아름다움 美이다. 하지만 이 아름다움은 국가나 민족, 또는 지도자의 영광과 권력이라던가, 공동체를 구성하는 개개인의 행복과 건강에 우선하는 공동체의 추상적인 신념 등을 대표하지는 않는다. 자유와 상충되는 모든 가치 중 가장 매력적이며 강력한 경쟁 상대는 평등이다. 평등은 자유와 마찬가지로 모든 목표를 달성하는 실질적인 과정 속에서 추구되는 가치이기 때문이다. 자유와 평등은 모두 부사적인 관념이다. 우리는 목표를 자유롭게, 또는 평등하게 추구한다. 어떤 일을 할 때 부여되는 자유는 가치로서의 '자유'의 일부분에 불과하다. 어쩌면 모든 사람은 평등해야 한다는 개념도 마찬가지일지 모른다. 그 평등의 기준이 도대체 뭐란 말인가?

Chapter **2** | 자유와 그 경쟁자들
Liberty and Its Competitors

술탄과 평화 조약을 맺은 대가로 스페인 및 로마 제국과의 관계가 삐걱 거리게 되자, 프랑스와의 관계는 베네치아에 매우 중요한 의미를 가지 게 되었다. 베네치아인들은 프랑스의 앙리 3세를 초빙하여 평생 잊지 못할 환영 행사를 펼치기로 계획한다. 본토의 마르게라Margher 항에 도 착한 앙리 3세는 진홍색 벨벳 옷을 차려입은 60명의 의원들의 영접을 받았고, 곤돌라 선단의 호위를 받으며 무라노Murano 섬으로 향했다. 무 라노 섬에는 프랑스 왕가를 상징하는 색깔을 넣어 특별히 제작한 제복 을 입은 60명의 창병과 체류 기간 동안 앙리 왕을 수행할 베네치아 귀 족 가문의 청년 40명이 대기하고 있었다. 앙리 3세의 공식적인 베네치 아 방문은 다음 날 아침으로 예정되어 있었다. 하지만 그날 저녁, 앙리 3세는 검은 두건으로 몸을 감싼 채 사람들의 눈을 피해 숙소를 빠져나 가 수로를 통해 조용하고 비밀스러운 모험을 떠났다.

존 노리치, 《베네치아의 역사》

베네치아를 방문한 여행자, 외교관, 황제들은 그 부와 위용뿐 아니라, 도시의 아름다움에 경탄을 금하지 못했다고 한다. 방문자들은 산조르조의 높은 기둥들과 산마르코 사자 상이 둘러싸고 있는 소광장피아제타, Piazetta에 우선 흥분하고, 두칼레 궁과 산마르코 광장의 종탑으로 이어지는 광경에 압도되곤 했다. 일찍이 프랑스의 앙리 3세Henry Ⅲ, 1551~1589는 베네치아를 보고 '세계에서 가장 아름다운 도시'라고 칭송하지 않았던가. 존 줄리어스 노리치John Julius Norwich, 1929~는 저서 《베네치아의 역사History of Venice》에서 앙리 3세의 베네치아 방문을 다음과 같이 묘사했다. 1574년, 베네치아를 공식 방문한 앙리 3세가 금으로 장식된 배를 타고 항구에 들어섰을 때 그의 눈앞에 펼쳐진 것은 금사로 프랑스 왕가의 문장이 수놓인 비단 휘장을 드리운 궁전들이 대운하를 따라 늘어선 모습이었다. 연회와 퍼레이드, 공연이 끊이질 않았던 체류 기간 동안, 앙리 3세는 틴토레토Tintoretto, 1518?~1594의 초상화 모델이 되었고, 베첼리오 티치아노Vecellio Tiziano, 1490?~1576를 만났으며, 시뇨리아베네치아의 최고 행정기관, Signoria가 마련한 세공품들 중에서 마음에 드는 작품을 골라 가졌고, 당시 베네치아 최고의 매춘부로 이름을 날렸던 베로니카 프랑코Beronica Franco, 1546~1591와 은밀한 시간을 가졌다. 노리치는 앙리 3세 초빙에는 또 다른 목적이 있었다고 적고 있다. 어느 날 아침, 앙리 3세는 무기고에 들러 선박에 용골을 앉히는 작업을 지켜보았다. 그리고 그날 저녁, 그는 바로 그 배가 진수되는 모습을 보게 된다. 이미 의장 작업이 마무리되어 무기를 장착한 그 배는 지금이라도 전쟁에 투입될 수 있는 상태였다.

앙리 3세의 초빙은 베네치아가 추진했던 외교전의 전주곡이자, 무대 장치였다. 베네치아가 모든 힘을 잃고 난 후로도 300년이 지난 어느 날, 아무런 권력도 없지만 뛰어난 통찰력을 가졌던 마르셀 프루스트Marcel Proust, 1871~1922는 자신의 호텔 발코니에 서서 이렇게 적었다. "베네치아에 와서야 꿈이 현실인 것을 깨달았다."[1]

베네치아 공화국에서 아름다움은 힘을 표현하는 수단이었다. 하지만 이런 베네치아인들조차도 피지배층을 위협하는 수단은 스파르타인이나 훈족과 마찬가지로 폭력과 야만성이었을지 모른다. 에드워드 기번Edward Gibbon, 1737~1794은 훈 제국의 왕, 아틸라Attila, 406?~453에 대해 이렇게 묘사했다. "아틸라의 거만한 걸음걸이와 태도는 훈족이 다른 어떤 인류보다 뛰어나다고 하는 자신감을 보여주고 있었다. 또한 그는 자신이 불러일으키는 공포를 즐기기라도 하듯이 눈동자를 사납게 굴리는 버릇이 있었다."[2] 앙리 3세가 베네치아를 방문하여 큰 감명을 받은 것과 마찬가지로, 아틸라를 만나기 위해 다뉴브 강 유역의 나이수스를 찾은 로마의 외교관들도 강렬한 인상을 받았다. "훈족이 물러간 강둑에는 사람의 뼈가 수북했으며, 시체 썩는 냄새가 지독했기 때문에 어느 누구도 나이수스 안으로 발을 들여놓지 못했다. 나이수스가 완전히 괴멸된 탓에 몇 년 후 아틸라를 만나기 위해 그 지역을 통과한 로마의 외교관들은 이 폐허로 변한 도시의 외곽에서 야영을 할 수밖에 없었다."[3] 아름다움이란 권력을 과시하고, 지배력을 강조하며, 경외심을 불러일으키는 수단일 뿐이다.

이렇듯 아름다움과 경외심은 떼려야 뗄 수 없는 관계다. 화려하게 진열된 진귀한 보석들은 정말로 아름다운가? 보석이 상징하는 부와 그 희귀성에 대한 경외심 때문에 아름답게 보이는 것은 아닌가? (중세와 르네상스 초기 시대의 회화에는 진짜 금가루와 청금석이 사용되곤 했다.) 19세기까지 인류의 건축물 중 최고 높이를 자랑했던 기자Giza의 피라미드는 아름답다고 칭송받지만, 결국은 인공적으로 만들어진 산일 뿐이다. 이런 민둥산이 정말 아름다운가? (토머스 칼라일Thomas Carlyle, 1795~1881도 이렇게 말하지 않았던가. "피라미드를 2피트 높이로 쌓아올리는 것처럼 어리석은 일이 또 있을까?") 또한 아름다움과 성性은 아름다움과 권력, 부, 규모와의 관계보다도 더 밀접한 관계가 있다.[4] 아름다운 여성의 매력이 섹스어필만은 아니겠지만, 성과 아름다움을 분리해서 생각하는 것은 불가능하다. 하지만 아름다움은 그 자체로 사람들에게 숨이 막히는 감동을 주기도 한다. 음악이나 그림, 시, 또는 어린아이가 발하는 아름다움은 부를 상징하지도 않고, 희귀하지도, 위협적이지도 않고, 그 규모로 사람을 압도하지도, 에로틱하지도 않지만, 숨 막히는 아름다움을 선사한다. 아름다움은 이처럼 부수적인 요소를 배제한 그 자체만으로도 추구할 만한 가치를 지닌다. 그렇다면 자유는 어떠한가?

자유는 아름다움과는 큰 차이가 있는 것처럼 보인다. 자유는 근본적으로 행위와 관련되는 '기능적'인 개념이다. 우리는 자유롭게 어떤 행동을 하거나, 어떤 가치를 찾아낼 수 있다. 아름다움 역시 권력을 과시하는 수단이 될 수 있는 만큼 기능적인 측면이 있기는 하지만 근본적으로는 아름다움 그 자체가 가치인 것이다. 앙리 3세를 위해 열린 베네치아의 가두 행렬에서 아름다움은 수단으로 사용되었다.

현대의 자유

하지만 앙리 3세가 아름다움 그 자체를 가치로 인식하지 않는 인물이었다면, 베네치아의 아름다움을 과시한들 그를 압도하지 못했을 것이다. '기능적인 가치'의 대표 주자로는 부富가 있다. 사람들은 부를 통해 무언가를 손에 넣지 않는 한 의미가 없다고 생각하는 반면, 마찬가지로 '기능적인 가치'인 자유는 보다 고귀한 가치라고 존중한다. 그러나 그렇다고 해서 부를 포함한 다른 가치와 자유를 맞바꾸려는 생각은 없다. 이는 가치의 역설이다. 자유란, 선택을 하고 그 선택에 따라 행동할 자유 또는 최소한 내가 하려는 행동을 남이 제한하지 못하게 할 자유를 의미한다. 그렇다면 자유보다 가치 있는 신념은 있는 것일까?

일레인 스캐리Elaine Scarry, 1946~는 《아름다움과 정의On Beauty and Being Just》에서 아름다움과 정의는 본질적으로 깊이 연관되어 있다고 주장한다. 그녀가 소개하는 예들은 아기의 엄지손톱만 한 꽃잎이나 작은 나방처럼 매우 지엽적이다. 수학식의 증명이 아름답듯이, 아름다움의 기본 요소는 대칭성이며, 이 대칭성은 평등과 정의에서 비롯된다는 것이다. 그녀의 주장에 따르면, 아름다움은 근심을 잊게 하며, 마음의 평온 덕분에 사람들은 다른 행동이나 사물, 사람의 가치를 평가할 수 있게 된다. 아름다움은 진실과도 연결되어 있으며 대칭성·공평성과도 밀접한 관계를 가진다. 그러나 이 관계가 반드시 성립하는 것은 아니다. 인간은 남의 희생을 발판으로 삼아 아름다움을 추구해왔다. 또한, 낭비나 잔혹성이 아름다움의 조건이었던 때도 있었다. 귀스타브 플로베르Gustave Flaubert, 1821~1880의 소설 《살람보Salammbo》를 기억하는가? 때때로 정의와 평등은 그 자체로 아름답다고 스캐리는 주장한다. 즉, 정의와 평등은 그것이 도덕적으로 옳기 때문만이 아니라, 그 이상의 기쁨을 줄 수 있다는 것이다. 하지만 이 주장을 한번 뒤집어보자. 스캐리가 언급한 예들은 아테네 해군의 갤리선에서 '피리 소리에 맞춰 은빛 바다를 가르며' 노를 젓는 170명의 자유인이 보여주는 완벽한 일체감이나 리듬과 같은 것이다.5 이 일체성과 대칭성의 아름다움 속에서 이들은 멜로스인들에게 아테네에 항복하지 않으면 도시를 괴멸시키겠다고 위협하기 위해 바다를 건너는 것이다.6 그리고 로마 시대에 접어들면, 자유인이었던 갤리선의 수부水夫는 휘두르는 채찍과 드럼 소리에 맞춰 일사불란하게 움직이는 노예들로 대체된다. 1934년 뉘른베르크 전당대회는 또 어떠한가. 알베르트 스피어Albert Speer, 1905~1981의 완벽한 연출 속에 진행된 이 행사는 레니 리펜슈탈Leni Riefenstahl, 1902~2003이 빼어난 감성으로 찍어낸 다큐멘터리 영화가 그 마지막을 장식하면서 미의 극치에 도달했다. 모두 권력을 보여주기 위한 수단이었지만 그와 동시에 일종의 아름다움을 추구했던 예들이다. 또 성경의 〈시편〉은 신의 법칙을 영혼의 기쁨이며 그에 대한 순종이야말로 인간의 최상의 가치라고 묘사하고 있다. 어쩌면 이 순종은 인간의 의지와 지성, 판단에 의한 순종일지도 모른다. 오케스트라가 지휘자에게 순종하듯이 말이다.

이런 맥락에서 생각해볼 때, 정의의 개념 안에 타인의 자유를 존중하는 관점이 포함되어 있지 않는 한, 아름다움과 정의의 관련성은 그리 뚜렷하다고 할 수 없다.

하지만 여전히 스캐리의 가설은 매력적이다. 어쩌면 사악함과 불의不義에서 피어난 아름다움은 더럽고 거짓되지만 그럼에도 사람들은 이 아름다움에 매료되는지도 모른다. 스페인의 정복자들이 아메리카 대륙에 가져온 것은 노예화와 비참함, 그리고 죽음이었다. 하지만 그들이 가지고 돌아온 아메리카의 황금은 산타마리아 마조레 성당Basilica di Santa Maria Maggiore의 천정에 장식되어 눈부시게 빛나고 있다. 또한, 17세기 이탈리아의 카스트라토들이 아름다운 목소리를 위해 거세를 했던 것처럼, 아름다움은 남의 희생뿐 아니라 그 자신의 희생을 강요하기도 한다. 만약 아름다운 여성과의 섹스가 아름다움을 즐기는 한 방법이라고 한다면, 술탄의 할렘은 어떻게 보아야 할 것인가? 모두 극단적인 예라고 생각할 수도 있을 것이다. 그렇다면, 버몬트의 아름다운 자연과 마을의 경관을 지키기 위해 남의 자유를 박탈한 버몬트의 월마트 입점 규제는 어떠한가? 일상 속에서도 이런 희생이 강요되고 있는 것을 보여주는 일반적인 예가 아닐까?

아름다움은 자유를 희생시키면서까지 추구하려고 하는 가치 중에서는 상당히 점잖은 편이다(그 자신이 원해서 자유를 포기한 경우는 자유의 박탈이라기보다는 자유의 실행이라고 볼 수 있기 때문에 여기에는 해당되지 않는다). 반면 가문, 혈족, 인종, 국가 또는 종교의 영광은 가장 극단적인 결과를 초래한다. 영광, 즉 광휘光輝는 극단적으로 과장된 아름다움이다. 영광이라는 미명하에 수백 년 이상 끔찍한 학살과 노예화의 역사가 반복되었다. 영광을 추구하기 위해 타인의 자유를 희생시키는 폭거는 이런 역사 속에서 바라보면 대수롭지 않게 보일 정도다. 이는 중요한 논점이다. 이 책의 주제가 자유기 때문이 아니라, 실질적인 혜택을 가져다주지 못하는 가치(영광 등)를 추구하기 위해 자유를 희생시킨다는 현대적 가치관의 역설에 주목할 필요가 있기 때문이다.

강요된 동참, 경외감, 존경, 숭배, 복종은 자발적인 감정의 모조품이라고 생각하기 쉽지만 사실 그렇지 않다. 아스텍의 제사장이 제물의 가슴을 열고 박동하는 심장을 움켜쥐는 것은 제물이 된 사람을 경탄케 하려는 것이 아니라 그곳에 모인 관중을 압도하기 위해서다. 마찬가지로 개선장군 뒤로 이어지는 포로의 행렬 역시 이를 지켜보는 로마 시민에게 희열과 자부심, 우월성을 확인하는 감정을 불러일으킨다. 하지만 포로들에게는 끔찍한 굴욕의 시간이다. "그녀(클레오파트라)는 로마군이 여왕으로서의 자신의 위엄을 훼손하고 조롱하도록 내버려두지 않았다. 그녀는 미천한 존재가 아니었다 (invidens/pricata deduci superbo/non humilis mulier trumpho)."[7] 포로들이 겪는 모욕감은 개선장군과 로마 시민이 누리는 영광의 일부였다. 로마의 신들을 모신 제단 앞에서 속주민從州民들이 한 움큼의 향을 피워야 했던 것처럼, 몇몇 종교와 교리는 강요된 종속과 복종이야말로 신들의 영광을 더욱 빛내는 요소라고 가르쳤다. 자유의지에 의한 승복은 아무런 의미가 없었다. 악문 어금니와 강압이야말로 권력의 상징이었던 것이다.

자유의 미덕 ▨▨▨ The Good of Liberty

이것이 자유에도 해당되는 이야기일까? 우리는 지금까지 그렇게 배워왔다. 어떤 사람들은, 또 어떤 사회는 아름다움이나 영광을 추구하고, 또 어떤 곳에서는 자유를 추구한다. 이는 자유가 인간이 추구하는 목표 중 하나, 즉, 우리의 관심을 끌기 위해 각축전을 벌이는 경쟁자 중 하나라는 것을 보여준다. 하지만 자유는 인류와 국가들이 추구하는 가치들과는 차별화되는 개념이라고 생각된다. 자유는 타인에 대한 나의 태도에 작용하는 가치이며, '남이 의도적으로 나를 방해할 때에만 행사한다'라고 하는 소극적인 자유 역시 자유의 일부다. 자유는 아름다움 등의 가치를 추구하는 과정에 작용하는 부사副詞적인 가치라고 할 수 있다. 자신을 방해하는 존재의 부재不在를 추구하는 소극적인 자유라 할지라도 인간의 모든 행위에 작용하는 것이다. 하지만 이 자유도 아름다움처럼 그 자체가 목적이 될 수 있을까?

스캐리는 아름다움 역시 부사적인 가치라고 주장한다. 아름다움을 아름답게 추구할 수 있다는 것이다. 그렇다고 해도 아름다움은 그 자체를 추구하는 경우가 훨씬 더 일반적이며 그 과정에서 다른 가치들이 희생되는 경우가 대부분이기 때문에 이를 부사적 가치라고 보기는 어렵다. 아름다움을 위해 행해지는 많은 일은 아름다움 그 자체를 위한 것들이다. 반면 자유의 경우, 자유롭게 행해지는 모든 일은 대부분 다른 목적을 위한 것이다. 우리가 자유 속에서 행하는 일들은 사실 자유를 추구하기 위한 과정이 아니다. 바로 이것이 다른 가치들과 차별화되는 자유의 특징이다. 동사 없이 부사만으로는 문장은 완성되지 않는다. 개념 역시 마찬가지다. 만약 부사적인 가치만으로 성립되는 개념이 있다고 한다면, 이는 보완이 필요한 잠정적인 개념에 불과할 뿐이다.

이 모든 예를 볼 때, 몇몇 경우에서(사실 대부분은) 자유는 다른 목적을 위해 희생된다. 하지만 이 목적들은 대부분 그 본인의 자유의지에 의해 선택된 것들이다. 이 자유의지로 많은 사람을 비참하게 만들 수도 있는 목표를 선택한 사람들도 있으며, 어떤 이들은 자신의 자유의지로 남의 자유를 박탈하는 선택을 한다. 그렇기에 자유의 경쟁 상대는 자유 그 자신인 것이다.

이성적이고 성공을 추구하는 한 남자가 있다고 하자. 그가 자신이 추구하는 목표들을 위해 어느 정도 자유를 희생하려는 것은 어떻게 보아야 할까? 예를 들어 아름다움이나 자신의 가문 또는 국가, 혹은 신을 위해 헌신하는 사람이라면 그는 자신이 진정으로 가치 있게 생각하는 아름다움의 향유나 신의 영광을 위해 자유를 희생하리란 것은 상상하기 어렵지 않다. 하지만 자신이 소중하게 생각하는 가치를 추구할 수 있는 자유를 얻으려고 자신의 자유를 희생한다는 것은 논리적으로 말이 되지 않는다. 지금 이 시간에 시를 읽는 대신 피아노를 치겠다는 선택은 자유의 희생인가 아닌가? 선천적으로 신체 능력이 뛰어난 한 선수가 수영 대신 육상을 선택한다면, 그 선택이 그의 잠재력을 잠식했다고 보아야 할 것인가?

이런 질문들에 답하려면 자유가 무엇인지를 생각해봐야 한다. 나 자신이 어떤 선택을 하는 것은 자유를 희생하는 행위가 아니다. 오히려 자유의 행사다. 타인이 나에게 어떤 선택을 강요할 때에만 내 자유는 억압된다. 선택을 하는 주체가 나 자신인 경우에는 아무런 문제도 없지만, 누군가가 내게 어떤 선택을 강요하는 경우, 그 선택이 내가 소중히 여기는 가치를 지키기 위한 것이라 할지라도 내 자유는 박탈된다. 내가 이 점을 이렇게 강조하는 이유는, 이것이 바로 자유와 다른 가치들의 가장 큰 차이기 때문이다. 아름다움, 종족의 영광, 인류에 대한 헌신, 평등에 대한 열정 등은 자유의 경쟁 상대가 될 수 없다. 이 목표들은 대상이며, 자유는 주체이기 때문이다. 즉, 이 목표들은 인간의 자유의지로 선택되기 위해 서로 경쟁하는 가치들인 것이다.

만약 독재적인 집안 어른들 또는 정권이 내가 가치 있게 생각하는 어떤 목표(나 스스로도 선택했을 가치 있는 목표)를 이룰 기회를 제공하는 대신, 내 자유를 억압하겠다고 한다면 어떻게 해야 할까? 이것이 바로 스탈린 지배하의 소련의 과학자들과 21세기 중국의 기업가들이 누린 '자유'다. 오스만 제국의 환관들이 누렸던 정치적 권력과 자유나, 고용주의 목표를 추구할 때에만 고용인에게 주어지는 다소간의 재량권과 주도권도 모두 같은 맥락에서 생각할 수 있다. 때로 이런 억압을 자신의 자유의지로 선택하는 때도 있다. 대학의 규칙과 의무를 받아들임으로써 자신의 연구 활동을 보장받는 연구자들이 이 경우에 해당될 것이다. 구소련이나 오스만 제국의 예를 생각하면 이는 너무 안이한 해석이라고도 할 수 있다. 하지만 대학 연구자의 예는 대학 당국이 연구자에게 자유를 희생할 만한 대가를 보장함으로써 그 자유의지를 끌어내는 데 비해, 구소련의 경우에는 그 억압 자체가 부당하고 폭력적이며, 정권이 제공하는 선택안 역시 폭력적이라는 데에 그 차이가 있다.

정당한 억압과 부당한 억압의 차이에 대해서는 뒤에서 더 자세하게 살펴보기로 하고, 우선 여기에서는 정당한 억압과 부당한 억압, 또 공정한 억압과 불공정한 억압이 우리에게 제시된다는 것을 이해하고 넘어가자. 만약 우리의 선택이 정당한 것이라면, 즉, 억압하는 측이 제시한 선택안이 정당한 것이라면, 자유의 행사는 사실 타인의 자유를 제한할 수도 있다. 상당히 까다로운 문제지만, 나와 남의 자유의 경계선을 그어야 한다. 적정 체중을 유지하기 위해 식사량을 줄이고 운동량은 늘리는 것 같은 정당한 선택을 할 때에는 자유는 사실, 문제가 되지 않는다. 만약 내가 어떤 것을 추구하기 위해 계속적으로 다른 하나를 포기해야 한다면 자유를 주장한들 무슨 의미가 있겠는가? 아니면 이렇게 생각해볼 수도 있다. 자유의 가치란 내가 선택해야 하는 목표들의 가치와는 다른 것일까? 또는 우리가 선택하는 목표의 실질적인 가치(굳이 실질적인 가치라고 한 것은 체중 감량이나 다른 도시로 이사하기 위해 드는 비용을 제해야 하기 때문이다)의 합계가 자유의 가치와 일치하는 것은 아닐지도 모른다. 혹은 만약 내가 자유인이건 아니건, 내가 원하는 모든 것을 가질 수 있다면 자유롭다는 것에 어떤 가치가 있을까?[8]

자유는 우리에게 허용된 모든 목표의 합보다 훨씬 더 큰 가치를 가진다. 나는 내 자신이 추구하는 가치를 선택할 수 있을 만큼 자유롭다. 굳이 선택하지 않아도 내가 추구하는 가치를 누릴 수 있을지도 모르지만, 선택 없는 삶, 즉 선택하지 않은 가치들로 이루어진 인생은 인간의 것이 아니다. 만약 인간이라고 한다면, 어머니의 태내에 있는 아기와 같은 인간일 것이다.

'가치'의 근본적인 개념을 설명하는 것은 사실 조금 위험하다. 이 '가치'란 선택의 결과에 따라 달라지는 것이기 때문이다. 또 우리는 언제나 심사숙고 끝에 추구할 가치를 선택하지만, 이 심사숙고가 언제나 어떤 가치를 추구하는 최선의 방법에 대한 것만이 아니기 때문이다. 언제나 이성이 열정에 종속되는 것은 아니다. 때로는 이성이 열정을 불러일으키고, 형태화한다.

이마누엘 칸트Immanuel Kant, 1724~1804는 이 심사숙고의 과정을 '성찰'이라는 개념으로 정리했다. 즉, 나 자신과 타인의 인간성을 존중하기 위해서는 선택이 제한될 수밖에 없으며 이런 도덕성의 제한을 인식함으로써 이에 순응하여 살아갈 뿐 아니라, 이를 하나의 가치로 받아들이고 사랑하게 된다는 것이다. 이렇듯 자기 자신과 타인의 인간성을 존중하기 위해서는 성찰의 과정이 필요하며, 인간에 대한 존중은 그 자체로 만족감을 불러일으킨다. 존 롤스John Rawls, 1921~2002의 주장도 비슷하다. 롤스는 그의 역작인《정의론A Theory of Justice》에서 규제에 대한 상세한 논의를 전개한 뒤, 정의로운 사회에서는, 특정한 가치를 추구하기 위해서 사회 구성원들의 자유를 제한할 수 있으며 사회 구성원들도 이를 받아들여야 한다고 주장했다. 이 책에서 롤스는 과거를 거슬러 올라가며 정의로운 사회에서는 정의 그 자체가 중요한 가치로서 인식된다는 것을 보여준다.9 이 모든 예는 앞서 말한 자유의 전제 조건을 증명하고 있다. 즉, 인간은 선善과 악을 경험할 뿐 아니라 이를 반추하고 성찰하여 선택하며, 우리 자신이 선택하지 않은 선은 의미를 갖지 않는다. 그 선이 신에 의해 주어진 신성한 은총이라 할지라도 말이다.10 그렇기 때문에 선택의 자유를 상실한다는 것은 아무리 그 대가가 가치 있는 것이라 할지라도 정신의 퇴행일 뿐 아니라 인간성의 말살을 의미한다.

이렇듯 자유는 영광이나 쾌락, 안락과 아름다움처럼 단순한 수단이
아니다. 자유는 그 자체로서 선이다. 그리고 인간은 영광과 쾌락, 그
리고 아름다움을 내세워 타인의 자유를 침해함으로써 자신의 자유를
추구하고 실현해왔다. 예를 들어, 19세기 유럽의 중산 계급은 생각과
행동의 자유를 마음껏 누렸다. 하지만 이는 모두 피식민지인들의 희
생이 있었기에 가능한 일이었다. 이렇듯 자유에는 이중 잣대가 존재
한다. 앞에서도 설명했듯이, 자유는 남이 나를 도와주지 않는다거나,
의도하지 않게 막아서는 상황, 또는 극단적으로는 죽음과 같은 그 자
신의 사정 때문에 선택의 폭이 제한되는 상황이 아니라 누군가가 내
게서 선택할 자유를 박탈하려 할 때에만 발휘된다.

　여기까지 읽은 독자라면 자유가 무엇인지 보다 명확한 개념을 잡
을 수 있으리라 생각된다.

　물론 사회가 내놓는 선택안 중에서 선택하는 식의 인생을 계획할
수도 있다. 사실 계획이나 선택이라는 것은 자신이 설계하는 인생을
세상 속에 맞춰가는 과정의 일부분이다. 내가 선택할 수 있는 모든
선택안을 봉쇄하고, 선택안 자체를 조정하려는 것은 결국 나 자신을
조정하려는 시도다. 이런 시도를 하는 사람들은 나의 선택할 수 있는
능력을 무시하지 않는다. 오히려 이를 강조하면서 궁극적으로는 이
선택 능력을 말살하려 한다. 즉, 그는 나를 존중하지 않는 것이다(이
아고가 오셀로를 어떻게 기만했는지 떠올리기 바란다). 내가 말하는 자유
의 정의는 사람과 사람의 관계에 기반을 두고 있다. 이 관계란 타인

이 결정한 선택에 관여하는 것을 삼가는 관계이며, 상호 존중의 관계를 뜻한다. 그렇다고 해서 서로의 요망을 들어주거나 서로 사랑하거나 좋아해야만 이 관계가 성립되는 것이 아니다. 이 관계는 서로의 자유를 존중하는 관계인 것이다.

존중과 멸시는 여기에서 비롯되는 사고와 행동으로 정의되는 개념이다. 타인과 연관을 맺는 방법으로는 다음 세 가지를 들 수 있다. 무시, 멸시, 그리고 이 두 가지의 대척점에 있는 요구하지 않은 관대함이다. 지금까지 나는 존중에 기반을 둔 관계의 소극적인 측면에 대해서만 설명을 했다. 즉, 타인의 선택권을 침해하지 않기 위해 노력하는 관계가 바로 그것인데, 사실 이 상호 존중 관계는 적극적인 측면이 훨씬 더 중요하다. 상대방이 내 선택의 폭을 넓혀주고 그 기회를 수용할지에 대한 선택권은 내게 주는 것이다. 하늘에서 떨어지는 신의 은총이 아니라, '선택'을 할 기회는 준다는 점이 중요하다. 대부분의 경우, 이런 상황이 전개되는 것은 내 선택의 폭을 넓힘으로써 자신의 선택 폭도 넓어지는 경우다. 즉, 그가 나를 도와주었기 때문에 나도 그를 돕게 되며, 내가 그를 도왔으므로 그도 나를 도울 것이라는 신뢰 관계가 형성되는 것이다. 많은 경우에서 자신의 힘만으로 원하는 것을 손에 넣기란 불가능에 가깝다. 그렇기에 타인의 도움이 필요하다. 물론 이 도움은 상호 존중의 관계를 통해 얻을 수도 있지만, 남을 조종함으로써도 얻을 수 있다. 협동을 통해 사람들은 두 가지 열매를 얻는다. 협동을 통해 달성하는 결과와 협동이라는 '관계' 그 자체가 바로 그것이다. 우리가 자유의지로 선택할 수 있는 어떤 가치보다도 자유 그 자체가 우월한 가치인 것처럼, 협동 역시 그 협동으로 달성된 어떤 결과보다도 협동 그 자체가 더 큰 의미를 가진다. 또 자유와 마찬가지로 협동 관계는 새로운 선택의 길을 열어주며, 선택할 만한 새로운 가치를 제시해준다. 이것이야말로 이상적인 협동 관계다. 하지만 노예와 주인의 관계 역시 협동 관계의 일종이다. 노예가 노동력을 제공하는 대신 주인은 노예에게 의식주를 제공하고, 학대하지 않는다. 또 사회주의자들이 '임금 노예'라 부르는 근로자와 고용주의 관계 역시 협동 관계라고 볼 수 있다. 그렇다면 이상적인 협동 관계와 그렇지 않은 협동 관계의 차이는 무엇일까? 그 답을 얻으려면, 노예의 주인과 고용주가 노예와 근로자에게 무엇을 제공하며, 무엇으로 위협하며, 무엇을 거부하는지, 그리고 어떤 제안과 협박, 부정否定을 통해 자유를 침해하는지 살펴볼 필요가 있다. 이는 나의 권리와 타인의 권리를 구분하는 경계선이다. 그리고 이 선 긋기야말로 자유를 논하는 데 있어 가장 까다롭고도 지성적인 작업이다. 다음 장에서는 이 작업에 대해 설명하고자 한다. 하지만 그전에 우선자유의 최대 경쟁자인 평등에 대한 이야기를 먼저 다루기로 하자.

평등 ▰▰ Equality

모든 것은 그 자체로서 의미를 갖는다. 자유는 자유일 뿐, 평등이나 공정함이나 정의나 문화나 인류의 행복이나 조용한 양심이 아니다.

만약 내가 (어떤 특정 사회의) 수치스러운 불평등성을 줄이기 위해 자신의 자유를 줄이거나 잃고, 다른 사람들의 자유를 대폭적으로 늘리지 않

는다면, 자유의 절대적인 상실이 발생한다. 이를 달리 생각하려는 것은 가치의 혼란이다.[11]

아이자이어 벌린 〈자유의 두 개념〉

평등은 자유의 최대 경쟁자이자 가장 가까운 친척이다. 평등은 자유와 마찬가지로 복합적이고 애매모호한 개념이다. 도대체 언제, 어떤 이유로, 어떤 행동을 하는 것이 자유인가? 지금까지 사람들은 자유에 대해 끊임없이 이런 질문을 던져왔고, 앞으로도 그럴 것이다. 평등도 마찬가지다. 무엇에 대한 평등인가, 그리고 그 기준은 무엇인가? 자유와 평등은 모두 부사적인 가치들이다. 즉, 우리는 어떤 목표를 자유롭게 선택하며, 평등하게 향유한다. 이 두 개념은 때때로 혼동되어 사용되기도 하며, 세상에는 자유와 평등이 공존할 수는 없다고 주장하는 사람도 있다.

책의 첫머리에서 소개한 퀘벡 주의 프랑스어 헌장과 캐나다의 국가 의료보험은 평등이라는 이름으로서 정당화된 제도들이다. 퀘벡 주가 최고의 의료 서비스를 받고자 하는 일부 주민의 민간 의료보험 가입을 허용하지 않는 것은 예산의 제한하에서 제공할 수 있는 최대한의 의료 서비스를 모두가 동일하게 받게 하기 위해서다. 캐나다의 평균적인 의료의 질이 미국보다 더 나은지는 확실하지는 않지만, 한 가지 확실한 것은 미국 국민 중에는 재력이나 거주 지역 또는 직장 의료보험 프로그램 등에 따라 캐나다와 미국의 평균적인 수준보다 더 높은 의료 서비스를 받는 사람들이 존재한다는 사실이다. 퀘벡의 의료보험 제도는 바로 이런 상황을 막기 위해 설계되었다. 접근성의 평등이라고 하는 관점이 바로 그 핵심이라는 점은 앞서 설명했다. 국가 차원에서 전 국민에게 동일한 의료 서비스를 제공함으로써 전체적인 보건 수준을 끌어올리는 이 제도하에서, 힘과 정보를 보유한 일부 계층은 더 높은 수준의 의료를 원하지만, 그들이 할 수 있는 선택이라고는 국가 의료보험으로 제공되는 의료 서비스의 전체적인 수준이 높아지기를 기대하는 것밖에 없다. 하지만 보험료 상승에 대한 사회적 합의를 끌어내기에는 정치적 계산이 너무 복잡하게 뒤엉켜 있으며, 평등의 이름으로, 공동체의 이름으로 출구는 여전히 봉쇄되어 있다.

평등은 우리가 모두 한 배에 타고 있다고 강조한다. 즉, 모든 사회 구성원이 똑같은 윤리적 가치를 가진다고 보는 것이다. 이는 공동체의 유대를 표현하는 한 가지 방법에 불과하다. 군대 역시 공동체지만, 평등한 공동체와는 대척점에 있는 집단이다. 유일한 공통점이라고 할 수 있는 것은 모든 구성원이 승리라는 목표를 공유하며 이 목표를 달성하기 위해 모두가 평등하게 자신의 물질적인 평등뿐 아니라 목숨까지도 내던질 준비가 되어 있다는 점이다. 공동체와 평등은 상호 연관성을 갖는 개념이다. 교회와 국가는 공동체다. 군대 역시 조금 성격은 다르지만, 마찬가지로 공동체다. 이런 공동체들은 아름다움이나 영광 등 매우 다양한 목표를 추구한다. 만약 그 공동체의 구성원이 공통의 목표를 추구하며 공동체의 규율을 자유의지에 의해 수용하는 경우, 자유는 침해되지 않는다. 공동체에 속하지 않은 사람들에게 그 규율을 강요하지 않는다면 말이다(그러나 이런 경우가 대부분이다).

하지만 캐나다와 같은 자유 민주주의 국가에서는 평등과 이를 실현하는 공동체 자체가 목표가 된다. 캐나다에서는 개개인이 자유롭게 자신의 목표를 선택할 수 있다. 그런 점에서 캐나다는 교회나 군대, 또는 예이츠가 그리도 동경했던 무솔리니Benito Mussolini, 1883~1945의 이상적인 파시스트 국가와 차별화된다. 그러나 자유롭고 평등한 공동체 역시 공통의 목적을 가지며, 그 구성원들의 목표보다도 우선되는 이념에 의해, 개개인의 목표는 제한된다. 그 공통의 목적이란, 평등 그 자체이며, 평등이라는 이념에 의해 움직이는 공동체의 실현인 것이다.

인간의 평등한 가치 The Equal Worth of Persons

평등의 추구를 궁극적인 목표로 하는 주장에는 '인간의 가치'라는 관점이 반영되어 있다. 사람은 저마다 생김새가 다르고, 그 개인이나 공동체의 역사도 다르며, 능력·성향·소망·욕구도 천차만별이다. 그러나 이런 차이는 인간만이 가진 공통된 특징(선학들에 의해 다양하게 묘사된 바 있는)들로 수렴되는데, 이 중 가장 원시적인 접근법은 표현형phenotype, 유전적 형질이 환경의 영향을 받아 실제적으로 나타나는 형질적인 특징을 기준으로 하는 것이다. 즉, 나나 주위 사람과 외모가 같으면 인간이라는 것이다. 하지만 이 정의에는 심각한 문제점이 있다. 여성은 남성과 똑같은 모습이 아니며, 피부가 검은 사람의 생김새도 피부색이 밝은 사람과는 다르다. 또 난쟁이는 어떤가?

이런 표현형적 특징을 내세운 분류는 인류 역사상 가장 잔혹하고 반인륜적인 제도를 탄생시켰다. 이 표현형적 특징은 어떠한 의미도 없으며, 남과 다른 생김새나 외형적 특징은 공동체에서 배제되는 이유가 될 수 없다.

링컨Abraham Lincoln, 1809~1865은 1854년, 이 점을 명확히 천명했다.

> 만약 A가 결론적으로 B를 노예로 삼을 권리가 있다는 것을 증명할 수 있다면, B도 똑같은 주장으로 A를 노예를 삼을 권리가 있음을 증명할 수 있지 않겠는가?
>
> A는 백인이고 B는 흑인이니 다르다고 하는 사람도 있을지 모른다. 그렇다면 피부색이 더 밝으면 자신보다 피부색이 더 어두운 사람을 노예로 삼을 수 있다는 것인가? 조심하기 바란다. 이 논리대로라면 당신보다 피부색이 더 흰 사람이 당신을 노예로 삼을 권리를 가지기 때문이다. 피부색만이 아니라고 말하고 싶은 것인가? 백인이 흑인보다 지능이 높아서 그들을 노예로 삼을 권리가 있다고 하는 것인가? 조심하기 바란다. 이 논리대로라면 당신보다 더 똑똑한 사람이 당신을 노예로 삼을 수 있기 때문이다.
>
> 하지만 만약 이것이 이익과 관련된 문제라고 주장한다면, 즉 돈을 벌 수 있다면 남을 노예로 만들어도 된다고 생각한다면 마음대로 하시라. 하지만 그도 돈을 벌기 위해 당신을 노예로 만들 수 있다는 것을 기억하기 바란다.[12]

이렇듯 나와 남을 구분하는 선 긋기에서 가장 문제가 되는 것은 합리적인 이유를 제시할 수 없는 구분 방법을 내세워 누군가를 배제시키고, 그를 차별하는 것이다. 나와 남을 구분하는 최소한의 단위는 나 개인이다. 하지만 이런 자타自他의 구분이, 나는 존중과 배려를 받아야 하지만 남은 아니라고 주장하는 이유는 될 수 없다. 이는 결국 유아론적인 구분법이다. '나我'의 범위가 넓냐, 좁냐의 차이일 뿐이다. 모든 형태의 유아론은 기본적으로 다음과 같은 사고방식에 기초한다.

"내가 알고 있는 것에 대해 논거를 제시하거나 논쟁을 벌이는 것을 거부한다. 나는 나 자신이 더 중요하기 때문에 당신은 배제하겠다. 그리고 그 이유도 말하지 않겠다."

유아론자들은 이유나 증거를 제시하길 거부함으로써 타인의 존재를 인식하기를 거부한다. 대화를 나누는 등 최소한의 교제조차도 거부한다. 유아론은 이성의 대척점이다. 유아론은 이성을 부정한다.

내가 유아론에 반대하는 이유도 유아론이 이성과 판단을 부정하기 때문이다. 나는 이성과 판단력이야말로 우리가 개인이자 인간일 수 있는 이유라고 생각한다. 나 자신이 이성과 판단의 주체라고 인식하기 때문에 나는 개인으로서 남에게 내 권리를 주장할 수 있는 것이다. 유아론적 선 긋기, 타당한 이유, 그리고 타인 역시 사고와 판단을 할 수 있는 개인이라는 인식 없이 타인에게 내 권리를 주장하는 것은 불가능하다.

여기에도 일종의 평등이 존재한다. 우리는 모두 이성을 가지고 사고하고 판단하는 존재다. 계몽주의 시대 이래, 이에 대한 논쟁은 두 가지 형태로 전개되었다. '최대 다수의 최고 행복'을 구호로 내세웠던 공리주의자들은 고통과 쾌락을 느낄 수 있는 능력을 결속과 평등의 토대로 보았다. 이 고통과 쾌락(존 스튜어트 밀John Stuart Mill, 1806~1873이 강조했듯이 양과 질에 상관없이 모든 형태의 고통과 쾌락)이 행위의 가치를 결정한다고 생각했기 때문이다.[13] 고통과 쾌락을 느끼는 능력이 있기 때문에 인간은 개인으로서 서로의 관심사에 대해 자신의 권리를 주장할 수 있으며, 고통과 쾌락을 느끼는 능력에 따라 개개인의 관심사도 달라진다는 주장이다.

두 번째 측면은 칸트의 사상과 연관이 있는데, 계획을 세우고 추구해야 할 가치를 선택하는 판단 능력이야말로 인간의 가장 큰 특징이라고 하는 관점이다. 나 역시, 이 인식에 동의한다. 이것이 바로 인간을 인간이게 하는 특징이기 때문이다(개나 돌고래, 유인원도 어느 정도까지는 이 능력을 공유한다고 주장하는 사람이 있을지도 모르겠다.[14] 만약 그렇다 해도 상관없다). 이 능력의 공유를 통해 연설이나 논쟁, 논거와 증거의 제시, 협조, 법률, 문화, 문명, 역사와 같은 '인간에게만 가능한' 협동 작업이 이루어질 수 있다. 그렇기 때문에 나는 이 능력을 공유하는 모든 이들을 존중하며, 그와 동시에 나는 그들의 존중을 받을 권리가 있다. 여기에도 역시 평등의 개념이 존재한다. 성별이나 나이, 지적 능력, 건강 상태, 인종, 국적, 혈통과 상관없이 모든 사람은 이 능력을 가지고 있다고 보기 때문이다(단, 너무 어리거나, 무의식 상태거나, 정신적으로 장애가 있거나 사회적 윤리 개념이 결여된 '도덕적 결함자'에게도 이런 능력을 요구하기란 힘들 수도 있다).[15] 이는 도덕 능력, 칸트의 표현을 빌리자면 자유와 이성의 평등이다. 좀 더 정확하게 말해 보자면, 이는 우리가 무엇을 선택해야 하는지를 판단할 수 있게 하는 능력, 즉, 개인성의 핵심을 이루는 부분의 평등이다.

이 논쟁은 사실 닭이 먼저냐, 달걀이 먼저냐와 같다. 인간이 인간 인 이유와 인간으로서 가치를 갖는 이유를 놓고 끝없는 논쟁을 벌이 는 것이다. 이 논쟁은 사실 근원적으로 매우 개인적이다. 우리가 아 무리 공동의 가치를 추구한다 하더라도, 타인을 존중하고 높게 평가 한다 하더라도, 그 출발점이 되는 선택을 하는 것은 개인으로서의 인 간이기 때문이다. 내가 생각하는 인간, 개인, 도덕성의 정의는 바로 이런 것이다.[16]

이 개념은 근원적으로 평등주의적이다. 그런데 이 평등이 캐나다 의 국가 의료보험이나 퀘벡 주의 '프랑스어 헌장'이 추구하는 평등과 같은 개념인지 한번 생각해봐야 한다. 한때 스웨덴 정부는 부모가 자 녀에게 개인적으로 음악 교육을 하거나 가정교사를 두는 것을 금지 했다. 공교육을 통해 높은 수준의 음악 교육을 받을 수 있다는 것은 좋은 일이지만, 아이에게 공교육보다 질 높은 교육을 받게 하려는 부 모가 자신의 소득을 사용할 자유를 제한한 것이다. 평등이라는 이름 으로 말이다. 비록 스웨덴은 다른 민주주의 국가들에 비해 세금을 통 한 부의 재분배가 훨씬 잘 이루어지는 나라이긴 하나 개인이 자기 재 량에 의해 쓸 수 있는 수입은 상당액에 달한다. 이 때문에 현재 아무 리 수입이 많고, 잘살고 있다 하더라도 지금 누리고 있는 혜택이 대 물림되지 못하도록 하는 법률이 시행된 것이다.[17] 이 사례는 앞서 소 개한 세 가지 사례보다도 명확한 자유의 침해를 보여준다. 물론 평등 을 위한 자유의 침해다. 이 철저하게 평등주의적인 스웨덴 사회에서 는 부모(또는 일정 연령 이상의 자녀)는 정부가 허용하는 범위 내에서만 자신의 수입을 사용할 수 있다. 이는 교육 분야에 부과된 일종의 윤리 규제 법령이라 할 수 있다. 만약 자신이 번 돈이 있는데도 쇼핑을 못하게 하거나, 여가를 즐기는 시간을 제한하거나, 남들보다 더 화려하고 좋은 옷을 못 입게 한다면 어떻게 될까? 아니면 여성들에게 더 아름다워지기 위한 어떠한 노력도 하지 못하게 한다면 어떤 일이 벌어질까? 좀 더 알기 쉬운 예를 들어보자. 사람들은 독서나 여행, 대화, 생각 등을 통해 보다 풍요롭고(경제적으로 풍요롭지 않더라도) 활력 있는 삶을 살아간다. 그런데 이 모든 행위가 제한된다면? 나의 상상에서 나온 이야기가 아니다. 캄보디아의 폴 포트를 떠올리기 바란다. 인류의 역사 속에서 이런 일들을 암암리에, 또는 제도화된 법규로 실현해 온 사회는 항상 존재했다.

사회는 최저 수준을 끌어올림으로써 평등을 실현하려 하지만 이것이 불가능할 경우에는, 또 더욱 뚜렷한 목표가 있을 경우에는 하향평준화를 도모한다. 그리고 이런 사회는 영광과 아름다움, 진실 또는 미덕의 함양을 공동의 가치로 삼아온 사회의 수만큼 많을지도 모른다.

내가 말하는 것이 평등이 아니라 질투라고 지적하고 싶은 사람도 있을 것이다. 즉, 자신보다 잘난 놈을 찍어 누르고 싶은 그 뜨거운 감정 말이다. 그렇다면, 우리가 질투라 부르는 이 감정과, 더 많이 가진 자와 덜 가진 자가 있다면, 차라리 다 함께 덜 갖는 길을 선택하고자 하는 평등은 어떤 차이가 있을까?

앞서 설명한 세 가지 사례에서 나는 그 제도들이 질투심 때문에 만들어진 것이 아니라는 점을 자세히 설명했다. 하지만 그럼에도 불구하고 여전히 의구심이 남는다면, 의도야 어찌 되었든 질투심이 작용했다고 생각하기 때문일 것이다. 어쩌면 질투심과 평등은 똑같은 실체를 가리키는 두 개의 이름일 수도 있다. 만약 숲에서 가장 큰 나무의 윗부분을 잘라내는 것이 질투라고 한다면, 질투는 정의를 구현하려는 평등과 그 평등을 향한 정열의 또 다른 이름일 것이다. 그렇다면 평등에는 아름다움이 존재하지 않는 것일까? 여기서 다시 성 아우구스티누스Aurelius Augustinus, 354~430을 인용한 스캐리의 주장을 들어보자.

> 고귀한 가치들은 평등 속에 존재한다. 이는 지고至高하고, 흔들림 없고, 변함없고, 영원한 가치들이다.
> 아름다운 것들은 균형을 통해 드러난다. 평등은 단지 귀에 들리는 소리나, 몸의 동작뿐 아니라 눈에 보이는 형태로도 나타난다. 그리고 지금까지 관습적으로 볼 때, 평등은 소리보다도 형태로서, 그것도 아름다운 형태로서 인식되어 왔다.[18]

이렇듯 폴 포트의 평등주의적 지옥만이 아닌 세상 어디에서나 평등은 자유의 가장 큰 위협이 될 수 있다. 그런데 나의 이런 주장은 모순일지도 모른다. 앞에서도 설명했듯이, 판단과 선택에 대한 개인으로서의 책임은 개인성의 핵심이며, 이 개인성이야말로 개인으로서의 자유, 타인에게 종속되지 않고, 타인에게 이용되지 않을 자유의 원천이다. 하지만 이 개인성의 핵심이 다른 모든 사람에게도 내재된 만큼 내 자유가 존중받아야 한다는 주장은 결국 타인의 자유 역시 공평하게 존중받아야 함을 의미하기 때문이다. 자, 그럼 마지막으로 이 모순의 쳇바퀴를 끝내기 위해, 평등이라는 이름 아래서 자유가 제한되고, 때로는 침해되는 사례들을 소개하도록 하자.

평등한 자유 ▨▨ Equal Liberty

쳇바퀴의 끝은 명쾌하고 고전적이다. 각 개인의 자유에 대한 존중은 우리가 인간으로서 가장 중요한 부분이 무엇이냐는 질문으로 이어진다. 그리고 우리가 인간인 이상, 이 질문은 우리 모두에게 평등하게 적용된다. 이 질문은 평등이 자유를 방해하느냐 아니냐가 아니라, 평등한 자유에 대한 것이다. 좀 더 정확하게 말해보자면, 사람은 각자 최대한의 자유를 누릴 수 있어야 하지만, 이 자유는 타인의 최대한의 자유와 조화를 이루어야 한다.[19] 직접적인 관련은 없지만, 창조론에 대한 오래된 주장을 떠올려보자. 인간에게 가장 중요한 것은 인간이 신의 형상대로 창조된 피조물이며, 이는 부유층과 빈곤층, 남성과 여성, 유대인과 이교도 사이에 존재하는 '다름'보다 우선하는 진리이며, 신의 피조물이라는 평등이야말로 인류가 지향해야 할 최우선적인 가치라는 주장이다. 그렇다면, 마찬가지로 우리도 최대한의 자유를 주장할 수 있다. 건강이나 교육, 재산 등의 평등을 실현하려면, 자유에 대한 평등한 존중은 불가능해지며 이는 정당화될 수 없다. 그렇다고 평등을 실현하기 위해 모든 사람의 자유를 공평하게 박탈하는 것(또는 그 수준을 끌어내리는 것) 역시 정당화될 수 없다. 우리가 누려야 하는 것은 타인의 자유와 조화를 이루는 '최대한'의 자유이기 때문이다. 그리고 이것은 묘지의 평등도 아니며, 만인을 감옥에 집어넣음으로써 실현되는 평등을 의미하는 것도 아니다.

이는 대원칙이다. 그렇다면 이 최대한의 자유는 무엇을 의미하며, 이 자유를 평등하게 누린다고 하는 것은 어떤 상황을 말하는 것인가? 우선 자유에 대해 생각해보자. 다른 가치들과 차별화되는 자유의 특징은 부재不在 즉, 인위적으로, 특히 정부에 의해 개인에게 부과된 규제가 존재하지 않는 것이다. 앞에서도 말했지만 이는 원하는 모든 것을 손에 넣을 수 있는 능력이나, 내 계획을 방해하는 모든 것을 제거하거나, 또는 내가 원하는 것을 이룰 수 있도록 나를 도와주는 것과는 전혀 다른 이야기이다. 물론 국민에게는 정부나 이웃의 도움을 청할 수 있는 권리가 있을 수도 있다. 하지만 이는 '자유'와는 별개의 문제다. 간단하게 정리해보면 다음과 같다. 최대한의 평등한 자유는 각각의 개인이 자발적으로 남의 문제에 도움을 주거나, 남에게 도움을 청하려고 하지 않는 한 남을 간섭하지도, 남의 간섭을 받지도 않으면서 자신의 일을 하는 상황에서 실현된다. 우리는 어쩌면 모든 면에서 평등하지 않을지도 모른다. 건강이나 욕구의 충족 정도, 자신을 발전시키면서 친구들과 가족을 돌보는 능력 등은 개인에 따라 차이가 있다. 하지만 타인의 억압에서 벗어나는 자유는 평등하다고 말할 수 있을지 모른다.

말은 쉽다. 하지만 나를 방해할 의도는 없다고 해도, 단지 자신의 일을 하려면 내 앞을 막아설 수밖에 없다며 내가 움직일 수 없을 정도로 나를 억누르고, 비키려 하지 않는 사람들이 있을 때에도 자유롭다고 할 수 있을까?

　올리버 웬들 홈스 주니어Oliver Wendell Holmes Jr, 1841~1935는 '주먹을 휘둘러 상대방 코끝에서 멈출 수 있는 자유'라는 말을 남긴 바 있다 (분별력 있고 신중한 사람이 긴급 상황에서 예상되는 위험을 막기 위해 조심성을 발휘해야 한다는 의미, 자세한 설명은 후주 참조.-편집자).[20] 그렇다면 최소한 우리는 교통 법규와 같은 규제는 받아들여야 하지 않을까? 우리가 보다 빠르고 확실하게 원하는 목적지에 도달할 수 있도록 하는 규제이니 말이다. 교통 법규 역시 의도적으로 부과된 규제이기는 하지만, 이런 경우에는 '최대한의 자유'를 침해하지 않는다고 볼 수 있지 않을까? 언뜻 보기에는 그럴듯해 보이지만 세부적으로는 성립되지 않는다. 교통 법규는 교통의 혼란을 막는다는 원래의 의도를 달성하기보다, 내가 정의하는 자유를 침해하는 역할을 하기 때문이다. 예를 들어, 한 남자가 운전하는 차가 고속도로 한복판을 달리고 있다고 하자. 그런데 이 운전자는 아무 생각 없이 차선도 지키지 않은 채 마구 달린다. 이때 교통경찰이 있다면 그의 난폭 운전은 제재를 당하거나 그 운전자 스스로가 의식적으로 운전을 조심하게 될 것이다. 이 간단한 예에서는, 교통 법규가 목적지에 보다 안전하고 확실하게 도착할 수 있도록 보장해준다면, 어느 정도의 자유 (우리 자신과 다른 운전자들을 위해)는 희생할 수 있다고 생각하는 사람이 대부분일 것이다. 그럼 지금부터 이 일상적인 예에서 나타난 자유의 희생과, 폴 포트 등의 극단적인 자유의 박탈이 과연 별개의 문제일지 한번 생각해보기로 하자.

현대의 자유

교통 법규를 퀘벡 주의 '프랑스어 헌장'과 같은 규제라기보다는 상호 협력적인 프로젝트로 보는 것이 이 문제를 이해하는 데 보다 도움이 될 것이다. 만약 고속도로를 타야 할 일이 있다면 서쪽으로 가는 운전자는 북쪽 도로를 이용하고, 동쪽으로 가는 운전자는 남쪽 도로를 이용하라는 교통 법규를 따를 것이다(처음에는 지키지 않았더라도, 몇 번의 심각한 사고를 당하고 나면 따르게 될 것이다). 또 상행선과 하행선을 보다 확실하게 표시하기 위해 중앙선도 그릴 것이다. 이런 상황에서 법규를 지키지 않을 사람은 없을 것이다.

난폭 운전자는 다른 운전자들뿐 아니라 법규를 지키겠다고 한 자신의 합의마저도 무시한 사람이다. 그렇다면 이들의 자유를 침해하지 않으면서 이 합의를 지키도록 할 수 있을까? 여기서 중요한 것은 난폭 운전자가 단순히 다른 운전자들을 존중하면서 운전을 해야 하는 교통 법규를 위반한 것만이 아니라는 점이다. 교통 법규는 난폭 운전자의 자유를 억압하는 매우 의도적이고 목표가 확실한 행위다. 하지만 이런 강제성이 허용되는 것은 교통 법규가 난폭 운전자 자신이 준수하기로 합의한 것이기 때문이다. 그 자신의 '합의'가 있었기 때문에 이런 차이가 발생하는 것이다.

선택이란 필연적으로 다른 대안의 상실을 의미한다. 우리는 자유인인 자기 자신을 멸시하거나, 자신의 자유를 침해하는 선택을 하지 않는다. 사실 선택을 거부한다는 것은 내가 지금껏 강조했던 그 '자유의 행사'를 포기하는 것이며, 자유는 발휘되었을 때에만 그 가치를 가진다. 그렇다면 합의는 어째서 자유의 행사로 간주되지 않는가? 일방통행 도로에 잘못 진입하면 바로 위반으로 걸리지만(요기 베라 Yogi Berra, 1925-는 갈림길이 나타나면 망설이지 말고 진입하라고 했었던가), 기회의 제약은 이처럼 즉시 효력을 발휘하지 않기 때문일까? 이게 어째서 문제가 되는가? 사람들은 살아가면서 자신의 자유를 제한할 수 있는 많은 선택을 한다. 이런 선택의 결과는 대부분 시간차를 두고 나타난다. 젊은 날의 흡연 때문에 건강을 잃는 경우가 여기에 해당할 것이다.

차선 규제에 수반되는 선택의 제한은 흡연으로 인한 폐암이나 폐기종과는 다른 결과를 낳는다. 인간의 힘으로는 어쩔 수 없는 운명에 의해 발생하는 선택의 제한과, 타인의 강압적인 개입에 의한 제한은 결과적으로 어떤 차이를 낳을까? 우선 자유를 강압하는 규제는 우리가 인간으로서 가장 중요한 자유를 행사하는 것을 조직적이고 체계적으로 막아버린다. 이 자유의 행사란, 우리가 자유인으로서 타인과 어울리며 공통의 또는 상호 보완적인 목표를 자유롭게 추구하는 것이다. 앞서 소개한 모차르트와 다 폰테처럼 말이다.

마찬가지로 나를 밀어 넘어뜨리거나, 나를 못 본 척하고 스쳐 지나가는 것만이 아니라, 내 눈을 들여다보며 나의 자유를 자신의 목적을 위해 박탈하는 것 역시 자유의 적이다. 그렇기 때문에 공동 작업의 과정에서 서로가 서로를 자유의지로 '이용'하는 경우에 대해서는 특별한, '창조적'인 방법으로 평가할 필요가 있다(헤겔Georg Wilhelm Friedrich Hegel, 1770~1831의 정반합正反合 이론이 그 예가 될 수 있을 것이다). 합의에 기초한 공동 작업은 즉각적이고 자극적인 교환에 한정되지 않으며, 무역에서부터 줄다리기, 사랑에 이르기까지 폭넓은 분야를 아우른다. 우리의 자유와 이성, 판단력과 이해력은 공동 작업의 시간과 단계에 비례하여 더욱 복잡하고도 인간적인 형태로 발휘된다(오케스트라 연주는 단원들의 공동 연습이 상당 시간 동안 이루어졌을 때 가능해진다).

개인의 자유의지에 의한 실제적이고 일상적인 공동 작업의 사례들은 퀘벡의 의료보험 제도나 월마트 입점 규제 등의 재산관련법, 형법, 소득세법 등과는 거리가 멀다.

존 로크John Locke, 1632~1704, 이마누엘 칸트, 존 롤스 등의 철학자들은 이런 개인적인 또는 소규모의 공동 작업과 국가에 의한 강압적인 동참이 그렇게 동떨어진 것이 아니라는 이론들을 다수 제시했다. 이 이론들은 상당히 독창적이며 통찰력을 보여주기는 하지만, 반대 이론에 대해서는 어떤 증명도 되지 못한다. 여기에 내 주장까지 추가할 생각은 없다. 그 대신 정부와 법규가 존재한다는 전제하에서 법과 제도에 부합하는 최대한의 평등한 자유의 원칙(줄여서 자유의 원칙)이 무엇인가를 생각해보고자 한다.

앞에서 간단하게 자유의 원칙과 강요된 합의가 양립될 수 있는지, 또 교통 법규가 자유의 침해인지에 대해 설명했지만, 이를 통해 국가의 존재 의의를 설명하려 한 것은 아니다. 그보다는 자유의 원칙을 훼손할 수 있는 처리 방식, 제도, 법률의 예로서 언급했다고 하는 것이 더 정확할 것이다. 그리고 이는 자유주의 정권에 필요하다고 여겨져온 두 가지 일반적인 제도와도 직결된다. 즉, 소유와 계약이다. 이 소유와 계약을 자유의 원칙을 뒷받침하는 기본적인 개념으로 볼 수 있을까? 또는 이 제도들이, 권력과 공동체의 영광, 평등(평등한 자유가 아니라)에 이르는 자유의 경쟁자들의 주장에 맞설 수 있을까?[21] 간단하게 말해 자유란 존재할 수 있을까? 이제부터 알아보기로 하자.

Chapter | 자유와 권리
Liberty and Rights

해야 할 것과 하지 않아야 할 것을 말해주는 것은 그의 자유를 규제하는 일이다. 앞서 소개한 사례들은 모두 정부가 국민에게 특정 행동을 하도록 요구한 경우였다. 그렇다면, 개인이 개인에게 해야 할 것과 하지 않아야 할 것을 이야기하는 것도 자유를 침해하는 행동일까? 그리고 보다 근원적으로는 자유란, 타인에 의해 강요된 규제가 존재하지 않는 상태만을 말하는 것일까? 그렇다면 다리가 부러지거나, 교량이 무너지거나 하는 사고, 또는 중력과 같은 자연의 힘은 우리의 자유를 제한하지 않는다고 볼 수 있을까?

철학자들도 일반인들과 마찬가지로 다양한 관점과 맥락에서 자유를 논해왔다. 욕망과 충동에서 벗어남으로써 얻어지는 자유가 있는가 하면, 지금 딛고 있는 대지에서 날아올라 자유롭게 창공을 나는 새의 자유도 있다. 인간에게는 허락되지 않은 자유지만 말이다. 나의 주된 관심사 역시 내가 가지지 못한 자유다. 내 소유가 아닌 요트로 항해를 떠날 자유, 내게 없는 약으로 병든 아이를 치료할 자유 말이다. 제1장에서 소개한 사례들 속에서 찾아보자면, 퀘벡에서 영어로 사업할 자유, 퀘벡에서 영리 목적의 민간병원을 개원할 자유, 또 버몬트에 월마트가 입점할 자유가 여기에 해당될 것이다.

자유란 타인이 나를 어떻게 이용하는가에 대한 문제다. 자유란 내가 원하는 일들, 예를 들면 달까지 날아간다든가, 이상형과 결혼하는 등의 소망을 실현하는 능력이 아니다. 만약 남이 나를 방해한다거나, 나를 도와주지 않아서 원하는 일을 달성하지 못하는 경우야 있겠지만 그렇다고 해서 그들이 나를 이용했다는 느낌을 받지는 않을 것이다. 이 경우 내가 그들을 이용하려는 것을 그들이 거부했다고 보는 것이 더 정확할지도 모른다. 물론, 나에게도 그들이 비인간적으로 또는 잔인하게 내 이익을 저해했다고 불평할 권리는 있지만 말이다. 이는 나를 꽁꽁 묶어놓은 사람과, 꽁꽁 묶여 있는 나를 보고도 못 본 척한 사람의 차이라고 할 수 있다. 나의 능력, 즉 내가 할 수 있는 일들은 이 두 경우 모두 제한적이지만, 자유를 박탈당한 것은 전자의 경우만 해당한다.[1]

이는 개념론적인 차이만을 보여주는 비유가 아니다. 자유는 개인의 능력이 필요하지 않은 사람과 사람의 관계다. 개인의 능력을 중시하는 것은 다른 이들이 평등하게 또는 최소한의 자유를 누릴 수 있도록 개인의 자유를 조정하고, 정렬시키고 심한 경우에는 희생시키는 사회다. 하지만 자유는 다르다. 모든 사람은 어느 누구의 자유를 침해하지 않고도 최대한의 자유를 누릴 수 있다. 사람과 사람 사이에는 경계선이 존재한다. 이를 확인시켜주는 것 중 하나가 바로 자유다.

나는 이 '분리'된 개인으로서의 개체성이야말로 가장 기본적이면서도 받아들여지기 어려운 개인성의 특징이라고 생각한다.

물론 가족과 친구들의 공동체도 있다. 즉, 내가 도움을 받고 의지할 수 있는 관계 말이다. 사랑과 우정의 관계, 타인의 자유가 빚어낸 결과들을 즐길 수 있는 내가 속해 있는 인생의 장이다. 하지만 자유는 이와 구분된다.

지금까지 나는 자유가 무엇인지, 그리고 왜 다른 가치들과 구분되며, 어째서 중요한지를 설명했다. 지금까지의 설명에 수긍할 수 없었다면, 그 이유는 무엇일까? 혹시 이런 생각이 여전히 남아 있기 때문이 아닐까? 자신의 목표를 달성하고, 그것을 통한 만족감을 느끼는 것이 중요하지, 그 과정에서 자유가 침해되든 존중받든 그리 중요하지 않다고 말이다. 혹은 자유의 침해가 목표 달성과 만족감을 성취하는 과정에서 발생하는 방해나 비협력 정도의 중요성밖에 가지지 않는다고 생각하는 사람도 있을지 모른다. 하지만 이는 잘못된 생각이다. 내 목표와 만족감이 정도 면에서나 밀도 면에서나 가치 있는 이유는 그것이 온전하게 내 것이기 때문이다. 즉, 내가 구상했고, 보았고, 판단해서 선택했기 때문이다. 앞에서도 언급했지만 내 자신을 위한 선택은 자유의 침해가 아니라 오히려 자유의 행사다. 인간이 영혼을 가지고 있기 때문에(기계나 기관, 또는 동물이 아니기 때문에) 자유가 가치 있다고 주장하는 사람도 있을 것이다. 인간의 자성적인 이해력과 판단력, 선택 능력은 우리의 영혼과 의식, 그리고 때로는 양심을 구성한다. 자유는, 내가 나 자신을 영혼을 가진 개체로 파악하고, 타인에게 나의 영혼을 인식하는지, 또 나를 하나의 인간으로 받아들이고 있는지 묻는다. 그렇기 때문에 능력이라는 측면에서 볼 때 자유는 동물성과 개체성을 동반하는 매우 일반적인 개념이다. 자유는 개인적인 관계, 즉 사람과 사람의 관계에 대한 문제다.

누군가에게 개입한다는 것은 그의 자유를 침해하는 일이다. 하지만 만약 내가 그의 앞길에 끼어든다면, 그는 의도치 않은 개입을 하게 될 수 있다. 만약 나를 밀어버리거나, 자동차로 치고 길 수도 있다. 이때는 그가 나를 이용한 것이 아니다. 단지 나를 무시한 것이다. 지구상의 모든 물체와 마찬가지로 나 역시도 사고도 지각도 없는 물체에 불과한 것일까? 만약 그렇다면, 그가 내게 다가왔을 때 그를 피하는 것도 그의 자유를 침해하는 것일까? 나를 해치기 위해서가 아니라, 단지 자신의 목표를 향해 걸어가느라 내 존재를 거들떠보지 않았을 뿐이라도? 결국, 나는 그의 앞에 떨어진 나뭇가지 마냥 치워지는 것이다. 이 비대칭성이 문제다. 나를 자동차로 치고 지나가는 행위에 반드시 의도성이 있어야 하는 것은 아니지만, 피하려는 행위에는 의도가 필요하다. 그렇다면, 그는 나의 자유를 존중했지만(무시하지 않는다고), 나는 그의 자유를 침해했다고 보아야 할까?

현대의 자유

권리의 경계선 ■■■ The Right Bubble

세상 사람 모두가 각각 커다란 비눗방울 속에서 인생을 살아간다고 상상해보자. 만약 누가 갑자기 내 비눗방울을 뚫고 들어왔을 때 내가 그를 쫓아낸다 해서 그의 자유를 침해하는 것은 아니다. 하지만 이 비눗방울의 윤곽을 형성하는 것은 공간뿐 아니라 개념이다. 만약 폭풍우 치는 날 고속도로를 달리고 있을 때 누가 내 차를 들이받았다면, 그가 내 공간을 침범한 만큼 나도 그의 공간을 침범했다고 볼 수 있는 타당한 근거가 생긴다. 하지만 이 상황을 '침범'이라는 개념으로 접근하기는 사실 어려울 것이다(홈스는 "개도 자기 발에 걸려 넘어진 건지, 남이 차서 넘어진 건지 구분한다"고 했다).[2] 그리고 비눗방울의 윤곽은 이보다 더 복잡하다. 실수로 내게 부딪친 사람을 밀어내는 것은 아무 문제가 없지만, 만약 그를 총으로 쏴 죽였다면, 총을 쏘는 것만이 나를 지킬 수 있는 유일한 방법이었다는 것을 증명하지 않는 한 처벌은 피할 수 없을 것이다. 앞서 자유란 타인에 의해 이용되지 않는 것이라 설명했다. 자 이제 이 기본 개념에서 한 발짝 더 내디뎌보자. 방어적으로 이용하는 경우라면 타인을 이용할 수도 있다는 세계로 말이다. 이 방어적이라는 개념에는 의도적이지 않았더라도 타인이 내게 가한 위협에서 나를 지키려고 하는 경우도 포함된다. 모욕적인 언사를 퍼붓지 않고는 연기자들에게 원하는 연기를 시킬 수 없다면, 그들의 자유뿐 아니라 내 자유의 가치도 사라진다는 이야기다.

'누구에게도 이용당하지 않는, 즉 의도적인 간섭을 받지 않는 주체로서의 토대가 자유'라는 인식에서 출발한 우리는 이제 의도하지 않은 해악(예를 들면 나를 무시해서 치고 지나가는 등의 행동)을 고려하는 단계에 이르렀다. 이는 내가 타인의 행동에 의도적으로 간섭하더라도, 이것이 방어적으로 이루어졌고 지나치지 않다면 그의 자유를 침해한 것은 아니라는 점을 설명하기 위한 것이었다. 이렇게 보면 남에게 이용되지 않는 주체로서의 자유는 권리의 개념과도 일맥상통한다고 볼 수 있다. 나에게는 남을 이용할 권리가 없으며, 타인 역시 나를 이용할 권리가 없다고 해석할 수 있으니 말이다. 하지만 나에게는 타인이 내 권리를 침해하려는 시도를 막을 권리가 있다. 내 비눗방울은 내 권리의 확장 부분까지 감싸며 다차원적인(시공간적인 측면뿐 아니라 윤리나 자유라 불리는 부분까지도 포함된다) 윤곽을 그린다. 그곳이 바로 도덕적으로 허용된 나의 거주 공간이다. 그 속에서 나는 도덕적으로 안전하다. 누구도 나에게 해를 끼치지 않고서는 이 공간에 침입할 수 없다. 왜냐하면, 이는 내 권리이기 때문이다. 나는 타인을 초대할 수도 있으며 내 공간에서 벗어나 나를 초대한 사람들을 찾아갈 수도 있다. 내가 만약 댄스파티를 열기로 하고 여자친구를 초대하면서, 그녀의 친구들도 데리고 오라고 했다고 하자. 그녀가 내 초대에 응하여 자신의 친구들과 내 비눗방울 속에서 댄스파티를 즐긴 것은 나를 이용한 것도, 내 자유를 침해한 것도 아니다.

소유에서 계약까지 ▨ From Property to Contract

내가 묘사한 것은 소유, 즉 재산이다. 소유물로서의 나 자신과 공간, 이외에 무엇이 있을까? 만약 내 재산이 비눗방울 밖에 존재하는 대상까지 확장되었다면 이를 어떻게 사용할지도 나의 권리다. 내 소유물을 빌려줄 수도 있다. 이 경우 임차인이 이 재산을 다시 돌려주지 않는다면 그는 내 권리를 침해하는 것이지만, 내가 돌려받는 것은 그의 자유를 침해하지는 않는다. 이것이 바로 소유와 계약이다. 자유의 기본 개념에서 비롯된 이 한 쌍의 개념이 얼마나 심오한 깊이를 가지는지 보려면 우선 '맞교환'에 대해 생각해볼 필요가 있다. 지인이 멋진 조각품을 준다고 해서 아주 부드럽고 챙이 넓은 모자를 선물하기로 했다고 하자. 그런데 조각품은 아직 완성되지 않았다. 하지만 지인은 모자를 받고 싶어 한다. 만약 지인이 내게 조각품을 확실히 줄 것이라는 보장이 없다면 나는 모자를 줄 수 없을 것이고, 그렇게 되면 나와 지인의 자유의 범위, 즉 우리의 비눗방울은 똑같은 크기로 쪼그라들 것이다. 이것이 자유의 일반적이고 무의미한 축소라 할 수 있다(앞서 언급한 최대한의 평등한 자유, 타인의 최대한의 자유와 조화를 이루는 최대한의 자유를 떠올리기 바란다). 그러므로 나의 권리는 시간의 축을 따라 그 윤곽선이 형성된다. 지인이 완성할 조각품은 내 것이다. 단지 '미래'의 재산이라는 조건이 붙지만 말이다. 이는 결국 지인이 앞으로 할 행동이 나의 현재의 권리라는 뜻이다.[3] 만약 조각품이 완성되었는데도 나에게 주지 않는다면 지인은 나의 권리를 침해한다. 이미 내 비눗방울에 속해 있던 내 권리를 비눗방울 속으로 걸어 들어온 지인이 빼앗아가는 것과 다를 바 없는 것이다.

자유에서 법까지   From Liberty to Low

이제까지 소유와 계약의 기본 개념에 대해 설명했다. 약속과 소유의 개념은 아이들도 이해할 수 있다. 소유와 계약은 국가의 제도로 보장되는 개념이다.[4] 자, 이제 자유의 강력한 경쟁자이자, 자유의 수많은 경쟁자가 잠복해 있는 '국가'에 대해 살펴볼 차례다. 이를 통해 자유의 본질을 밝혀낼 수 있을 것이다. 만약 자유가 소유와 계약을 보장하는 제도하에서만 발휘될 수 있다면, 또 만약 재산과 계약이 법 제도(결국, 국가 자체)에 의존하고 있다면 우리는 국가가 허용하는 자유밖에 누릴 수 없는 것일까? 혹은 국가가 우리에게 뭔가를 허용한다는 것 자체가 자유를 의미하는 것은 아닐까? 이런 의문이 든다면, 자유와 국가의 관계를 좀 더 찬찬히 설명해야 할 것 같다.

우리는 국가가 없어도 재산을 가지고 계약을 할 수 있다. 그리고 국가나 국가가 제정한 법률이 없더라도 우리를 감싸는 다차원적인 비눗방울의 크기와 형태, 또 개인과 개인이 상호 간에 합의한 내용의 준수 등에 대한 견해들이 존재할 것이다. 이는 우리의 권리에 대한 견해라고 할 수 있다. 이 견해들은 상당히 폭넓은 사람들 사이에서 공유될 수도 있다. 그리고 만약 이렇게 폭넓게 공유되는 견해가 있다면, 국가는 매우 중요하지만, 전혀 실질적이지 않은 여러 이유 때문에 개입하게 된다. 그 이유들은 다음과 같다. 우선, 많은 사람이 동의한다 하더라도, 어떤 강제성이 없다면 모든 사람이 개개인의 재산의 경계를 존중하고, 계약을 준수하지는 않을 것이다. 결국 타인의 재산을 침해하고, 약속을 지키지 않는 사람이 많아질 것이고 그렇게 되면 모든 사람에게 약속의 준수를 강제하지 않는 한 아무도 그 공동체의 합의를 지키려 하지 않을 것이다. 이는 흔히 패전 등으로 인해 무정부 상태가 되거나, 경제 파탄에 이른 사회에서 볼 수 있는 현상들이다. 두 번째로 권리에 대해서도 총론에서는 합의를 이루지만 각론으로 들어가면 반대를 하는 경우가 많다. 예를 들어 우리는 운전을 할 때 한쪽 도로만을 써야 한다는 것에 대해서는 합의를 한다. 하지만 세부적으로 어느 쪽 차선을 사용할 것인지는 각각의 개인이 결정할 수 있는 문제가 아니다. 저마다 혼자 결정해서 한쪽 차선을 사용해봤자, 정부가 상행선과 하행선을 정해주지 않는 한, 어떤 규칙성도 생겨나지 않는다. 또한, 약속을 준수해야 한다는 점에 동의하지 않는 사람은 없을 것이다. 하지만 특정 상황 속에서 체결된 계약에 대해서는 논란의 여지가 있을 수 있다. 첫 번째 예는 법률의 제정, 두 번째는 판결에 대한 것이다(법률의 제정과 판결은 동전의 양면과 같다. 여기서는 더 깊이 들어가지는 않을 것이다).

일반적으로 사람들은 법률의 제정과 집행, 판결을 하는 국가가 필요하며, 그렇기 때문에 권리재산과 계약는 국가의 피조물이라고 생각한다. 그러나 이는 잘못된 생각이다. 권력에 의해 시행되거나, 규제되거나 심판받지 않더라도, 우리는 권리를 갖는다고 반론할 만한 충분한 근거가 있기 때문이다. 나는 국가가 존재하지 않아도 인간에게는 권리가 있다고 믿는다. 그리고 아마 독자들도 그럴 것이다. 권리들(모든 권리는 아닐지라도, 또 모든 각각의 권리는 아닐지라도, 총체적인 의미로서의 권리)을 가짐으로써 우리는 인간일 수 있다. 권리란 올바름과 선의 개념을 이해할 수 있고, 그 선을 추구할 책임을 가지는 자유롭고 이성적인 인간에게 주어지는 자격인 것이다.

권리란 우리가 누구이며, 우리의 권리를 보다 확실하고 안전하게 보장받기 위해서는 어떠한 국가를 건설하고, 개혁하고, 받아들여야 하는지에 대한 성찰 속에서 태어났다. 그렇기 때문에 권리는 국가가 없으면 성립될 수 없다든가, 국가에 의해 생겨난다는 인식은 잘못된 것이다.

즉, 우리는 법규로 규정되지 않아도 (또는 국가가 존재하지 않아도) 권리를 가지며 자유를 존중한다는 것은 이 권리를 존중한다는 의미가 된다. 그런데 여기서 문제를 복잡하게 만드는 것은 이 인식이 일반론에 불과하다는 점이다. 그리고 바로 여기에 자유의 경쟁자들이 노리는 허점이 있다.

권리가 법규에 우선한다는 개념은 자유로운 권리의 교환으로까지 확대될 수 있다. 우리는 '우리'의 재산, 즉 나 자신과 내가 소유하는 것들에 대한 권리를 가지며 이 권리가 보장되는 계약(거래, 선물, 약속 등에 대한)을 맺을 권리가 있는 것이다. 그런데 이 권리의 구체적인 내용과 세부 사항은 국가와 법규가 존재할 때 비로소 결정된다. 권리가 있다고 해도, 그 대상이 확실하지 않으면 아무런 의미도 없다. 자유란 우리의 권리를 존중하는 것이다. 그런데 이 권리가 국가가 규정한 부분에 대해서만 적용된다면 일반론적 개념에서의 권리와 자유는 보장되겠지만, 이 권리와 자유의 본질조차도 국가에 의존하게 된다.[5] 이것이 바로 지금부터 우리가 생각해보아야 할 문제다. 하지만 그 전에 일반론적인 개념을 우선 짚고 넘어가야 할 것 같다.

시장 : 자유의 공동체   Market : The Community of Liberty

애덤 스미스Adam Smith, 1723-1790는 그의 유명한 저서에서 자유 시장을 허용하면 인적 자원과 물적 자원이 가장 합리적으로 배분되기 때문에 효율성과 개인의 복지를 증대할 수 있다고 주장했다. 그런데 자유 시장은 단순히 효율성의 수단과 동력이 아니라, 두 명 이상(대부분의 경우 다수)의 사람들의 자유가 교차하는 지점이기도 하다. 이런 개념으로 볼 때 시장은 '자유의 공동체'라 할 수 있다. 최근 일부 경제학자들이 사람들 간의 비상업적인 상호 작용을 '구애courtship'와 '간택adoption'으로 해석함으로써 파문을 던졌다. 미술 시장(후원자와 화가 간의)을 매력과 성, 베풂에 의해 지탱되는 구조라고 보는 시각은 상당히 오래전부터 있었기 때문에 그리 놀랄 일은 아니다. 구두나 건설 작업 같은 물건이나 용역을 돈과 교환하는 시장은 예술, 사랑, 인간에 대한 배려 등의 상호 작용과는 동떨어진 시스템이라고 본다면, 이는 상상력과 사고력이 결여된 인식이라고밖에 할 수가 없다. 이런 주장을 펼치는 사람들은 후자를 보다 수준이 높고 숭고하다고까지 생각하며, 상품 시장은 평범하고 낮은 수준이라고 생각한다. 하지만 예술과 사랑을 과대평가하고, 노동과 거래를 천하게 보는 이 시각은 잘못된 것이다(로렌체티Ambrogio Lorenzetti, 1290?~1348가 그의 그림 〈도시에서의 좋은 정부의 효과〉에서 '자유Libertas'로 묘사한 행동들이 무엇이었는지 잘 떠올려보기 바란다). 사랑과 거래란 모두 자신의 자유를 사용하여 타인이 그에 상응하는 자유를 사용하도록 상호 작용을 끌어내는 작업이다.

그렇다면, 이 작업에는 순수한 베풂은 존재하지 않는 것일까? 물론 존재한다. 하지만 이 베풂의 가치를 과도하게 높이 평가하는 것은 우리가 가치 있게 생각하는 이 상호 작용의 가치를 오히려 떨어뜨리고 본질을 왜곡시킬 수 있다. 갓난아이는 자신을 헌신적으로 돌봐주는 어머니를 알아보고 미소를 짓는다. 바로 이것이 인간과 인간의 상호 관계이자 협동의 출발점이다. 협동은 자유의 행사이며, 인간이 인간임을 증명하는 최대의 특징이라고 할 수 있다. 현악 4중주단이 연주하는 모습을 상상해보자. 연주자들은 동작과 표정을 통해 상호적으로 반응하며 음색을 맞춰 조화롭게 음악을 만들어간다. 시장도 마찬가지다. 시장을 통한 교환과 거래에서 이러한 상호 작용이 이루어지지 않는다는 견해는 편견이며, 그렇기에 이는 수준 낮은 인식이다. 물론 사탕·구두와 음악·사랑 등에는 차이가 있다. 그리고 놓인 상황에 따라 그 가치도 달라질 것이며, 그 가치의 종류도 다르겠지만 여기서 말하려는 것은 이 차이에 대한 것이 아니다. 내가 말하고자 하는 것은 이 가치들이 인간의 상호 작용 기회가 되며, 이 상호 작용이 자유인으로서 자유를 행사했다는 증명이 된다는 점이다. 예술, 과학, 도시, 교회 등 인류의 기념비적인 문화유산들이 모두 협동의 결과물이라는 것은 어쩌면 당연한 일인지도 모른다.

　그러나 이를 부정하는 인식이 팽배한 것도 사실이다. 하지만 이는 모두 '상품화'에 대한 오해와 편견에서 비롯된 것이다. 예술과 사랑을 거래와 결부시킴으로써 우리는 예술과 사랑의 가치를 떨어뜨리고, 거래를 과대평가한다. 이는 잘못된 판단이다. 시장의 가장 치명적인 적은 제화공이나 요리사, 병원 잡부들은 중요한 사회의 요망을 충족시키기 위해 헌신하기 때문에 그들의 노동은 숭고하다는 주장이다. 그러나 병원 잡부나 요리사, 그리고 제화공도 저마다 요망이 있다. 이들이 사회적 관계 속에서 타인이 필요로 하는 노동을 제공하는 동시에 이들의 요망도 충족된다는 것을 부정하는 인식은 이성적이지 못한 것이다. 편의commodity라는 단어는 '대체 가능성'이라는 개념과 관련이 있다. 밀 몇 포대와 돈의 관계를 생각해보면 간단하게 이해할 수 있을 것이다. 그런데 이런 활동과 생산물은 인간의 자유의지와 상호 관계에 의한 수요와 공급의 시스템 속에서만 의미를 갖는다. 제화공과 병원 잡부, 그리고 요리사의 노동이 가치와 특별함을 갖게 되는 '관계성'이 생겨나는 곳이 바로 시장이다. 그리고 돈은 생산품이나 노동이 공간과 시간을 넘어 거래될 수 있도록 그 가치를 표시해놓은 교환권에 불과하지만, 이 돈이 있기 때문에 서로 모르는 사람끼리도, 과거와 미래의 사람과도 거래가 가능해진다. 이렇게 생각하면, 돈이란 인간의 연결과 상호 작용을 끌고 가는 뛰어난 2차 엔진이라고 볼 수 있다. 이런 돈을 '추잡하고 천한 것'으로 보는 것은 무지의 소치일 뿐이다.

두 번째로 시장이 관심과 베풂의 관계를 대신한다고 보는 것 역시 잘못된 인식이다. 인간은 혼자서는 만들어낼 수 없는 가치를 창출하기 위해 서로에게 관용을 베풀기도 한다. 어떠한 반응도 기대하지 않는(어머니를 알아본 갓난아이의 미소나 오페라를 들으며 느끼는 기쁨조차도 기대하지 않는) 순수한 베풂이 이 세상에 존재하는 것은 확실하다. 하지만 이런 순수한 베풂이 상호 관계의 이상적인 형태는 될 수 없다. 왜냐하면 이 베풂은 일방적인 소통에 지나지 않기 때문이다.

더욱 심각한 것은 이런 나의 분석에는 치명적인 모순점이 있다고 규탄하며, 내가 최대의 가치라고 주장하는 자유에 대해, 아무리 좋게 보더라도 인간관계의 한 부분이나 종속적인 측면에 불과하다고 보는 인식이다. 우선 모순점에 대해 설명해보자. 나는 시장에 대한 설명을 시작하면서 우리가 어떤 권리를 가졌는지에 대한 궁금증은 잠시 내려놓자고 제안했다. 하지만 그렇다고 해서 무작정 보류하자는 것은 아니었다. 단지, 시장 거래에서 거론되는 권리는 도덕적으로 완벽하게 내 것이라고 할 수 없는 부분이 있기 때문에 이 권리의 도덕적 불완전성이 내가 전개하고자 한 '도덕적인 논의'를 흐릴 가능성이 있다고 판단해 보류하자고 제안했던 것이다. 만약 내가 어떤 작업에 대한 대가로 훔친 물건을 준다면 나는 그 작업에 들어간 노동력을 훔친 것과 마찬가지다. 나는 제3, 또는 제4의 인물이 만든 상품을 타인과 거래할 수 있는 연쇄 관계로 이루어진 시장의 자유를 찬미한다. 하지만 이 연쇄성 때문에 위법 행위는 그 규모와 관계없이 시장 전체를 감염시키고 만다. 마치 전염병이 친밀한 관계의 사람들 사이에서 빠르게 확산하듯이 말이다. '모든 소유물은 훔친 것'이라는 주장도 있지만, 이는 명백한 과장이다. 내 치아나 신장, 폐를 도대체 누구에게서 훔쳤다는 것인가? 하지만 어떤 소유물들은 훔친 물건인 경우도 있다. 그렇기에 시장에 참가할 권리, 그리고 거래할 권리는 그 자신의 것이라는 확신 없이는, 내 주장은 성립될 수 없다.

그리고 마지막으로 도덕적 관점에서 우리의 권리가 시간적, 공간적으로 어디까지 확장될 수 있는가에 대한 문제가 남아 있다. 이는 우리의 일상생활과 밀접한 관계가 있기 때문에 더욱 중요하다. 나는 내 소유물에 대해 권리를 가지지만 구체적으로 그 권리를 가지고 무엇을 할 수 있을까? 또한, 이 권리와 타인들이 가지고 있는 수많은 종류의 권리들의 경계선은 어디에 있을까? 만약 누가 내 소유물을 빼앗아갔다고 가정하자. 나는 이를 돌려받을 권리가 있지만 시간이

지나면, 또는 나의 소유물이 제3자에게 넘어가게 되면 이 권리도 사라지는 것은 아닐까? 우리에게는 고속도로를 자유롭게 주행할 권리가 있다. 하지만 적정 속도와 주의사항을 지켜야 하는 것은 아닐까?

자유와 국가 ▨ Liberty and States

자유란 사회적 존재로서의 인간에 대한 문제다. 그렇기 때문에 자유는 사회적인 개념이다. 그런 점에서 제1장에서 소개한 사례들이 모두 사회적, 정치적, 그리고 법적인 문제였던 것도 당연하다 하겠다. 국가는 자유의 파괴자지만 그렇지 않은 경우도 있다. 국가는 기운 없고 어리석은 방해물들을 키우고, 꺼내어 살육하는 농장이나 광산이 아니다. 이보다는 개인과 개인의 관계로 이루어진 망網일 뿐이며, 개인은 그 자신이 해야 할 일과 하지 말아야 할 일, 또 할 수 있는 일과 할 수 없는 일 속에서 선택을 한다. 론 풀러Lon Fuller, 1902~1978가 비유했듯이, 법률이 규칙에 대한 인간의 행위를 종속시키는 기업체라면, 국가는 이 기업체들로 이루어진 시스템이다.[6] 만약 국가가 자유의 최대 파괴자라면 그와 동시에 자유를 보호하고 보장하는 존재라고도 할 수 있다. 높은 수준의 문명사회에서는 국가의 존재 없이 유효한 자유도 있을 수 없다. 왜냐하면, 법률 없이는 효율적인 자유를 행사할 수 없기 때문이다.

일상생활 속에서 자유가 위태로워지는 경우는 대부분 개인(친구 또는 적), 가족, 고용주, 교회(종교) 등이 원인이다. 이런 위협은 적어도 선진화된 사회에서는 모두 국가의 틀 안에서 이루어진다. 즉, 친구와 교회가 우리의 자유를 위협할 수 있는 것은 법률이 이를 허용하기 때문이다. 우리는 교회의 책임자들에게 모든 것을 맡겨버릴 수도 있다. 그리고 이는 개인이 선택할 일이다. 그런데 우리가 이런 선택을 하고, 그 결과에 책임을 지도록 하는 법률도 있겠지만, 선택의 폭을 제한하는 법도 있으며, 교회의 권한을 제한하는 법도 있을 수 있다. 이 모든 경우에서 법은 가장 마지막 정류장이다. 그리고 이것이 바로 법치 시스템으로서의 국가가 자유의 궁극적인 수호자이자 파괴자인 이유다.[7]

권리 ▩▩▩ Rights

법률이 우리의 자유를 보호한다는 것은 우리의 권리를 보호하는 것이기도 하다. 타인에게 어떤 규제를 가해야 한다고 주장하는 것은, 그 자신도 비슷한 규제를 받아들이겠다는 의미다.

우리는 이런 규제가 자신의 권리를 침해할 때에는 불만을 토로하며 이 규제가 자신의 권리를 보호해줘야 한다고 주장한다. 권리란 이렇듯 법률, 즉 국가가 보호해줘야 하는 자유의 측면을 조명한다.

퀘벡의 프랑스어 헌장은 자유의 통제(이를 자유의 침해라고 결론을 내리려면 아직 더 생각해보아야 할 문제가 많이 남아 있다)에 정부가 어떻게 관여하는지를 보여준다. 프랑스어 헌장은 언어를 통제함으로써 자유의 본질을 극명하게 드러낸다. 프랑스어 헌장은 자유를 침해한다(혹은 침해하지 않는다). 이는 마치 길을 가는 사람들이 우회해야만 하는 빌딩처럼 사람들로 하여금 무언가를 하도록 만든다. 그리고 퀘벡 주의 사례에서 그 빌딩은 언어였다. 프랑스어 헌장은 주민들이 특정 내용을 말하지 못하도록 금하지 않는다. 어떤 내용이라도 자유롭게 말할 수 있지만, 어떤 내용이 되었든 프랑스어를 사용해야 한다고 지시하고 있는 것이다. 즉 특정한 생각이나 판단 또는 명령 등을 표현하지 못하도록 입을 막아버리지는 않는다. 여기에는 개인성의 본질이 함축되어 있다. 공사장의 드릴 소리처럼 물리적으로 사람들의 말문을 막아버리고 사고를 마비시키려는 것과는 차이가 있다고 할 수 있다.

　프랑스어 헌장은 마음의 한 부분이 아닌 전체를 규제한다. 이 헌장은 우리의 마음을 특정 언어로 말하도록(물론 말할지 말지는 우리의 선택이지만) 강요하는 것이다. 국가가 정해준 곡조에 맞춰서 노래를 부르되 가사는 마음대로 정할 수 있다고 하는 것이나 마찬가지다. 인간의 정신적인 측면을 생각하면 여기서 중요한 것은 곡조이지 가사가 아니다. 프랑스어로 말을 한다는 것(영어나, 이디시어, 중국어를 쓰지 않는다는 것)은 특정한 사회적 관계와 문화적 유대만을 강조하며 다른 모든 사회와 문화를 부정하는 것이다. 그리고 이런 사회적 관계와 문화적 유대는 사람들이 생각하는 것보다 훨씬 더 개인의 정체성과 가치관에 큰 영향을 미친다. 그렇기 때문에 퀘벡 주의 반대론자들은 고객에게 영어나 이디시어를 사용하고, 환자들에게 중국어를 사용할 권리가 있다고 주장하는 것이다.

　그렇다면, 프랑스계 주민은 어떠한가? 이들은 가족과 친구들과 있을 때처럼 자신의 생각을 자유롭게 말하고 생각을 정리할 수 있도록 프랑스어 헌장을 제정했다. 이들은 자신이 유년 시절에 그랬던 것처럼 자신의 자녀들도 프랑스어로 교육을 받게 할 권리가 있다고 주장한다. 또 이들은 이런 조치를 취하지 않으면 주변의 영어권 사회에서 급속도로 밀려드는 영어의 영향력 때문에 프랑스어는 잊히고 말 것이라고 우려한다.[8]

퀘벡의 국가 의료보험 제도 역시 의료보험에 요구되는 베풂이라든지, 배려, 평등한 우정 등 특정 감정을 중시한다는 점에서 비슷하다. 이는 영국의 학자인 리처드 티트머스Richard Titmuss, 1907~1973가 매혈 제도의 부작용을 주장했던 논거를 떠올리게 한다.[9] 매혈 제도가 도입되지 않는 지역에서 수혈용 혈액을 얻는 유일한 방법은 헌혈밖에 없다. 그렇기 때문에 헌혈은 얼굴 한번 본 적 없는 타인에게 주는 선물이다. 하지만 매혈이 가능한 지역에서는 경제적 논리가 작용하여 헌혈 시스템이 붕괴될 위험성이 있다. 물론 혈액을 구입할 수 있도록 금전적인 기부 등을 할 수는 있겠지만 이런 기부는 그 진정성의 면에서 헌혈과 비교할 수 없다. 베풂의 정신으로 헌혈 제도를 유지하자는 이 주장은 특정 언어(퀘벡 주의 프랑스어)나 문화가 소멸되지 않도록 자신의 권리를 조금 양보하자는 논리와 일맥상통한다. 그렇다고 한다면 이 양쪽의 자유는 어떻게 보아야 할까?

여기서 굳이 월마트의 예를 다시 설명할 필요는 없을 것이다. 이 모든 사례에서 법률이나 사회, 국가가 상충하는 권리의 요구들을 따지지 않고 그 경계선을 어떤 식으로 그을 수 있을까? 경계선을 긋고 나면 우리에게 어떤 자유가 남는 걸까? 이 갈등이 봉합되고 난 뒤에도 우리가 행사할 수 있는 자유가 남아 있을까? 선 긋기를 하느니, 그냥 평등이나 부, 다수의 행복, 장수, 개인 또는 혈족, 국가의 영광이나 신의 영광과 같은 다른 가치들을 추구해야 하는 것이 더 낫지 않을까?

권리는 자유의 경계선을 규정한다. 그렇기에 우리의 자유는 그 권리의 형태에 의해 좌우된다. 존 로크는 외부적인 소유에 대한 권리에 의해 인간으로서의 권리가 형성된다고 보았다.

모든 사람은 자신의 일신에 대한 소유권을 가진다. 즉, 그 사람 자신을 제외한 어느 누구도 권리를 가지지 못한다. 그의 육체적 노동과 손으로 이루어낸 작업은 정당하게 그의 것이다. 자연이 제공하고 자연 그대로 남아 있는 상태였던 것이 그의 손을 거쳐 그의 노동이 섞이고 그가 소유한 무언가가 합해지면 그의 소유가 된다. 이 노동은 의심할 여지없이 노동을 한 자의 것이기 때문에 이 노동이 합쳐진 모든 것에 대해서 그는 권리를 갖는다. 하지만 여기에는 남들이 공유할 가치 있는 것들이 충분히 남아 있을 경우에 한해서라는 조건이 붙는다.[10]

이 고전적인 주장이 암시하는 것은 나에게는 인간으로서의 권리가 있고, 나 자신과 소유물을 박탈하려는 시도에 대해 보호받아야 할 권리(이 책에서 쓰이는 권리라는 단어는 전정치적pre-political 권리를 말한다. 정치에 의해 보장받는 것이 아니라 오히려 정치를 심판하는 이 전정치적 권리는 전통적으로 자연권이라 불린다)가 있는 것처럼 공리功利는 존중되어야 한다는 것이다. 또한, "인간은 보호받아야 할 자연권을 가지며,

법률은 무력이나 사기에서 그를 지켜줘야 한다"는 로크의 말처럼 내게는 계략이나 도둑질에 의해 자유와 재산을 박탈당하지 않을 자연권이 있다. 마지막으로 이 자연권은 계약에 관한 법률과 약속의 실행이라는 방식을 통해 내 것을 자유롭게 타인과 교환하거나, 교환하기로 합의할 자유를 수반한다.[11]

그런데 여기서 문제가 생긴다. 모든 것이 누군가의 소유거나 국가의 소유라면 '남들이 공유할 가치 있는 것들이 충분히' 남아 있을 수 없다는 점이다.

현대의 자유

권리의 형태 ▨▨ The Shape of Rights

초공간적으로 권리의 형태는 자유가 추상적인 개념이 아니라는 인식에 의해 잡힌다. 이를 가장 명쾌하게 설명한 것이 제러미 월드론Jeremy Waldron, 1953~이다. 그는 노숙자에 대한 에세이에서 이렇게 말한다.

지금 여기에서 일어난 모든 일은 어디에선가는 일어나야 했을 일들이다. 자유주의자 중에는 한 사회의 모든 토지를 개인의 소유지로 삼을 수 있다는 환상을 갖고 있는 사람들이 있다. 하지만 이는 노숙자들에게는 대재앙이다. 대부분의 토지 소유자들이 이미 노숙자들을 자신의 소유지에서 내쫓은 것을 생각하면, 자유주의자들이 꿈꾸는 낙원이 현실화된다면 노숙자들은 말 그대로 설 곳이 없다. 사람이 존재하기 위해서는 딛고 설 땅이 어딘가에는 있어야 한다. 그 땅이 없다는 것은 그 사람의 존재가 허용되지 않는다는 것을 의미한다고 보아도 지나침은 없을 것이다.[12]

월드론은 나아가 지자체가 공공장소(도로나 공원)에서의 취사와 방뇨를 금하는 규제를 강화하는 것은 노숙자가 이런 기본적인 행위를 할 수 있는 장소가 없어진다는 것을 의미한다고 지적한다. 이 예에서는 초공간적인 개념이 사용되고 있다. 노숙자들은 다른 사람들과 마찬가지로 도로나 공원에 머무를 권리가 있지만, 이 공간적인 권리는 그곳에서 행하는 행위에 따라 제한된다. 즉, 움직이거나 멈춰 서거나, 동료와 이야기를 나눌 수는 있지만 잠을 자거나 구걸은 할 수 없다.

이 노숙자의 예는 일개 개인 차원에서 보장되는 권리가 얼마만큼 제한될 수 있는지를 잘 보여준다. 사람에게는 보고 들을 권리가 확실하게 있다. 하지만 다리를 움직이거나, 손과 팔을 들거나, 말을 함으로써 소음을 발생시키는 등의 행위를 하려면 공간이 필요하다. 그런데 그 공간은 내 소유가 아닐 수 있다. 이것이 바로 노숙자의 예에서 월드론이 지적하는 점이다. 내 일신을 소유하며, 내 자신에 대한 권리가 있더라도 움직이고 일할 수 있는 물리적인 공간, 즉 물질적인 세상의 한 부분에 대한 권리를 가지지 못한다면, 타인이나 국가의 노예일 수밖에 없다. 국민은 국가의 공동 소유자라는 주장도 있지만 그렇다 하더라도 국가가 나를 소유한다는 점에 변함은 없다.

그런데 이 궁지에서 벗어날 길이 없는 것은 아니다. 내게는 타인에게 제공할 수 있는 노동력과 지혜가 있다. 사실 세상에서 물질적으로 가장 부유한 사람이라도 남의 재능과 노력의 뒷받침이 없다면 그 부는 지속될 수 없다. 그러므로 그는 나를 필요로 한다. 내가 그를 필요로 하듯이 말이다. 설령 그가 나의 노동력의 대가를 터무니없이 깎아버린다 하더라도, 일정 시점까지는 나는 그가 훔칠 수 없는(그렇기에 교환 가능한) 것을 가지고 있다.[13] 내가 제공할 수 있는 가치가 0이 되면 나는 그의 노예가 되기로 합의할 수 있다. 사실 사회주의자들은 노동력과 재화를 교환하는 거래를 모두 노예 제도의 일종이라고 본다. 이는 로크 이론의 좌우를 바꾸어놓은 이론이라는 점에서 더욱 충격적이다. 로크는 개인이 자신의 소유물인 노동을 제공하고 그 대가로 재화를 받는 것을 본질적인 자유의 행사라고 보았다. 이 두 가지 안티테제에서 도출되는 진테제는 한 '개인으로서의 소유물'보다 폭넓은 범위에 대한 권리의 한 측면을 가리킨다. 하지만 이 측면이 대체 무엇일까? 로크는 한 개인의 권리는 그 자신을 넘어 '그의 노동이 투입된' 모든 것에까지 확대된다고 보았다. 하지만 개인의 자유 범위를 이렇게 관대하게 설정해버리면, 개인들이 노동을 투입할 수 있는 대상이 대체 남아 있을지, 또 사람들의 노동력이 투입된 이 세상에서 권리의 경계선은 어떻게 그어질 것인지의 문제가 발생한다.[14]

로버트 노직Robert Nozick, 1938~2002은 이런 유명한 질문을 던진 적이 있다. "만약 내가 내 돈을 주고 산 토마토 주스 한 캔을 바다에 부어버리면, 내 개인의 소유물이 혼합된 바다에 대해서도 소유권을 주장할 수 있는가? 또 대지의 한 부분에 울타리를 둘러친다면, 내가 소유권을 주장할 수 있는 것은 그 울타리 안쪽의 땅 전부인가, 아니면 울타리가 쳐진 폭만큼의 땅인가?"[15] 이 주장은 다음과 같이 전개될 수 있을 것이다. 가장 좁은 의미에서 봤을 때 내가 경계선으로서 둘러친 울타리를 부수고 내 영역 안으로 들어올 수 있는 권리는 그 누구에게도 없다. 하지만 만약 누가 울타리를 뛰어넘어서, 또는 장대높이뛰기로 울타리 안에 들어왔다면 어떻게 해야 하는가? 이 질문은 자유를 권리에 종속시키고, 권리를 개인의 일신에 대한 소유권(자연권)에 종속시키는 두 가지 심각한 문제점을 지적한다. 이 세상의 모든 것에 소유자가 있을 때 어떤 재화를 손에 넣는 방법에 대한 문제와, 개인의 권리와 소유의 경계선 긋기에 대한 문제다.

우선 태어나면서부터 어떤 주장을 할 만한 권리를 가지고 태어난 사람은 거의 없기 때문에 한 개인이 누릴 수 있는 자유의 범위는 그의 출생과 관련된 여러 상황에 크게 좌우된다. 많은 사람은 노동을 할 권리를 제한당한 채, 굶어 죽을 권리만을 부여받는다. 물론 외부 세계에 어떤 권리도 주장할 수 없는 사람들(즉, 세상이 이미 다른 사람에 의해 소유되어 있기 때문에)이라도 아주 기민하거나, 운이 좋거나, 또는 재능이 뛰어나다면 자신의 노력을 외부 세상의 거대한 부 안에 투입할 수 있다. 그리고 만약 우리에게 어느 정도의 재산, 또는 최소한의 재산이 허용된다면, 우리는 이를 이용해 도약할 수 있다. 그 작은 자산을 가지고, 기민하고, 창의적이고, 운이 좋은 사람은 그의 권리를 혼합과 교환을 통해 증대시킴으로써 상당 수준의 성취와 만족감을 얻을 수 있다. 그리고 보다 평범한 사람들은 이런 꿈을 꾸거나 최소한 조금 더 나은 삶을 위해 저축을 할 것이다. 내가 말하고자 하는 것은 만약 그가 '자신의 것'을 가지지 못한 채 삶을 시작했다 해도, 그가 모으고, 결합시키고, 타인의 소유인 것들과 교환한 그 모든 것은, 국가도 박탈하지 못한다는 것이다(물론 국가가 부당하게 박탈할 수도 있지만 이는 전 국민의 권리가 보장되지 못한다는 것을 의미한다).

두 번째 문제는, 우리가 모든 개인의 일신에 대한 소유권(어떠한 권력이나 사기, 그리고 물리적인 초기 자본 배분에서 보호받아야 하는 권리)을 인정한다면, 우리의 자유도 보장될 수 있다고 믿는 것이다. 하지만 이는 결국, 타인의 소유권을 인정하지 않으면 국가에 의해 모든 것이 통제되고 규정되며, 개인의 자유는 국가가 추구하는 영광과 권력, 또는 평등을 위해 희생될 수 있다는 논리가 된다. 개인이 존재할 어느 정도의 물리적 공간과 작더라도 종자돈 역할을 할 초기 자본이 없다면 개인의 자유는 무의미하다고 생각한다. 자유의 문제를 풀어내려면 자유를 뒷받침하는 권리들이 무엇인지 정의할 필요가 있다. 인간으로서의 권리(로크가 정의한), 내 힘에 대한 권리, 내 치아와 신장, 마음에 대한 권리는 자연권이다. 이는 국가가 없어도 존재한다. 자연권은 국가의 성립 이전부터 존재했으며, 국가의 권리에 우선한다. 하지만 앞에서도 이야기했듯이, 자신의 비눗방울을 뚫고 밖으로 나가면, 혹은 누군가가 비눗방울을 뚫고 들어온다면, 그럴 때에는 권리에 대한 정의를 누군가는 내려주어야 한다. 내 권리가 적용되는 범위는 어디까지이며, 이 권리가 침해되는 때는 언제인가, 내 소유로 인정되는 범위는 어디까지인가? 이런 물음에 답할 수 있는 '자연의 해답'은 없다. 그렇기에 어떻게든 누군가가 선 긋기를 해야 한다. 허먼 멜빌Herman Melville, 1819~1891은 소설 《모디빅Moby-Dick》의 제89장 〈잡힌 고래와 놓친 고래〉에서 이 '선 긋기'의 필요성을 아주 명쾌하게 보여준다.

예컨대 고되고 위험한 추적 끝에 고래 한 마리를 잡았는데, 심한 폭풍 때문에 고래 시체가 배에서 떨어져 바람이 불어가는 쪽으로 한참을 떠내려가다가 다른 포경선에 발견될 수도 있다. 이 두 번째 배는 목숨이나 밧줄을 잃는 위험도 없이 잔잔한 바다에서 손쉽게 고래를 뱃전으로 끌어당긴다. 그래서 성문율이든 불문율이든 모든 경우에 적용할 수 있는 보편적이고 확실한 규약이 없다면, 고래잡이들 사이에 성가시고 곤란한 분쟁이 벌어지기 십상이다.

입법부의 제정으로 권위가 부여된 정식 포경법은 네덜란드의 포경법뿐일 것이다. 이 법은 1695년에 네덜란드 의회에서 공포되었다. 다른 나라에는 성문화된 포경법이 없지만, 미국의 어부들은 독자적으로 법규를 제정하여 집행해왔다. 그것은 《유스티니아누스 법전(로마법대전)》과 중국의 '남의 일에 참견하는 것을 막기 위한 협회'의 내규보다 더 간결하고 포괄적이다. 확실히 이 법규는 앤 여왕Anne, 1665~1714 시대에 주조된 0.25페니짜리 동전이나 작살의 미늘에 새겨 목에 걸고 다닐 수 있을 만큼 간결하다.

첫째, 잡힌 고래는 잡은 자의 것이다.

둘째, 놓친 고래는 먼저 잡는 자가 임자다.

하지만 이 훌륭한 법규에도 난점이 있는데, 그것은 바로 그 감탄할 만한 간결함이다. 법조문이 너무 간결하면 그것을 설명하는 한 권의 방대한 주해서가 필요하게 된다.

첫째, 잡힌 고래란 무엇인가? 고래가 죽었든 살았든, 사람이 타고 있는 배나 보트에 한 사람, 또는 그 이상의 점유자가 조종할 수 있는 매개체―돛대, 노, 9인치 밧줄, 전선, 거미줄 따위―를 통해 연결되어 있으면 그것은 잡힌 것이다. 그와 마찬가지로 고래가 표지나 그 밖에 소유권을 나타내는 공인된 상징을 달고 있을 경우, 그 표지를 붙인 당사자가 언제라도 고래를 뱃전에 달아맬 수 있는 능력과 그렇게 하겠다는 의지를 분명하게 나타내면, 그 고래는 원칙적으로 잡힌 것이다.[16]

《모비딕》(김석희 옮김, 작가정신)

재산권은 필연적으로 관습적이다. 결국, 가장 중요한 것은 국가가 이런 관습들을 규정해야 하며, 하다못해 인정이라도 해야 한다는 점이다. 그리고 자연적이라고 주장할 수 있는 이 권리 중 개인의 일신에 대한 권리, 또 일부 표현의 권리처럼 순수한 성찰과 폭넓은 대중적 합의에 의한 것은 얼마 없으며 그 규모도 한정적이다. 대부분의 권리는 관습에서 비롯된다. 현대 국가들은 이런 권리를 법률로 규정해왔다. 하지만 자유와 권리는 타인과 국가의 권리에 대항하는 성격을 가지기 때문에 만약 이 권리를 규정하는 것이 국가가 되면 이 자유와 권리에 대한 논의는 매우 협소한 범위에서밖에 이루어질 수 없으며, 그 전개도 제한될 수밖에 없다.

소유권의 신화 ▨▨▨ The Myth of Ownership

리암 머피Liam Murphy와 토머스 네이글Thomas Nagel, 1937~은 저서 《소유권의 신화 : 세금과 정의The Myth of Ownership : Taxes and Justice》에서 이 거대한 문제에 정치적 도덕성의 관점으로 접근한다. 그 핵심은 배분적

현대의 저류

정의다. 머피와 네이글은 이런 질문을 던진다. 도덕성에는 평등의 개념이 들어가야 하는가? 만약 그렇다면 무엇에 대한 평등이며, 어떤 종류의 평등이 어느 정도 실현되어야 하는가? 만약 전 국민의 복지 수준을 끌어내림으로써 최대한의 평등이 이루어진다면 정의가 실현되었다고 보아야 할까? 최빈곤층의 복지마저 저해되었더라도 정의라고 볼 수 있을까? 최상위층과 최하위층의 경제적 격차가 그렇게 크지 않다면 괜찮다고 보아야 할까? 최하위층은 사회적·경제적 수단을 통해 보호받아야 하는가?

언어 없이 사고가 존재할 수 없는 것과 마찬가지로 어떤 식으로든 사회적 조직이 존재하지 않는 세상은 상상할 수 없으며, 또 사회 제도에 의해 부가 가능해지는 만큼, 분배의 정의에 대한 질문들은 피할 수 없다.

머피와 네이글은 세금 공제 전의 소유권이라는 것이 있는 주장을 해체한다. 세금을 납부하기 이전의 부에 대한 소유권을 주장하는 사람들의 논리를 분쇄하는 것이다. 그들은 우선 세전 소유권이 세금 제도의 설계와 관련된 어떠한 도덕적 주장도 저해하지 않는다는 것을 증명한 후, 정치적 도덕성에 대한 물음, 즉 정의의 실현에 필요한 평등의 정도와 종류에 대한 해답을 제시하는 방식으로 논의를 전개한다.

하지만 세금이 다가 아니다. 개인의 재산은, 정부가 세금이란 명목으로 징수하고 남은 부분만이 아니다. 노직이 언급한 울타리와 토마토 주스의 예에서도 알 수 있듯이, 개인의 소유권은 오로지 '재산'에 대해 그 사회가 어떤 정의를 내리는가에 의해서만 인정되기 때문이다. 그러므로 머피와 네이글의 논리는 간단하다. 세전 수입은 세후 수입을 파악하기 위한 회계 장부의 항목에 불과하다. 그러나 재산의 불가피한 관습성 때문에 이 회계 장부의 항목조차도 안전지대가 아니다. 이는 내 은행 잔고 중 세금으로 납부한 후에 남은 돈만이 내 소유라는 것과는 다른 이야기이다. '나의 자산'이라고 하는 이 소유격 이야말로 나의 사회적 공헌을 사회가 인정했음을 보여주는 결과인 것이다.

내가 40마일 이상의 속도로 고속도로를 달릴 때 왼쪽 차선을 써야 할지, 오른쪽 차선을 써야 할지, 개인 파산을 한 자동차 딜러에게 구입한 트럭이 내 것인지, 아니면 채권자의 것인지, 또는 내 소유지에서 출토된 고대의 조각상이 내 것인지, 아니면 국보로서 국가에 귀속되는 것인지, 아니면 내가 어제 또는 20년 전에 작곡한 노래의 소유권이 내게 있는지, 아니면 그 노래를 부르는 사람에게 있는지, 또는 내 이름이나 사진이 치약 광고에 쓰여도 되는 것인지 등 이 모든 질문은 소유권자를 규정하는 법률이 마련되지 않는 한 답을 찾을 수 없다. '나의'라는 소유격은 세전 수입과 마찬가지로 법률에 의해 소유권자가 정해지기 전까지는 회계 장부의 한 항목에 불과할 뿐이다. 자그럼 다시 몬트리올의 석공 이야기로 돌아가보자. 히브리 문자가 포함된 서명을 새겨 넣을 수 없도록 금하는 법률은 그의 자유를 침해하는 것일까? 그가 사용하는 도구와 서명이 정말로 '그'의 것일까? 아니면 이 역시도 회계 장부의 예비 항목일까?

머피와 네이글은 퀘벡 주의 환자들의 세후 수입을 인정하겠지만, 나는 여기서 질문을 하나 던지고 싶다. 만약 자신이 자유롭게 민간 의료보험에 가입하여 고급 의료 서비스를 받을 수 없다면, 그 돈이

현대의 자유

과연 자신의 소유라고 할 수 있을까? 이는 버몬트에서 월마트를 세우려고 토지를 매매하고, 건물을 짓고, 거래를 하려 하는(하지만 할 수 없는) 사람들의 경우도 마찬가지다.

머피와 네이글의 주된 관심사는 세금 징수 및 재분배에 반대하는 '재산권'의 논리적 오류를 지적함으로써, 세금과 복지 제도의 설계에서 고려되어야 할 평등과 재분배의 다양한 수단들에 대한 논의를 전개하는 것이다. 그러나 이 논의의 어떤 부분에서도 '소유권'이 평등이라는 사회적 목표를 실현하기 위한 이들의 주장을 제한하는 언급은 찾아볼 수 없다. 만약 우리가 인간의 가장 소중한 가치는 국가나 민족, 또는 지도자의 영광을 드러내는 것이라고 믿는다면, 또는 최고의 아름다움을 만들어내고 이를 유지하는 것이라고 믿는다면, 개인의 권리가 무엇이며, 또 누구에게 귀속되는지 역시 이 가치에 의해 결정될 것이며, 이 권리 역시도 사회적 가치를 추구하기 위한 수단이 될 것이다. 그런데 모든 권리(재산)는 제도에 의해 정의된다고 하는 이 논리로는 쉽게 설명될 수 없는 유일한 가치가 바로 자유다. 앞에서 설명한 대로 자유는 제도로 보장되는 개인의 권리에 의존하며, 타인의 권리로부터 보호받는다. 여기에는 모든 개인의 집합체라 할 수 있는 국가도 포함된다. 그 권리가 영광이나 아름다움, 지도자, 또는 평등의 이름으로 이루어진 것이라 할지라도 말이다. 그리고 이는 '자유의 자치와 개인의 자율권(과도한 압력이나 타인의 개입에서 벗어나 살아가는 자유)'을 중시하는 머피와 네이글과 같은 자유주의 학자들에게 딜레마를 던져준다.[17]

그럼 여기에서 잠깐 머피와 네이글의 주장을 들어보자. 이들은 매우 명쾌하면서도 세심하게 주장을 펼치고 있는데, 자신이 정립한 논거와 의문점들을 과장 없이 제시한다. 그리고 무엇보다도 합리적인 자유주의적 사고방식을 대표한다는 점에서 조금 길게 소개하고자 한다.

> 개인에 대한 국가의 권한은 제한된다. …… 개인들은 …… 사회 공동체적인 규약의 적용 대상일 때라도 어느 정도의 자주권을 가진다.
>
> 이런 기본적인 개인의 권리로 가장 친숙한 것은 표현의 자유, 종교의 자유, 집회의 자유, 사생활 보호와 물리적 위해에 대한 보호다.
>
> 최소한의 경제적 자유, 즉 개인이 사유 재산을 가지고, 이를 자유롭게 쓸 수 있는 자유야말로 자유 체제의 필수적인 요소라 할 수 있다. 그런데 이보다 더 큰 경제적 자유는 어떻게 보아야 할까? 즉 시장 경제의 원동력이 되는 중요한 경제 활동의 조건이나 최소한의 제한과 관련된 자유도 개인이 삶 속에서 유지해야만 하는 인권의 일부로 파악해야 할 것인가?
>
> 권리에 대한 근본적인 관점을 묻는 질문이다. 평등주의적 자유주의자들은 개인의 생각을 말하거나, 종교 의식을 치르거나, 개인의 성적 성향에 따라 행동할 권리와, 월급이나 양도 소득에 세금을 내지 않을 권리는 전혀 다르다고 본다. 그들이 후자를 부정하는 것은 이것이 삶의 주체로서의 개인의 권리를 위협하는 자주성에 대한 위협이 아니라고 보기 때문이다. 헤겔 철학에서 말하는 기본적인 사유 재산권을 비롯한 개인의 재량권은 자아의 핵심이지만, 제한이 없는 경제적 자유는 여기에 속하지 않는다.[18]

머피와 네이글은 자유주의자들의 반대를 이렇게 정리한다. "다른 자유주의적 권리를 옹호하기 위해 경제적 자유를 폄훼하는 것은 도덕적 모순이다." 그리고 이 도덕적 모순에 대해 이렇게 설명한다.

관습을 중시하는 사회적 분위기는 무엇이 내 것이고, 무엇이 남의 것인지를 규정하는 제도의 성립을 방해하는 요인이다. 하지만 이런 제도의 배경은 소유권과 관련된 법률이기 때문에 이 시스템의 평가 기준이 될 수 없다.

평가를 통해 '내 것'과 '남의 것'을 어떻게 규정할 것인지를 정해야 한다. 무엇이 내 것이고 무엇이 남의 것인가를 상정해놓지 않는다면, 이 평가는 불가능할 것이다. 법규 제정을 통해 사회가 이루고자 하는 목표를 추구할 수 있고, 불법적인 경비를 부과하지 않을 수 있는 시스템이 무엇인지에 따라 그 답도 정해질 것이다. 이것이 소유권과 세금 제도가 정당화되는 유일한 방법이다.

그리고 이 "정당화는 개인의 자유에 대한 고려뿐 아니라 …… 일반적인 복지와 기회의 평등 기타 등등과 연관이 있다(그렇다면 어째서 국가의 위엄이나 군주의 영광을 드러내는 일이 기타 등등에 포함되지 않는가?). 하지만 '정당화'는 근본적인 차원에서 소유권에게 대항할 수 없다"[19]고 정리하고 있다.

개인의 자유에 대한 머피와 네이글의 주장은 안정적인 권리, 국가에 대한 권리, 물리적으로나 논리적으로 정부나 법률에 의존하지 않는 권리일 때에만 성립된다. '개인의 생각을 말하거나, 종교 의식을 치르거나, 개인의 성적 성향에 따라 행동할 권리'만이라 할지라도 말이다.[20] 오히려 정부와 법률은 이 권리를 인정해야만 한다. 그렇다면 이 전정치적 권리란 무엇일까? 이런 권리는 어떻게 앞서 언급한 '두 가지 문제', 즉 권리라는 개념의 출발점과 그 정의에서 자유로울 수 있을까?

'자연권'과 법의 규칙 ■■■ "Natural" Rights and the Rule of Law

어떤 특정 시간에만 권리(국가가 부여한 권리)를 가질 수 있다면, 머피나 네이글 등의 자유주의자들이 안고 있는 딜레마에서 벗어날 수 있을까? 이는 생각하면 할수록 그럴듯한 해결책처럼 보인다. 특정 시간에만 발생하는 권리를 '권리'라고 인식하게 되면, 권리를 보장받을 수 있는 일정 수단이 발생하기 때문이다. 이 탄탄한 기반 위에 서서 자신의 위치를 파악하고, 자신 있게 삶을 계획하며 타인과의 관계를 조정할 수 있다면 이런 계획과 조정은 적어도 그 한계까지는 자유롭게 확대될 수 있다. 물론 기반 자체가 낮다면 그 기반이 보장하는 권리와 자유는 우리를 비웃을 것이다. 재산은 없지만, 소유권을 보장받는 것이, 소유권을 보장받지 못하는 재산을 가진 것보다 낫다고 할 사람이 이 세상이 있을까? 이것이 바로 극빈층이 직면하고 있는 선택의 갈림길이다. 완전한 궁핍을 선택할 것인가, 아니면 국가나 가족, 후원자 등 어쨌든 그날 하루의 양식은 제공해주는 존재에게 의존하여 그들의 비위를 맞추며 불안정한 생존의 길을 선택할 것인가?

물론 이런 경우도 있다. 알렉산드로스Alexandros the Great, BC 356~323 대왕이 철학자인 디오게네스Diogenes, ?~?를 찾아갔다. 양지바른 곳에서 햇볕을 쬐고 있던 이 철학자에게 대왕이 필요한 것이 없는지 묻자 디오게네스는 이렇게 대답했다고 한다. "네 있습니다. 왕께서 지금 햇빛을 가리고 있으니 비켜주시오."[21] 아마 그곳은 기후도 온난하고, 올리브나 포도를 자유롭게 따 먹을 수 있는 상황이었을 것이다. 월드론이 예로 들었던 모든 땅이 개인 소유지인 지역의 노숙자는 디오게네스처럼 담대한 모습은 보이지 못했을 것이다. 이 두 가지 경우는 모두 극단적인 예인 만큼 이를 기본으로 논리를 전개하거나 분쇄하는 것은 지양해야 한다.

이 이야기는 결국 "우리에게는 '자연권'이라고 할 만한 권리가 사실 거의 없는 것이 아닌가?"라는 질문으로 이어진다. 거의 모든 것이 규약, 즉 국가에 의해 정의되기 때문이다. 하지만 권리가 어떻게 정의되었든지 간에, 사회의 구성원들이 서로의 권리를 계속적으로 존중하고, 정부도 이를 존중하는 한(이 점이 가장 중요하다) 자유는 보장될 것이다. 이는 이미 정해진 규칙 아래서 진행되고 있는 자유를 파괴하는 게임을 중간에 방해하는 것과 같다. 이 주장은 정부의 '재분배' 정책에 대항해 현재의 재산과 불평등뿐 아니라 '박탈감'까지도 공고히 한다. 자유방임주의가 볼테르Voltaire, 1694~1778의 낙관주의와 결합한 모양새다. 즉, 모든 것이 가능한 세상에서 모든 것은 최고를 위한 것이라고 보는 것이다. 자유의 경쟁자들은 이렇게 묻는다. 애당초 규칙에 도덕적 문제도 없었고 경기 중 반칙도 없었는데, 어째서 어떤 과정의 결과는 특별 취급해야 하는가? 그 예는 수없이 많다. 미국이나 호주의 원주민들은 비위생적이고 궁핍한 환경에서 생활하는 경우가 많다. 이들은 물건의 매매나 채용, 노동면에서는 이민자들과 비슷한 정도의 자유를 누리지만 이들은 그 조상 때부터 훨씬 열악한 생활을 해왔다. 아주 오래전에 그들의 권리를 외부의 힘에 의해 빼앗겼기 때문이다. 즉, 약탈당한 것이다. 첫 단추를 잘못 끼우면 이렇게 개탄스러운 결론에 도달한다고 했을 때, 우리는 과연 자유를 어떻게 보아야 할 것인가?

미국 인디언이나 호주 원주민들을 수백 년 동안 권리와 자유를 박탈당한 희생자라고 보는 사람도 있을 것이다. 짐승처럼 사로잡혀 우리에 갇힌 채 미국으로 팔려와 노예가 되었던 흑인들도 마찬가지다. 그들이 남들과 똑같은 권리를 가지고 있었음에도 말이다. 하지만 근원적인 문제점은 시간이 흐르면서 조금씩 개선되었고, 그 결과 미국 인디언, 호주 원주민 또는 흑인들은 현재의 지위를 얻게 되었다. 즉, 그 자신(그 부모)이 역경에 부딪치거나, 어리석은 결정을 하거나, 질병이나 사고를 당해 수난을 겪은 모든 사람과 똑같은 도덕적 합법성을 가지고 있다는 것이다. 이들 원주민 중에도 자신의 노동력이나 재능을 발휘해 평균 이상의 생활을 누리는 사람이 있지 않은가? 그렇다, 하지만 대부분은 아니다. 그렇다면 이러한 지위 향상에 의해 근원적인 잘못이 상쇄된다고 또는 누군가가 어떤 조치를 취하지 않아도 상쇄된다고 볼 수는 없지 않은가?

이 질문에 답하기란 쉬운 일이 아니다. 노예 제도와 인디언 소유지 강탈 정책은 모두 법의 권위로 이루어진 일들이다. 그리고 여기에 대해 우리가 법과 국가를 심판하는 것을 포기했다는 점을 기억해야 한다. 사람들이 중요하게 생각하는 것은 법의 내용이 아니라, 그 법이 소정의 절차를 거쳐 시행되었느냐 하는 문제다. 이 법은 게임의 규칙이다. 사람들이 바라는 것은 게임이 규칙대로 시행되는 것이다. 왜냐하면 더 이상 요구할 것이 없기 때문이다. 자유는 권리에 종속되며, 권리는(자연권이라는 것이 정말 있다고 한다면 이 자연권은 제외되겠지만) 국가에 의해 부여되며, 이 권리가 존중될 때 비로소 자유도 존중받을 수 있기 때문이다. 흑인과 미국 인디언, 호주 원주민은 다른 모든 사람과 동일한 자유를 누린다. 그리고 이뿐만이 아니다! 만약 부유한 사람의 물건을 타인이 임의대로 가난한 사람에게 주는 행위는 절도가 된다.

이 정도가 최선이라면 자유에 대한 논의는 상대주의라는 함정에 빠져 어디에도 도달하지 못할 것이다. 정부의 규제가 그 사회 구성원들의 안전한 계획 수립을 보장하는 것은 확실하다. 그리고 이 계획의 수립은 우리의 가장 이성적인 능력이 발현된 것이며, 우리가 가지고 있는 권리를 향유하는(최소한 행사하는) 방법 중 하나다. 하지만 이는 매우 제한적인 관점이다. 명백한 부정不正은 아무리 시간이 흐른다고 해도 희석되지 않는다는 점에서 출발해야 하는 경우도 있다.

만약 문제의 본질과 근원을 고려하지 않고 '법대로' 진행된 일에 대해 자유와 관련된 어떠한 불평도 나오지 않는다면, 퀘벡의 의사들과 환자, 유대인 석공, 월마트 버몬트점의 소유주와 고객 역시 아무런 불만도 없을 것이다.[22] 이 모든 경우에서 정부는 철저하게 법을 준수했기 때문이다.

법에 의해 자유가 보장된다고 하는 주장은, 소유권 논쟁에서 지적한 규약 지상주의의 결함을 내포할 뿐 아니라 계획 수립의 튼튼한 기반이 된다고 하는 '작지만 확실한' 장점도 사실은 불안정하다. 이 주장은 법규의 내용은 어찌 되었든, 그 몸체가 안정적이라는 사실을 전제로 한다. 즉, 개인에게 무엇을 기대해야 하는지, 그리고 이 법규 아래서 어떻게 인생을 계획해야 하는지 알려준다는 것이다. 하지만 평등이나 영광, 지도자의 권력을 추구하기 위한 법 제정을 정당화하는 이런 논거가, 개인이 결정한 계획이 목표에 반할(또는 작은 방해가 될) 경우 그 법을 바꾸는 정부의 행태는 정당화할 수 없을까? 특히 평등의 실현이라는 문제에서 이런 모순은 극명하게 나타난다. 아무튼 초기 자산과 거래의 규칙이 정해지고 나면, 세율이나 과세 기준과는 상관없이 규칙에 따라 거래가 시작된다(모노폴리나 포커 게임을 할 때 처음에는 참가자 전원이 똑같은 판돈으로 시작하는 것과 마찬가지다). 그리고 불평등은 점점 더 커질 것이다. 평등이라는 목표 때문에 평등이라는 관점에서 요구되는 실제적인 배분이 제대로 이루어지지 않을 때마다 정부는 판을 뒤집을 수 있다. 소득 누진세는 사회가 필요로 하는 평등을 실현하는 수단이 될 수 있다는 점에서 사회적으로 지지를 받고 있다. 사람들의 소득이 늘어날수록 벌어들인 부의 더 많은 부분은 세금으로 징수된다. 하지만 이 누진세에는 한계가 있다. 이런 누진세율이 적용되더라도, 참을 수 없는 불평등은 발생한다. 그렇게 되면 세율표는 개정될 것이다.

　그 규칙을 못마땅하게 생각하더라도, 만약 규칙을 유지하도록 요구할 자격이 개인에게 있다는 인식이 사회적으로 공유된다면, 개인은 평등, 권력 또는 그 모든 가치의 이름하에 자행되는 규칙의 개정에서 보호받을 수 있다.

결론부터 말하자면 자유와 일관적인 규칙에는 밀접한 관계가 있다. 일관적인 규칙은 자유의 충분 조건은 아니지만, 일관된 규칙을 적용받을 수 있는 권리는 오직 자유의 이름으로만 가능하다. 법의 규칙은 자유와 동떨어진 가치도 아니며, 자유보다 근원적이거나 일반적이지도 않다. 이런 이유에서 법의 규칙은 자유의 경쟁자들로부터 자유를 지켜줄 수는 없다. 결국, 법 제도를 철저히 지키는 것은 자유의 한 측면이자, 자유 그 자체이기도 하다. 우리에게 필요한 것은 규약 이전의, 정치 이전의 성격을 갖는 '자연적인' 자유에 대한 설명이다. 법의 규칙으로는 설명할 수 없는 자유이기 때문이다.

하지만 법의 규칙은 방향을 알려준다. 자유와 법의 규칙이 밀접한 연관을 가지는 이유는, 앞서 살펴본 대로, 권리가 보장되는 체제 속에서만 자유도 실현될 수 있기 때문이다. 이런 체제 속에서만 개인은 타인의 계획에 좌우되지 않고 스스로의 판단에 따라 자신의 인생을 계획할 수 있다.[23] 그러므로 자유를 누리기 위해서는 자신의 판단에 따라 선이라고 생각하는 목표를 추구하는 선택을 내리고, 이에 맞춰 인생의 계획을 세울 수 있는 환경이 요구된다. 우리의 자유와 개인성의 핵심은 스스로 선택하고 판단할 수 있는 능력이다. 이것이 바로 마음의 자유Liberty of the mind다. 그리고 이는 '자연권'의 첫 번째 후보라 할 수 있다.

Chapter 4 | 마음의 자유
Liberty of the mind

정적을 구타하거나 감금하고, 신문사를 폐쇄하고, 서적을 검열하고, 개인의 '불온한' 사상을 적발하고 처벌하는 것은 어떤 관점으로 보더라도 그릇된 일이다. 이런 행위는 자유와는 거리가 멀다. 왜냐하면, 이런 강압적인 조치는 민주주의와 자율성, 고대의 자유의 원칙에 반하며 과잉 결정이기 때문이다. 이런 사례를 한번 생각해보자. 주류 판매업자가 취급하는 주류의 가격을 정부가 규제하려고 한다. 정부는 과도한 음주 억제 또는 할인 매장과의 경쟁에서 소규모 주류 판매점을 보호하려는 목적으로 이 규제를 시행하려는 것이다. 이 정책에 대한 찬반은 둘째 치고, 기본적인 권리를 침해하는 수준은 아니라는 인식이 일반적일 것이다. 그렇다면, 이 경우는 어떻게 보아야 할까? 같은 목표를 실현하고자 로드아일랜드 시는 가격 규제 대신 가격 광고를 규제하는 방법을 선택했다. 즉, 신문이나 TV, 심지어는 해당 주류 판매점의 창문에도 광고를 게재할 수 없도록 했다. 허용된 것은 술병에 부착된 작은 가격표뿐이었다. 미 대법원은 지금까지 모든 가격 규제와 가격 통제는 합법 판결을 내려왔지만, 로드아일랜드의 법안에 대해서는 당혹감을 감추지 못했다. 이 법은 말할 자유를 침해하고 있기 때문이다.[1] 법안의 목적이 아니라 소비자들이 정확한 관련 정보를 알지 못하도록 하는 방법으로 목적을 실현하려 한다는 것이 문제였다. 가격 통제는 고객의 지갑에 영향을 미치지만, 광고 금지 법안은 고객들의 '마음'을 통제한다.

생각의 자유는 모든 사람에게 어떤 자유보다도 중요하며 우선시되어야 한다는 인식이 있다. 철학자들은 매우 다양한 방식으로 이를 표현해왔다. 아리스토텔레스Aristoteles, BC 384~322는 '인간은 이성적 동물'이라 했다. 칸트는 자유와 이성이야말로 인간의 본성이라 했다. 이런 표현들은 인간의 모든 욕망과 행위, 그리고 경험이 개인의 사고로 이루어진다는 것을 보여준다. 어떤 판단을 내리게 되면 우리의 오감을 통해 이것이 표현되며, 어떤 행동을 취할지 사고에 의해 선택이 이루어진다. 그러므로 형이상학적인 추상적인 설명 이전에, 우선 자신의 경험을 논리정연하게 정리하고, 어떤 행동을 보여줄 것인지를 선택해야 한다. 마음의 자유는 정부 당국이 이런 판단을 통제하는 것에 반대한다. 존 스튜어트 밀은 이를 '나 자신, 즉 나의 신체와 정신에 대한 소유권'이라고 표현했다. 내가 내 몸을 어떻게 쓰느냐에 따라 타인이 영향을 받을 수도 있을 것이며, 그 연장선상에서 본다면 타인의 '자기 소유권'을 침해하는 경우도 있을지 모른다. 그러나 내가 내 '마음'을 어떻게 쓰는지, 즉, 타인의 '마음'에 영향력을 행사하기 위해 내 '마음'을 쓰는 것은 내가 판단해야 할 문제인 동시에, '내가 설득해야 할 타인'이 판단해야 할 문제다. 어쩌면 나의 신체적인

현대의 자유

자유는 남 또는 나 자신의 선을 위해서 제한될 수 있지만, 내가 이 제한에 대해 어떤 판단을 내리든지 정부가 강요해서는 안 된다.

그런데 여기에는 정치적 관점이 존재한다. 정부가 우리의 신체적 활동을 규제한다고 할 때 우리의 판단까지도 통제할 수 있다면 규제는 보다 효과적으로 이루어질 것이며 그 대상도 확대될 수 있다. 조지 오웰George Orwell, 1903~1950이 《1984》에서 묘사했듯이, 결국에는 신체적 활동을 통제당할 뿐 아니라 그 통제를 좋아하게 될지도 모른다. 그러나 이 마음의 자유란 민주주의나 국가의 자율성보다도 더 근원적인 부분, 즉, 개인성의 원칙인 자기 소유권과 밀접한 관계가 있다. 공동체와 그 공동체의 주장에는 한계가 있을 수밖에 없다. 타인에 대한 의무와 의존성, 그리고 영향력을 모두 인정한다면, 우리에게는 '개인성' 이라고 부를 만한 특징이 남아 있지 않을지도 모른다.

이 자기 소유권의 핵심은 종교에 지배되었던 역사에까지 맞닿아 있다. 공동체주의적이고 권위적인 로마 가톨릭에서조차 강요된 믿음은 진정한 신앙이 아니라고 보았다. 자신의 의지로 신 앞에 나온 자만이 구원을 받을 수 있으며, 그렇기 때문에 인간의 영혼은 그 자신이 책임을 져야 한다는 것이다. 이렇듯 인간과 신의 개인적이고도 직접적인 관계는 기독교 교리의 핵심을 이루게 된다. 선과 진실을 판단할 수 있는 인간의 능력과 그에 따른 권리는 계몽주의의 전제 조건이다. 현대 과학 역시 전통의 권위에 맞서 자신을 위해 논증하고, 증거를 판단할 수 있는 개인의 능력에 기초하고 있다. 진실과 논리(간단히 말하자면 이성)를 중시하는 자세는 증거와 논의라고 하는 설득의 기본 원칙을 중시하는 것을 의미한다. 이를 뒤집어 생각해보면 논의나 증거를 부정하는 자세, 즉 남에게 설득당하기를 거부하는 자세는 이성에 반하는 자세다. 생각의 자유는 설득을 설득이라는 이유로 제한하려는 법 제도적인 강제력이 존재하지 않는 체제를 낳는다. 이성은 아르키메데스의 지렛대처럼('딛고 설 땅과 지렛대만 있으면 이 세상을 움직일 수 있다') 마음의 자유를 주장해야 한다고 우리를 내몬다. 그리고 이 지렛대를 이용함으로써 자유는 이성적 설득을 넘어, 자유 그 자체의 개념으로까지 표현 영역을 확대해갈 수 있다.

마음의 자유가 퀘벡의 언어 정책과 같은 '무해한' 문제와 연관이 되는지 생각해보기 바란다. 이 정책의 지지자들은 프랑스어를 쓰기만 한다면 정부에 대한 비판을 비롯해 생각하는 모든 것을 말할 수도 있고 쓸 수도 있으므로 마음의 자유를 제한하는 정책이 아니라고 주장할 것이다. 하지만 이는 핵심을 놓친 주장이다. 인간이 뇌에서 생각해서 마음으로 느끼기까지의 과정은, 컴퓨터 언어로 우선 프로그램이 완성된 후 그 컴퓨터에 깔린 어플리케이션으로 '번역'되는 컴퓨터의 메커니즘과는 다르다는 점이다. 즉, 인간은 언어를 통해 사고한다. 언어란 형식인 동시에 본질이다(어쩌면 그 유명한 '설명할 수 없다면 침묵하라'고 했던 루트비히 비트겐슈타인 Ludwig Josef Wittgenstein, 1889~1951의 발언은 이런 의미였을지 모른다).[2] 이는 인간이 타인과의 관계 속에서 살아갈 수밖에 없는 사회적 동물이라고 하는 주장의 가장 심원한 표현일지도 모른다. 사용할 언어(프랑스어라고 해보자)를 타인이 강요한다는 것은 프랑스어로 생각하기를 강요하는 것이나 마찬가지다. 이 시도는 실패할지도 모른다. 대부분 사람이 머릿속에서 영어로 생각한 것을 다시 머릿속에서 번역하여 프랑스어로 말하게 될 것이기 때문이다. 하지만 정부 당국에 적발당할 일 없는 이 교묘한 저항은 시간이 지날수록 힘을 잃게 될 것이다. 그러나 이 저항을 포기하건, 계속하건 간에 이 언어 정책의 목적은 확실하게 우리 머릿속에 자리를 잡게 되기 때문에 어떤 번역 과정을 거치든 우리가 입 밖으로 내는 것은 '프랑스어로 된 우리의 생각'이다.[3] 이는 타인에게 전달하려는 우리의 생각이 사실은 우리 자신에 의해 선택된 것이 아님을 의미한다. 일종의 '받아쓰기'인 것이다. 당국이 우리가 내뱉을 말을 검열한 후, 입에 넣어준 것과 같은 것이다. 이뿐만이 아니다. 우리 자신의 정체성, 타인에게 보여주는 자기 자신 역시 검열되고 수정된 것이다.

그런데 이 주장에 의문을 갖는 사람도 있을지 모른다. 우리가 내뱉는 말들이 우리의 정체성을 규정한다면, 그리고 우리의 말이 언제나 청중을 위한 것이라면(공간과 시간을 초월하여 우리의 말을 듣고 읽을 청중이라도) 앞서 자유의 근원이라 했던 개인성과 모순된다고 생각하지 않는가? 나는 자유에 대한 논의를 전개하기 위한 탄탄한 기본 토대를 쌓아올리기 위해 '마음의 자유'에 대해 생각해보기로 했다.

그런데 이 마음의 자유도 똑같은 문제점에 직면해 있는 것일까? 자신의 일신에 대한 소유권과 이를 통해 손에 넣을 수 있는 것 등, 논의를 전개하는 데 필요한 요소들에는 자연적으로 부여된 경계선이 존재하지 않는다. 우리가 실현 가능한 목표와 가치들(평등, 권력, 아름다움 등)을 추구하느라 경계선을 그어야만 비로소 경계가 존재하게 되기 때문에 이 가치들을 추구하도록 유도하거나, 제한할 수 없는 것일까? 만약 우리의 생각을 구성하는 언어가 타인에 의해 만들어지고 공유되는 자원이라고 한다면, 자신의 마음에 대한 소유권조차도 주장할 수 없게 되는 것은 아닐까?

이 언어적 전회는 새로운 이름과 일반화의 형식을 부여받았다는 측면을 강조하는 주장이다. 즉, 사회에 의해 '실재'가 생겨난 것이다. 이는 근원적인 문제를 제기하고 있다. 왜냐하면 우리의 정체성과 본질에 관련된 문제이기 때문이다. 이 질문은 '나의' 마음뿐 아니라 '나 자신'까지도 포함한 세상 모든 것의 사회적 건설에 대한 질문이다. 이 사회적 창조와 마찬가지로 국가 역시 그 자신이 만들어낸(그렇게 주장하는) 권리로 이를 제한할 수 없으며, 사회는 근원적으로 사회 스스로가 창조한 모든 요소에 의해 구성된다. 그러므로 시간 속에서 교류와 특성이 차별화되고 궁극적인 대상으로 존재하는 것은 물리적 물체들의 가치와 인간의 노동력, 성별과 각 개인의 정체성이다. 그러나 사회적 관행이나 관습, 또는 법이 만들어졌다는 것은 단순한 사회적 사실이 아니라, 실재 그 자체다.

자연과학도 사회과학과 마찬가지로 사회의 산물이다. 그렇기에 물리학과 수학도 사람의 소망으로 지어진 구조물이다.

이 논의가 진지하게 적용될 수 있는 학문 분야는 많지 않다.[4] 하지만 실재라고 하는 사회적 구조물이 안정적인 지위를 가지고 있다 하더라도, 사람들은 자신을 비롯한 모든 '실재'가 사회적으로 창조된 산물이라는 것에 의문을 가지게 될 것이다. 즉, 모든 실재가 사회적인 산물이라고 한다면, 나 자신의 반응과 판단 역시도 실체로서의 나에 의해 경험된 것이 아니라는 것을 의미하는 것인가? 내 주관적인 감각, 즉 내가 믿는 것에 대한 내 판단과 책임을 자유롭게 수행할 수 있을까? 나의 주관성 그 자체가 모든 감각의 근원이라는 생각은 환상일 뿐, 사실은 사회적 산물이라는 것인가? 이 물음이 자유의 근원에 대한 물음과 비슷하다고 느끼는 사람도 있을 것이다. 결정론이나 뇌의 기능에 대해 철학자들과 과학자들이 무슨 말을 하든지 만약 자유의지로 선택하고, 그 선택에 대한 책임을 져야 하는 과정을 경험할 근원이 결여되어 있다면, 그 경험을 '내' 경험이라 할 수 있을까?[5] 이 책에서, 나는 의지의 자유에 대해서는 설명하지 않았다. 하지만 자신의 판단에 대한 책임은 피할 수 없다. 만약 스스로의 판단에 대해 그 자신이 책임을 지지 않으면 우리는 생각과 논쟁, 설득하고 설득당할 수 있는 존재임을 포기한다는 것을 의미한다. 토머스 네이글이 지적했듯이, 이는 그 전제 조건에 대한 논의다.[6]

그렇다는 것은, 아무리 많은 역사학자나 사회학자, 사회생물학자들이 사회적으로 만들어졌다고 주장하더라도 내 것이라는 뜻이다. 이것을 내게서 빼앗는다는 것은 내 가장 귀중한 소유물을 훔쳐간다는 이야기가 된다. 내 영혼을 빼앗아가는 것이라고 표현하는 사람도 있을 것이다. 하지만 이걸 내게서 빼앗아간다는 것은 어떤 의미를 지니는지 생각해볼 필요가 있다. 만약 누군가 이를 침해하는 것은 상상할 수도 없기 때문에 이것이 신성한 권리라고 생각한다면, 자유에 대한 안정적인 논의를 펼치기 위한 기반, 또는 안정적인 자유에 대한 논의를 펼치기 위한 기반은 확보하기 어려울 것이다. 물론 정부는 이 권리를 주기적으로 침해한다. 그렇기 때문에 말할 자유, 배울 자유, 출판의 자유, 결집의 자유는 자유주의 국가들에 의해 보호된다. 《자유론On Liberty》에서 존 스튜어트 밀은 마음의 자유에 대한 주장과 열정을 매우 설득력 있게 제시했다. 정부는 헌법상으로 보장되는 자유들을 침해하고 있다. 정부가 원하지 않는 발언을 정부가 그 내용을 알리고 싶지 않은 사람들에게 누설했다는 이유로 이들을 처벌하는 것이다. 즉, 정부가 바람직하지 않다고 생각하는 내용의 메시지를 출판 또는 방송함으로써 일부 청중에게 전달하는 사람들을 처벌하는 것이다. 또한, 금지된 메시지를 받은 사람들도 처벌한다. 또는 가장 눈에 띄지 않고, 부드러운 방법이라고 할 수 있는 것이 정부가 원하지 않는 메시지는 전달되지 않도록, 받기 어렵게 만드는 것이다.

정부는 발언자(출판사나 방송국)와 그 청중의 행동을 통제함으로써 이 자유에 개입한다. 자유 발언 이론의 전문가들은 '발언'이라는 것이 궁극적으로 발언자의 이득인지, 그 이야기를 들은 청중의 이득인지를 두고 격론을 벌였던 적이 있다. 물론 이 경우 청중이라는 개념은 폭넓게 해석해야 한다. 갈릴레이Galileo Galilei, 1564~1642가 망원경으로 천체 관측을 연마하고, 레이우엔훅Anton van leeuwenhoek, 1632~1723이 물방울을 현미경으로 연구했던 것처럼 발언자나 작가가 없는 상황에 정부가 개입하는 형태를 고려해야 하는 것이다. 정부가 이런 종류의 연구를 중단시키려 하는 것은 연구 결과가 정부와 국민 간의 소통을 방해할 수도 있고, 그 연구에 대해 공부한 사람들이 정부가 원하지 않는 방식으로 행동할 수도 있으며, 정부가 의도하는 방향으로 끌려오지 않을 수도 있기 때문이다. 그리고 무엇보다도 중요한 이유는, 자기 자신의 힘으로 뭔가를 알아낸 사람은 정부가 원하는 인간상에서 탈피하여 '독립'된 인간으로 살아가게 되기 때문이다. 자기 자신을 청중 삼아 말을 하거나, 노래하고 춤을 추는 등의 경우도 마찬가지다. 이 경우에도 정부는 이 고독한 활동들을 통제하려 하는데, 이 활동들이 다른 특성을 강화할 수 있기 때문이다. 즉, 정부가 보다 가치 있다고 생각하는 다른 활동들을 할 시간을 빼앗는다든가, 정부가 원하는 인간상에서 벗어난 '별종'이 되는 요인이 된다든가 하는 이유 때문이다. 사실, 이 두 이유는 아주 밀접하게 관련되어 있기 때문에 정부는 무슨 수를 써서라도 이 '고독한 활동'을 통제하려 한다.

모든 경우에서 청중의 이득은 발언자의 자유를 수반한다. 만약 발언자에게 자유가 없다면, 청중의 '들을 권리'를 충족시킬 수 없기 때문이다. 하지만 발언자의 자유가 청중의 자유에서 파생되는 것은 아니다. 표현할 수단이 없다면 생각도 할 수가 없으며, 그 표현은 대상을 필요로 한다. 독서라 하면 흔히 묵독默讀을 떠올리지만, 어린아이들이 혼자서 책을 읽을 때도 큰 소리로 '자신에게' 책을 읽어주는 것을 보면, 묵독 역시 낭독의 진화된 형태에 불과하다는 것을 알 수 있다.[7] 그러나 소통하지 못했다고 해도 '생각'은 존재한다. 어떤 사상가들을 오랜 세월 동안 생각해왔던 내용을 갑자기 발표해(때로는 사후에) 우리를 놀라게 하는데, 사실 이런 현상은 그리 희귀한 일도, 신기한 일도 아니다.[8] 내가 계속 주장해왔듯이, 모든 생각은 언어와 결합되어 있다. 이 언어에는 음악, 몸짓, 또는 이미지 등도 포함된다. 언어는 그 자체로도 생명력을 가지며 소통을 위해, 또 소통 속에서 존재한다. 퀘벡의 언어 정책은 스페인의 식민지배나 스탈린의 철권 정치와는 다르다. 하지만 지금까지의 설명을 통해 이 일상적인 사례가 얼마나 심각하게 주민의 자유를 침해하고 있는지 조금은 이해가 되었으리라 생각한다.

이것이 일반론이다. 그렇다면 마음의 자유가 실생활 속에서 왜 중요할까? 인류의 역사는 사실 정부가 원치 않는 의사소통에 개입하고 통제해온 사례로 점철되어 있다. 그런데 이를 퀘벡의 언어 정책에 빗대어 생각해보면, 국민이 말할 언어를 정부가 입에 넣어주는 것 역시 의사소통에 개입한 것이라고 해석할 수 있다. 이런 의식意識의 자유와 관련된 사례 중 가장 흔하고 오래된 것이 바로 종교다. 종교는 개개인 저마다 방식으로 신을 모시는 것을 금지했을 뿐 아니라, '공식적'인 종교 의식에 동참할 것을 강요한다. 초기 기독교 순교자들은 로마 황제의 동상 앞에서 향을 피우는 의식을 거부했다. 보다 극적이지는 않은 최근의 예를 들어보자면 미 대법원은 미국 어린이들에게 성조기에 대한 충성을 서약하는 법률을 비난했다. 그 유명한 판결문은 다음과 같다.

> 만약 미국 헌법 중 변하지 않는 가치가 있다고 한다면, 직책을 불문하고 어떤 공무원도 정치, 애국주의, 종교 또는 견해의 정통성을 규정할 수 없으며, 미국 시민에게 그들의 신념을 말로나 행동으로 고백하도록 강요할 수 없다는 점이다. 예외가 허용되는 상황이 있을 수 있다 하더라도, 지금은 해당되지 않는다.[9]

전체주의 국가에서나 볼 수 있을 법한 이런 사례들은 상대적으로 명확한 자유의 침해를 보여준다. "개인은 …… 그 자신에 대해 일정 정도의 주권을 가지며, 개인의 기본권, 즉, 표현의 자유, 종교의 자유, 결집의 자유, 사생활과 물리적 폭력으로부터 보호받을 권리를 갖는다"라고 못을 박으면서도 우리 수입과 부는 정부가 얼마만큼을 소유할 수 있을지 결정하기 전에는 우리 소유가 아니라고 한 머피와 네이글의 주장을 떠올려보기 바란다. 결국, 언젠가는 이들이 말하는 '자유주의 시스템에 필요한 최소한의 경제적 자유'를 포함한 '개인의 기본권'이라는 문제에 봉착하게 될 것이다.[10] 마음의 자유는 삶의 전제 조건이다. 모든 신념과 욕망을 형성하는 근원이자, '무엇을 원하는지'를 결정하는 '선택'의 토대이기 때문이다. 하지만 소유권과 행동반경에 대한 정부의 결정(집단적인 선택)을 허용하면서 마음의 자유를 유지할 수는 없는 것일까?

사고와 행동 ▓▓▓▓ Thought and Action

1872년 이래 런던의 하이드 파크에는 누구나 주제나 시간의 제한 없이 행인들에게 연설을 할 수 있는 장소가 마련되어 있다. 하이드 파크의 자유 발언대는 바로 발언할 자유(그리고 들을 자유)와 마음의 자유를 보여주는 실례라 할 수 있다. 만약 이 발언대에서 발언하는 소리와 청중들의 소음이 공원을 찾은 사람들의 평화로운 시간을 방해한다는 불평과 투서들이 쏟아져 영국 국회가 공원에서 논쟁적인 주제에 대한 발언과 세 명 이상의 사람이 모이는 것을 금지한다면 어떻게 될까? 대중이 하이드 파크는 조용하고 평화로운 곳이 되길 원하기 때문에 발언을 금지한다면, 이 '대중'은 발언자의 발언할 자유와 청중의 들을 자유를 침해한 것일까? 만약 내가 우리 집 앞뜰에서 정치 모임을 열지 못하도록 한다면, 이는 타인의 발언 자유를 침해한다고 볼 수 없을 것이다. 하지만 공원에서는 다르다. 우리 집 앞뜰과 공원이라는 장소의 차이가 왜 이토록 큰 차이를 초래하는 것일까?

이런 금지 조치는 그 대상(발언자와 발언 내용)은 상관하지 않는다. 목사건, 선동가건, 수학 강사건, 시인이건 구연동화자이건 모두 평등하게 침묵을 지킬 수밖에 없다. 일리노이 주의 스코키 Skokie라는 마을에서 미국 나치당이 행진을 계획하자, 나치의 대학살을 피해 미국으로 건너온 많은 유대인들에게 위협이 될 수 있다는 이유로 마을 의회가 이 계획을 금지하려 했다. 나치당이 되었든 2차 대전 참전 용사가 되었든 어떤 경우라도 출퇴근 시간에 시내 중심가를 행진하지 못하도록 한다면 대중에게 자신들의 의사를 전달할 다른 공공장소를 선택하면 된다. 즉, 홀을 빌리거나, 편지나 안내책자를 보내는 방법도 있고, 요즘은 인터넷도 유용하다. 하지만 여기서 다시 월드론이 예로 든 '노숙자' 사례를 떠올려보자. 노숙자들은 먹고, 자고, 걸어 다니고, 신문을 읽고, 원반던지기 놀이를 할 자유가 있다. 하지만 이 모든 행위를 할 수 있는 자기 소유의 공간이 없기 때문에 만약 어떤 이유로든 도로나 공원에서 이런 행위들이 금지한다면, 그들은 어디에도 머무를 수 없게 된다. 마찬가지로 만약 개인적으로 홀을 빌리거나 인터넷을 사용할 수 없는데 하이드 파크 조례가 다른 모든 공원과 도로에까지 확대 적용된다면, 청중에게 자신의 생각을 들려줄 '발언'을 할 방도를 잃게 된다. 그리고 이는 월드론이 예로 든 '노숙자' 사례보다 더 나쁜 상황이다. 왜냐하면 도로나 공원은 전통적으로 지역 주민들을 만날 수 있는 장소이기 때문이다. 즉, 모든 마을 사람들이 식료품을 사거나, 일을 하러, 또는 친구를 만나러 오가고, 아무리 완고한

은둔자나 병자라도 가끔은 사람들과 얼굴을 마주치게 되는 곳이 공원이다. 바로 이곳에서 새뮤얼 콜리지Samuel Taylor Coleridge, 1772~1834의 시에 나오는 '늙은 수부'처럼 형형한 눈빛으로 세 사람 중 한 사람을 붙잡아 세우고 자신의 생각을 들려주는 발언자가 사람들의 관심을 끌기 위해 애를 쓰는 것이다. 이는 일상생활 속에서 만나는 교차로이며, 우리가 생각지도 못했던 광경이나 소리, 그리고 생각들을 접하게 되는 장소다.

미국의 자유발언법에서는 이런 현실을 '공공장소의 원칙'이라는 이름으로 정리한다. 이 원칙은 1939년, 뉴저지 주써 저지 시에서 공공집회를 개최하려던 CIO미국 산별 노조의 허가 요청을 시장이 '공산주의 단체'라는 이유로 거부한 데에 대한 판례에서 비롯되었다.

> 도로나 공원이라는 이름이 붙은 장소는 역사가 시작되기 이전부터 공공을 위한 시설이었으며, 아주 먼 옛날부터 시민이 모여 생각을 나누며, 공통의 의문점을 제기하는 장소로 사용되어 왔다. 고대부터 이어져 온 이러한 도로와 공공장소의 용도는 시민의 특권이자, 특전이요, 권리이자 자유의 일부다.[11]

이렇듯, 거리와 공원은 시민이 자신의 이야기를 들어줄 청중을 찾고, 지지자를 붙잡아 세우고, 발언하고 사람들에게 자신의 생각을 들려주는 장소로서 만들어진 곳이다. 도로는 시민이 공통으로 이용하는 장소이며, 이 원칙은 도로가 공공 규제보다는 개인의 자유를 위한 장소임을 확인해주었다.

고무적으로 받아들이는 사람도 있겠지만, 이 원칙은 마음의 자유라는 개념을 더욱 복잡하게 만드는 것 역시 사실이다. 공공장소가 발언과 발언을 들을 수 있는 자유가 보장된 장소라는 것을 강조하는 공공장소 원칙은 정부가 의도하지 않더라도, 국민의 생각이나 발언, 또는 그 내용에 대해 거의 신경을 쓰지 않더라도, 소유권(공공이건, 개인이건)이 국민의 자유를 말살할 수 있다는 것을 보여준다. 월드론이 '노숙자' 사례에서 지적한 바와 같이 소유권을 인정하는 사회 체제하에서 개인의 행동과 움직임의 자유가 제한되듯이, 생각의 자유 역시 억압되고 말 것이다. 하지만 역설적으로 말하면, 정부가 공공장소를 만들어 마음의 자유를 보장한다는 것은 '기본적인' 개인의 자유가 궁극적으로 대중의 선택에 달렸음을 보여주는 일이다. 그리고 이 대중의 선택이란, 경합하는 가치 중에서 가장 소중한 가치라고 인식되는 목표를 선택하는 것을 의미한다. 하이드 파크의 조용한 평화와 자유발언대에서의 발언 중 어느 것을 선택하느냐에 달린 것이다(물론 이 외에도 더 극적이지만 덜 기본적인 예들이 있다. 이 마음의 자유가 선거 등의 정치 영역에서 어떻게 전개되는지 생각해보기 바란다. 공산주의 체제하에서 사유 재산과 수입에 대한 개인의 권리를 거의 인정하지 않았던 소련과 동유럽의 경우, 공산주의 정권이 붕괴되자 국가 재정의 도움 없이는 자유선거에 의한 정권 창출이나, 자유로운 언론의 정립이 불가능했다).

발언의 자유를 위한 뉴딜 정책[12] ▨ A New Deal for Freedom of Speech

하이드 파크의 자유 발언대는 미국의 공공장소 원칙과 마찬가지로 매우 '자유 친화적인' 전통이다. 이런 전통들에 의해 미국과 영국 사회에서는 '자유를 사랑하는 본능'이 자라났다. 그런데 이런 본능은 실제적으로는 만족스럽지만, 골치 아픈 문제를 내포하고 있다. 월드론의 '생각 실험'처럼 공공장소가 사라진다면, 또는 좀 더 현실적으로, 만약 거리와 공원이 대중의 집결 장소이자, 만인이 조우하는 장소로서 사용되지 않게 된다면 어떻게 될까? 현대 사회에서는 이런 일들이 실제로 벌어지고 있다. 많은 시민은 쇼핑몰에 갈 때에도 자신의 집 주차장에서 차를 타고 직행하며, 거리가 아닌 인터넷 공간(대부분 민간이 소유하고 관리하는 네트워크)에서 다른 사람들과 만나는 경우가 점점 늘어나고 있는 것이다.

이에 대응하기 위해 정부는 우선 거리와 공원을 대체하는 현대의 만남의 장(쇼핑몰이든, 공항이든, 아니면 인터넷이든 간에)을 파악한 후, 누구나 자유 발언대에 오를 수 있었듯이, 이런 온오프 공간에도 그 진지하고, 짜증스럽고, 사람들을 혼란스럽게 만드는 괴짜들이 자유롭게 참여할 수 있는 장소를 개방하라고 압력을 가할 것이다.[13] 그러나 이것이 의도적으로 이루어지면 큰 혼란을 야기할 수 있다. 이 기본적인 자유가 어느 범위까지는 국가에 의해 설계되고 운용된다고 하는 사실을 내포하기 때문이다. 그리고 이를 인정하게 되면, 이번에는 그 운용의 기준에 대한 의문이 생겨난다. 문화와 명예, 그리고 공동체를 키워간다고 하는 국가 차원의 목표를 생각해볼 때, 과연 인터넷은 모든 사람이 자유롭게 접속할 수 있는 공간이어야 하는가, 아니면 '더 바람직한' 메시지, 즉, 교육적이거나 계몽적이거나, 문화적 수준이 높은 내용을 전파하는 사람에게 특권을 주어야 할 것인가? 인터넷 중독자들은 이 매체가 방송 주파수(정부가 사회적 유익성과 질을 판단하여 할당한다)와는 달리 그 수용 능력에 제한이 없다는 것을 보여주는 사례들이다. 그렇긴 해도 온라인상의 발언자들 역시 '발언 능력'을 키워가야 한다. 만약 더 많은 네티즌에게 메시지를 전달하고 싶다면, 발언자들은 값싼 개인용 서버가 아니라, 보다 규모가 큰 서버에 접속해야 하며, 텍스트 중심의 평범한 프레젠테이션보다는 다양한 기술과 자원을 동원하여 눈길을 끌어야 한다. 정부는 보다 계몽적인 메시지를 전달하는 발언자에게 더 많은 자원과 지원을 할당할 것인가? 그럼 평등의 가치는 어떻게 처리해야 할 것인가? 정부가 모든 발언자에게 청중과 접할 기회를 똑같이 주고, 모든 청중에게도 들을 수 있는 평등한 기회를 준다는 확신을 줘야 할 것인가?

이렇게 평등을 추구하다 보면, 어떤 발언의 강도와 매력을 다른 발언과 비슷한 수준까지 끌어올리는 것만을 의미하는 것이 아니라, 모든 발언의 강도를 동일하게 낮추는 방법을 선택할 수도 있을 것이다. 이렇게 누군가의 발언이 보다 강도 높은 발언에 묻혀버리는 일이 없도록 하는 격차의 '하향평준화'를 두고 자유의 경쟁자들은 발언의 억압을 정당화한다고 지적하곤 한다. 물론 발언이 묻힌다고는 해도 완전히 사라지는 것은 아니지만, 경쟁자의 숫자와 주장(피상적이고 겉만 번지르르한)이 그럴싸할수록, '정당한 비율' 이상의 관심을 끌어낼 것이다. 이 평등화에 대한 논의가 가장 극단적으로 나타난 모습은, 부유한 후보자들이 '정당한 비율' 이상으로 유권자들의 관심을 끌지 못하도록 하는 선거 운동 비용 제한이다. 이는 TV가 케이블이나 팟캐스트(애플의 아이팟Ipod과 방송Boradcasting을 결합해 만든 신조어로, 포터블 미디어 플레이어PMP 등의 사용자들에게 오디오 또는 비디오 파일 형태로 뉴스나 드라마, 각종 콘텐츠를 제공하는 것.-편집자) 등 다양한 채널들에 맞서려면 인기 시간대에 더욱 교육적이거나 계몽적인 프로그램을 많이 편성해야 한다는 제안과 일맥상통한다. 그리고 이 시도는 실패로 끝났다.

경제적으로 풍요롭고 자유로운 국가들에서는 이런 문제의 한 가지 해결책으로서, 방송의 질과 대표성, 또는 세금이 제대로 쓰이고 있는지를 판단하여 몇몇 언론 매체에는 보조금을 지급하는 한편, 이외의 언론은 보조금을 지급하지 않는 대신 비교적 간섭하지 않고 내버려둠으로써 이 매체를 개인들이 자신의 돈으로 지원할 수 있도록 한다. 이를 시장 기회로 보는 발언자들도 있으며, 그 매채는 시장의 규칙에 종속된다. 이익을 올리는 것에는 별 관심이 없지만 단지 부를 과시하거나, 어떤 확신 때문에 투자하고, 일반 또는 선택한 청중에게 메시지를 전달하려는 사람도 있을 수 있다. 그리고 이 자금은 종교 방송들이 그렇듯이 비슷한 신념을 가진 사람들이나, 투자의 한 방법으로 이용하는 사람들의 협력체에 의해 조달된다. 영국 같은 나라에는 정부 보조금을 받는 방송국들과, 무한경쟁에 노출된 출판 매체 등이 있다(BBC 3채널과《데일리 미러Daily Mirror》, 또 미국의 경우라면 국영 라디오와《내셔널 인콰이어러National Inquirer》를 비교해보면 된다). 사실, 신문, 팸플릿 그리고 서적은 이런 사회들에서 성역이며, 이들 매체를 통제하거나 영향력을 행사하려는 시도조차도 '압력'이라 하여 비판의 대상이 된다. 그러나 이런 '언론의 자유'는 좋게 보면 인류의 발명품이지만, 나쁘게 보면 정부 보조금과 통제에 의한 자율권 상실을 피하기 위해 언론계가 만들어낸 환상에 불과하다.

전 세계의 자유 민주주의 국가 중 가장 자유주의적이고 개인의 발언권을 중시하는 미국에서는, 작가나 강연자의 수입에 프로 스포츠 선수의 수입과 동일한 세율을 적용하는 법은 헌법에 위배되지 않지만, 특정 메시지를 전파하거나 통제하기 위한 법은 위헌이다.[14]

쉽게 말하면, 개인의 발언에 우발적인 영향을 줄 수 있는 법률들은 용인해주지만, 특정 메시지를 전달하는 사람들의 의욕을 꺾는 법률은 무효화한다는 것이다. 일례로 교통 정체를 막고, 시민의 안전을 위해 거리 행진을 하려면 당국의 허가를 받도록 의무화한 법률과, 스코키 마을의 사례에서처럼 거리 행진의 목적과 그 단체가 지지하는 가치를 판단하여 허가를 내릴지를 결정할 권한을 관공서에 부여하는 법률의 차이를 생각해볼 수 있을 것이다.[15] 그런데 이 구분이 어려운 경우도 있다. 또한, 사람이 꽉 찬 극장 안에서 거짓말로 불이 났다고 외치는 등 폭력을 조장하는 발언이나, 국가 기밀 출판, 아동 포르노 제작 등의 극단적인 예들은 그 메시지 자체만으로 금지의 대상이다. 하지만 이런 예외를 제외하고는 미국법은 철저하게 이 원칙들을 준수하고 있다.

이 원칙의 결론은, 공동체가 들려주고 싶어 하는 모든 종류의 메시지들(예를 들면 담배나 기름진 패스트푸드가 건강에 미치는 해악)은 국가가 이 메시지를 직접 전달하지 않으면 청중의 귀에 들어갈 수 없는 반면, 여러모로 유해하고 저속한 메시지(폭력의 미화 등)들은 쉽게 확산된다는 것이다. 유해하지 않지만 하찮은 메시지들조차도 보다 가치 있는 메시지를 밀어내버리곤 한다. (이 예는 굳이 들지 않겠다. 왜냐하면 사람에 따라서는 하찮은 것과 가치 있는 것의 기준이 다르기 때문이다. 스포츠 중계와 국회 토론 중계 중 어느 쪽이 흥미롭고, 어느 쪽이 지루한지는 누군가의 강요로 결정될 수 있는 문제가 아니다.)

이런 모순은 이 원칙의 핵심이다. 시장이나 세금 제도를 비롯한 경제 체제는 부(재산)를 각각 할당하고, 자유인으로서 우리는 이 부를 우리의 자유의지로 선택한 대상에 사용한다. 여기에는 발언하고 들을 기회가 포함된다. 이 발언을 단순한 말뿐만 아니라 '음악'까지도 포함되는 개념으로 생각한다면, 퀘벡의 언어 정책이 미국 헌법 체계에서는 위헌인 이유도 납득할 수 있을 것이며, 같은 이유에서 일상생활 속의 불협화음(영어)에 음악(프랑스어)이 묻혀버리지 않도록 음악을 보호하려 하는 이 언어 정책은 살아남지 못할 것이다.[16]

오언 피스Owen Fiss나 캐스 선스타인Cass Sunstein, 1954~처럼 '세전 수익의 권리'란 잘해봐야 회계 장부 기입에 도움이 되는 신화에 불과하다는 머피와 네이글의 주장을 일반화하는 비평가들도 등장하고 있다.[17] 선스타인은 사람들이 과세 제도를 두고 '내 재산'을 약탈하는 제도라고 불평하는 등 윤리적·개념적 혼란을 겪는 배경으로 미국식 발언의 자유를 지적한다. 미국의 자유로운 발언 제도는 무엇이 내 것인지를 알려주고, 내 것을 사고, 팔고, 교환하거나 남에게 줘버릴 수 있는 소유권과 계약에 대한 일반법의 배경이 된다.[18] 여기서 중요한 것은 정부는 내가 어떤 방식을 선택하든, 이에 대해 '정부의 방식'을 강요한다는 점이다. 예를 들어, 내가 저작권을 월트디즈니 사에 팔았다고 하자. 그러면 정부는 마치 내가 판 것이 저작권이 아니라 월트디즈니 사의 직원들이 먹을 샌드위치라도 되는 것처럼 그 계약의 집행을 강요할 것이다. 신문사의 사주와 매주 한 번씩 그 사주의 정치적 견해를 반영한 칼럼을 쓴다는 내용으로 계약을 맺은 작가는 그 사주가 싫어하는 내용의 기사를 쓸 수 없다. 뭐가 어찌 되었든, 애당초 그런 계약을 맺은 것은 작가 자신 아닌가. 고객이 주문하지 않은 음식을 내 와서는 안 되는 것과 마찬가지다.

오랜 세월 동안 사람들이 자신의 선택에 따라 자신의 재산을 쓰고, 합의를 할 수 있는 자유를 제한하는 다양한 법들을 받아들여온 이유는, 법의 집행을 기대하기 때문이다. 지역법 때문에 나는 내 집 앞뜰에서 타이어를 태울 수 없을 뿐 아니라, 공동체가 규정한 높이나 넓이 이상으로 집을 짓거나, 페인트를 칠할 수도 없다. 노동법은 최저임금보다 더 낮은 가격으로 고용인과 계약을 해서는 안 되며, 법정시간보다 오래 일을 하거나, 노동조합에 가입하지 못하도록 해서는 안 된다고 규정한다. 의욕에 넘치는 판매자와 구매자가 자신들의 자산을 긁어모아 독점 체계를 만들려고 했다가는 감옥 신세를 질 수도 있다. 이뿐만이 아니다. 도서관에 가보면 이런 예보다 훨씬 사소하고 성가신 법규들을 잔뜩 찾을 수 있다. 이 모든 법규는 모두 제정된 당시 상황에서는 자유(평화롭게 재산을 취득하고, 그 재산을 개인의 판단에 따라 배치하는 자유)에 대한 참을 수 없는 침해에 저항하고자 만들어진 것들이다. 이 대부분의 법규는 수 세기 동안 제한된 형태로 존재해왔지만, 미국에서는 프랭클린 루스벨트Franklin Roosevelt, 1882~1945 대통령이 뉴딜 정책을 추진하면서 더욱 빈번해졌다. 그리고 이들 법규에 대한 반대는 최종적으로 무력화되었다. 재산과 계약 관련 법규들은 국가가 개입하지 않고 존중해야 하는 '가치중립적인' 제도가 아니라는 인식이 일반적이었다. 계약과 재산, 그리고 시장은 다른 사회적 합의들보다 더 자연적이고 필연적이라고는 할 수 없다. 재산은 규제다. 뉴딜 정책 이전의 제약에서 풀려나자 정부는 대중이 원하는 것은 뭐든지 정당화될 수 있다는 사회 분위기를 확립하기 위해 지능적이고 정치적으로 움직였다.

결국 이는 '소유권의 신화'에 대한 반론의 일반화라는 형태로 나타났다. 공동체는 '개인의 재산'을 세금이라는 형태로 재분배함으로써 평등을 실현하고, 공공재를 구축하는 것에 그치지 않는다. 만약 국가가 더 큰 평등을 추구하기 위해 개인의 재산에 세금을 부과할 수 있다면, 납세 후 개인에게 자신의 재산을 관리할 권리를 부여할 이유가 없다. 예일 대학의 브루스 애커먼 교수와 이언 아이레스Ian Ayres 교수는 풍요롭고 자유로운 자본주의 사회에서 선거 자금을 조달하는 방법으로서 '블루 달러 방식'을 제시한 바 있다. 즉, 모든 사람에게 납세 후 재산권을 인정하되, 이 재산은 '그린 달러'라 하여 정치 분야에는 쓸 수 없도록 하고, 정부가 정치 분야에만 사용할 수 있는 '블루 달러'(물론 그린 달러로 교환할 수 없다)를 발행하여 전 국민에게 동일 액수를 나눠준다는 발상이다.[19] 물론 이 방식이 모든 문제점을 해결해줄 수 있는 것은 아니지만, 애커먼과 아이레스가 무슨 말을 하고 싶은지는 짐작할 수 있다. 즉, 사회가 추구하는 목표를 실현하기 위해서라면 자본주의 경제 시스템의 산물인 부의 불평등은 수용할 수 있지만, 이에 따른 불평등한 정치적 영향은 막겠다는 것이다. '블루 달러' 계획은 세금을 통한 부의 재분배에 대한 논의에서 파생된 제안 이라고 볼 수 있다. 만약 정부가 특정 목적을 위해 '개인'의 돈을 징수할 수 있다면, 정부는 나머지 돈에 대해서는 개인의 소유권을 허용해야 한다. 그런데 그 사용처를 정부가 제한하는 것이다. 블루 달러가 있으면, 책이나 영화, 음반을 구입할 때만 쓸 수 있는 옐로 달러도 없으란 법은 없다. 또 블루와 옐로 달러도 특정 대상에만 써야 한다는 조건을 붙이지 말라는 법도 없다. '책임감 있는' 후보의 선거자금으로만 써야 한다든가, 계몽적인 내용의 책이나 클래식 음악 CD가 아니면 살 수 없다는 식으로 용도가 제한될 수 있다. 그런데 이는 사실 의미 없는 주장이다. 왜냐하면 돈의 색깔이 어떠하든지, 납세 전의 재산이 '개인의 소유'이듯이, 그 돈 역시 개인의 것이기 때문이다.

주장의 증명 ▬▬ An Argument That Proves Too Much

그렇다면, 이 주장을 한번 들어보자. 만약 마음의 자유가 정부에 달려 있을 뿐 아니라, 정부의 시책에 의해 정의된다고 한다면, 정부는 그 자유에 속박되지 않는다. 물론 정부와 대부분의 자유 민주주의 체제들은 그 자유를 어느 정도 선(마음의 자유라는 명칭을 쓸 수 있을 정도의)까지는 존중한다고 주장하겠지만, 이는 마음의 자유를 누릴 수 있는 기본적인 권리를 보장해주는 것도 아니고, 이 마음의 자유라는 것이, 정부가 허용하는 범위 내의 자유라는 의미 이외에 어떤 뜻을 내포하고 있는지도 알려주지 못한다. 기본적인 권리가 되기 위해서는 그 권리가 정부에 애걸하는 것이 아니라, 정부에 요구하는 권리여야 한다. 머피와 네이글에 따르면, 정부는 반드시 '자유의 가치와 개인 의 자율권, 즉 타인의 개입이나 지나친 압력에서 벗어나 자신의 인생 을 살아갈 수 있는 자유'를 존중해야 하며, '인간에게는 기본적인 인 격권, 즉 표현의 자유, 종교의 자유, 결사의 자유, 사생활과 신체적인 폭력으로부터 보호받을 자유가 있다.'[20]

선스타인이 주장한 '소유권의 신화'는 결국 생각의 자유와, 그에 수반되는 모든 자유를 배제시킨 것이라는 결론에 봉착할 수밖에 없 다. 선스타인은 교양 있고 자유주의를 존중하는 인물이다. 하지만 학 문적인 입장에서는, 개인이 누릴 수 있는 자유는 국가와 그 사회 구 성원들의 양식이 허용한 자유뿐이라고 한정짓는다.

이렇게 개인의 자유를 부정하는 사람들은 너무 단호한(또는 급진적 인) 결론을 피하고 싶어 한다.[21] 그들은 발언의 자유란 민주적인 자 율의 수단이자 측면이라고 보고 있다. 사실 맞는 말이다. 만약 정부 가 시민이 말하고 듣는 것을 검열하거나 조작한다면, 통치자를 선택 할 시민의 권리가 있다고 해도 무의미하기 때문이다. 그러나 이것만 으로는 충분하지 않다. 민주적인 자율성과는 직접적인 상관관계가 없는 발언이나 표현들, 즉 포르노, 중상모략, 선전, 추상화, 음악, 무 용, 영화와 연극, 상대방의 반론을 촉발하는 악의적인 발언 등은 규 제해도 괜찮다는 것인가? 민주적 자율성이라는 기준으로 본다면 종 교적 헌신을 촉구하는 발언은 어떤 의미도 가지지 못할 것이다. 하지 만 그렇다고 해서 그 발언을 규제한다면 가장 기본적인 인간의 권리

중 하나인 종교의 자유가 침해되고 만다. 만약 마음의 자유가 고대의 자유라고 한다면, 즉, 성찰하고, 토론하여 그 자신의 정부를 선택할 수 있는 자유라 한다면, 그 자유의 범위는 너무나 한정적이다.

사람들의 삶은 정치 이외에도 수많은 요소로 구성된다. 그리고 생각의 자유가 정치적 자유에 종속되는 것은, 현대의 자유가 정치(민주주의 정치라 할지라도)에 종속되어 있음을 말해준다. 그리고 이 가장 밀접한 자유들은 국가의 행정 안에서 기능할 것이다. 국가도 마찬가지로 그 구성원을 위한 행정을 하지만 말이다.

생각과 표현의 자유를 누리기 위해서는 움직이거나 남에게 말을 들려줄 장소 등 자원에 대해 권리를 가져야 한다. 그리고 이 권리는 생각의 자유와 같은 '마음의 자유'의 경쟁자들로부터 보호받아야 한다.

이는 사고와 표현의 규제를 정당화하기 위한 것이다. 발언을 하려면 물질적인 것들이 필요하고, 물질적인 것들의 정의나 특성은 정부에 의해 규정되기 때문이다. 그리고 이런 정의와 특성(앞에서 보았듯이)은 정부의 정책과 목적(예를 들면 평등의 실현 또는 국가 권력 등)에서 비롯되며, 그렇기 때문에 생각과 표현 역시 이러한 정부 정책에 달려 있다. 스탠리 피시Stanley Fish, 1938~는 이런 관점을 1994년 발표한 저서 《자유로운 발언이란 없다There's No Such Thing as Free Speech : And it's Good Thing》에서 노골적으로 드러내고 있다. 하지만 그의 논점은 시대착오적이다.

물질적인 권리는 특정한 생각의 전달을 활성화 또는 방해한다는 목적과는 별도로 그 사회가 규정하는 공평함의 기준에 따라 배분된다. 나는 현재 미국 사회의 '공정함'이 허용하는 한도 내에서 내 수

언론의 자유

입과 재산, 계약권을 가지며, 내가 부담할 수 있는 한도 내에서(개인 또는 공동 차원에서) 마음에 드는 모든 책과 메가폰, 또는 인쇄기를 구입할 수 있고, 또 블로그나 신문의 기사를 쓰는 데 필요한 타인의 노동력(그게 무엇이 되었든 간에)을 돈을 주고 살 수 있다. 미국법도 권리를 규정한다. 생각의 자유를 재산이나 계약 등의 관리 제도라는 관점에서 통제하려는 것은 불합리할 것이다(사실, 이로 인해 파생될 상황을 상상하기란 쉽지 않다). 내가 말하고, 듣고, 생각할 때 개인의 물질적 권리들을 정의하고, 이 권리들을 행사할 때 필요한 합의들을 명시한 법규들을 적용하는 것은 타당하다 하겠다. 또한, 정부가 개인의 생각과 발언, 입수하는 정보를 제한하려는 목적에서 개인의 물질적 권리의 경계선을 멋대로 바꾸지 못하도록 하는 것도 타당하다(이는 내용 중립성에 대한 미국의 헌법조항이다). 그렇다면, 가난하거나 글을 못 읽는 사람은 어떻게 되나?

빈곤과 문맹은 흔한 사회적 환경이며, 정부가 힘써야 할 과제이기도 하다. 마음의 자유에서 빈곤이 중요한 문제인 이유는, 단지 책이나 컴퓨터를 구입하거나 발언대를 빌릴 돈이 없어서가 아니다. 미국이나 캐나다, 유럽연합 가맹국들이나 일본과 같은 자유 민주주의 선진국들에서는 오래전부터 최빈곤층과 그들의 상대적 박탈감을 없애기 위해 힘써왔다. 같은 사회의 구성원들이 이런 빈곤 상태에 있는 사람들을 내버려둘 수 없다는 정의감이 그 배경에 있다. 이외의 자유 민주주의 국가들은 이 '정의의 실현'을 다른 식으로 해석하며, 빈부의 격차와 빈곤층이 받는 불이익에는 정도의 차이가 있다는 점을 인정하고 있다. 그 차이는 우선 잠깐 제쳐놓고, 이런 나라들이 공교육의 제공을 포함하여 최빈곤층에 대한 정의의 실현이라는 의무감에서 벗어나는 데 성공했다는 것을 짚고 넘어가자. 그렇다면 이러한 내용 중립적 정책이 어째서 마음의 자유에 부합되지 못하는 것일까? 재산과 계약에 관련된 법규, 경제 정책과 관련된 법규는 사실 표현의 자유가 제한된다고 해서 예외적으로 해석되어서는 안 된다. 특권이나 특별법은 특별 감사를 초래하는 법이다. 보조금은 통제를 야기한다. 만약 자신의 수입을 오페라나 스포츠 시합 티켓이나 책 구입 등에 자유롭게 쓸 수 있는 사람은, 국가가 허용한 범위 내에서 재량권을 발휘할 수 있는 사람보다 더 큰 '마음의 자유'를 누린다. 애커먼과 아이레스의 비현실적인 '화폐의 색깔별 용도 구분' 구상을 떠올리면 이해가 더 쉬울 것이다.

의존과 독립 ▨ Dependence and Independence

나 역시도 어느 정도는 비현실적인 이야기를 하고 있다. 이는 경제적으로 풍요로운 국가의 풍요로운 국민이 자신의 수입을 어디에 쓰는가에 대한 이야기다. 즉, 국민은 세금, 의식주 비용, 의료비 등을 내고 난 후 남은 돈을 자신의 마음과 영혼, 그리고 환상을 충족시키기위해 마음대로 쓸 수 있으며, 이를 제한하는 것은 오직 그 지출액일 뿐이라는 이야기다. 이 경우는 마음의 자유를 찬미하는 것이기 때문에 더 낫다. 그렇다면 경제적으로 풍요로운 자유 민주주의 사회의 '덜' 풍요로운 시민은 어떠한가? 빈곤층에 대한 사회의 의무는 여러

가지가 있겠지만, 가장 중요한 의무는 빈곤층 가정의 자녀들에게 최대한의 교육을 지원하는 일이다.

초·중·고등학교만이 아니라 대학교나 도서관, 박물관, 오페라단, 교향악단 등 공공재의 성격을 띠는 시설들은 정부의 지원을 받아 운영되고 있다.

기초적인 지식과 기술 없이 이러한 자유의 가치를 판단하고 계산하기란 불가능하다는 것을 부정할 수는 없다. 지식과 기술이 필요하다는 것은 생각과 판단의 개인성에 대한 내 주장에 결함이 있음을 보여준다. 왜냐하면, 마음의 자유가 행사되었을 때, 이를 이해하고 선택을 내릴 수 있도록 개개인이 노력을 통해 마음의 능력을 키워야 한다는 필요성을 인정한다는 의미이기 때문이다. 이런 관점에서 생각하면, 개인의 자유는 타인의 도움 없이는 발휘될 수 없다. 즉, 유아나 아이가 독립할 때까지는 다른 사람의 도움이 필요한 것처럼 말이다. 부모에게 버림받은 아이를 야생 동물이 키우는 이야기는 픽션이든 논픽션이든 간에 우리들의 마음을 사로잡는다. 왜냐하면 이는 인간의 특징, 즉, 자유롭고, 타인의 판단에서 독립적이며 궁극적으로 그 자신에 대한 책임이 있지만, 갓난아이일 때는 키워주고 보호해줄 누군가가 필요하다는 '약한' 인간으로서의 특징을 있는 그대로 드러내고 있기 때문이다. 이렇게 인간에 대해 생각해보면, 이 의존성을 인간의 삶과 능력에 대한 문제의 핵심으로 볼 수도 있다. 아니면 이를 삶의 시작부터 따라붙는 '죽음의 역설'이라고 인식할 수도 있다. 이 두 가지 인식 모두 인간의 동물성을 상기시킨다. 하지만 이는 순간일 뿐이다. 인간은 자신이 실제로 경험하는 사회적·본능적 자유와 이성을 형이상학적인 힘으로 융합하며 성장해간다. 가족, 친구, 너그러운 후원자나 국가(현대 이후의 일이지만)는 아이가 정신적 의존성에서 벗어나 독립된 개체로 성장할 수 있도록 시간과 자원들을 투자하여 키워낸다. 이렇듯 인간이 사회적 도움을 받아 만들어진다는 관점에서 본다면 인간은 가족과 친구, 후원자나 국가의 소유물이라고 할 수 있을 것이다. 하지만 또 이런 사회적 도움에 고마워하고, 빚을 갚고 나서 자신의 자유를 찾기 위해 전진하는 길도 있을 수 있다.

자신의 자유를 선언할지, 사회에 대한 의존도를 중시할지 선택의 기로에 놓인 것은 개인만이 아니다. 국가 역시 양자택일을 해야 한다. 인간의 삶이 시작되는 순간부터 영향력을 발휘하게 되는 국가는 국민 한 사람 한 사람이 자유롭고 이성적인 인간으로 자랄 수 있도록 도와줌으로써 신뢰를 구축할 수도 있지만, 국민을 국가에 종속된 의존적인 존재로서 키워감으로써 '양육자'로서의 권한을 구축할 수도 있다. 국가는 부모와 마찬가지로 이 두 가지 얼굴을 가지고 있다. 《자유론》에서 밀은 초등 교육의 의무화를 위해 공공 교육에 대한 사회의 책임감과 양육자로서의 국가의 권위를 결합시켰지만, 사실 그가 가장 선호했던 방식은 교육에 드는 모든 비용을 쿠폰 형식으로 학생과 학부모에게 지급함으로써 사회적 책임을 달성하는 것이었다.

국가가 개인의 마음의 자유에 개입하는 보다 상위의 형태들에 이 관점을 적용하는 것은 어렵지 않다. 앞서 대학과 도서관, 박물관, 문화 관련 기관들에 대해 언급한 바 있다. 자유주의 국가들은 이런 기관들이 국가의 지배하에 들어가지 않도록 밀의 '쿠폰 전략'의 변형된 형태나, 폭넓은 독립 전문가 집단에 의한 운용을 선택하곤 했다. 하지만 이런 선택은, 국민에게 도움이 된다고 해서, 또 진실된 판단을 한다는 이유로 세금 투입이 허용되는 몇몇 경우에 대한 의문을 불식 시키지는 못했다. 여기서 굳이 이 이야기를 심도 있게 할 필요는 없을 것이다. 훨씬 더 중요한 관점이 있기 때문이다.

진정으로 자유로운 사회는 개인이 세금을 낸 후에도 최저생활비를 크게 웃도는 가처분 소득이 남아 있을 수 있도록 과세와 지출 정책을 조정해야 한다. 이렇게 개인이 마음대로 쓸 수 있는 세후 소득이 존재한다는 것은, 개인이 자신의 마음과 영혼, 그리고 문화를 살찌우고자 사용하는 자원에 대해 국가가 독점권을 가지지 않는다는 것을 입증한다. 이런 자원이 국가에 집중될수록 개인의 마음의 자유는 힘을 잃게 된다. 이는 4장의 첫머리에서 선언한 기본 원칙에 대한 것이다. 즉, 정부가 원하지 않는 발언을 정부가 원하지 않는 대상에게 한 사람들을 처벌해서는 안 된다는 원칙이다. 그러나 엄격한 금지 조치와 처벌을 마련할 필요는 없다. 정부가 원하지 않는 생각은 사회 전체로 퍼지기 어렵기 때문이다. 이런 독재 정치(그 정도는 미약하다 하더라도)는 정부가 모든 카드를 가지고 있을 때에만 효과가 있다. 만약 정부가 게임 참가자 중 하나에 불과하다면, 정부는 선택과 판단을 제한하기보다는 확대할 것이다. 재산이 안전하게 보호되고, 그 소유권이 보장되는 정도까지 마음의 자유를 포함한 개인의 자유의 범위도 확대되는 것이다.

적정한 부와 자유주의 경제 정책은 충분한 자원들을 개인에게 남겨줌으로써 개인이건, 공동체건, 국민은 마음의 자유를 강압하는 공무원들의 야망을 꺾어버릴 수 있다는 것을 보장한다. 그런데 바로 그 공동체들이 강압을 주장한다면 어떻게 되는 것일까? 이런 이상적인 국가에서조차 볼 수 있는 가족과 교회들에 의한 강압을 떠올려보기 바란다. 밀은 대중 여론의 강압에 대해 기술한 바 있다. 전통주의 아미시Amish 공동체와 같은 무해한 종교 집단의 일원으로 태어난 사람은 어느 정도의 자유를 누릴 수 있을까? 아미시교도들은 성경의 가르침만을 지향하는 그들의 은둔자적인 농촌 생활이 외부 세계에 의해 깨지지 않도록 모든 일을 공동체 내에서 해결한다. 아미시 마을의 아이들은 그 지역에서 의무교육법이 시행되고 있는데도 학교는 8학년까지만 다닌다. 아이들에게 초등 교육을 시키는 이유는 '아이들이 성경을 읽고 좋은 시민이자 농부가 되는 데' 필요한 소양을 배울 수 있기 때문이라고 한다. 그러나 상급 학교에까지 진학을 시키면 '지식 및 과학적 성취나 개성, 경쟁심, 그리고 세속적인 성공'을 배울 수 있다고 하여 경계한다.

미 대법원은 아미시교도들이 자녀를 8학년 이상까지 학교에 보내는 것을 거부하는 것이 헌법에서 보장하는 '종교의 자유'라는 판결을 내린 바 있다.[22] 물론 마음의 자유에는 공통의 가치관과 판단에 따라 생각하고 생활하는 공동체를 구성 및 유지할 자유도 포함된다. 하지만 당시 이 판결에서 유일한 소수 의견을 냈던 윌리엄 더글러스 William O. Douglas 판사는 선택의 자유가 의미를 가지려면 아이들의 지적 능력을 어느 정도까지는 키워줘야 한다는 관점이 다수 의견에 결여되어 있다고 지적한 바 있다.[23] 의무교육 시스템에 이런 자유의 효과가 있다고 주장하는 것은 너무 낙관적인 이야기다. 하지만 최소한 이 의무교육의 목표가 자유화라는 것은 수긍할 수 있을 것이다.

이와는 대조적으로 보다 현명한 판결을 내린 적도 있다. 여호와의 증인 신도인 아이들에게 '국기에 대한 맹세'를 강요하거나, 모든 아동이 공립학교에 다니도록 강제하는 것은 위헌이라고 판결한 것이나, 8학년을 마치지 못했더라도 독일어를 배울 수 있도록 하려는 부모의 권리를 보장하면서 주 정부 교육 당국에는 기본 교육 과정을 유지하도록 한 판례들이 여기에 해당한다.[24] 이 판례들은, 자유의 정신을 존중하는 체제에서는 인간이 태어날 때부터 사고하고 판단할 수 있는 능력을 갖추지 못했다는 불편한 진실을 받아들여야 한다는 것을 알려주고 있다. 그렇게 본다면, 퀘벡 주의 상황은 아미시 마을과 비슷하지 않을까?

인간의 삶을 억압하고, 좌지우지하는 것은 정부만이 아니다. 아니, 사실 정부는 그렇게 큰 영향력은 발휘하지 못할지도 모른다. 에드먼드 고스Edmund Gosse, 1849~1928는 《아버지와 아들Father and Son》(1907)에서 부모의 억압에서 벗어나려 몸부림쳤던 경험을 생생하고도 섬세하게 그려냈다.[25] 그는 자신의 양친이 지적이고, 학식이 높고, 자녀를 몹시 사랑했다고 표현했다. 그의 아버지와 어머니는 모두 복음주의 종파였던 플리머스 형제Plymouth Brethren 교파의 독실한 신자였다. 어릴 때 어머니를 잃은 고스는 저명한 박물학자이자 영국의 동물상動物相에 대한 과학 서적 집필 작가인 아버지와 함께 영국 남서부로 이주한 후 아버지에게 교육을 받게 된다. 고스는 매우 특이한 어린 시절을 보냈다고 적고 있다. 그의 아버지는 고스를 데리고 바닷가를 거닐며 작은 바다생물들을 관찰하고 잡곤 했다. 무척 행복하고 친밀한 부자지간이었다. 하지만 동시에 그의 아버지는 철저한 성경공부와 자선 방문, 열렬한 기도를 강요했다. 그의 아버지는 아들이 자신의 뒤를 이어 플리머스 형제 교파의 목사가 되어 순박한 시골 사람들의 신앙생활을 이끌어주길 바랐다. 고스는 아버지가 정해준 책 이외에는 읽을 수도 없었다. 모든 소설책은 금지되었고, 아버지는 속세의 모든 일이 악마의 소행이라고 생각했다. 고스가 돈벌이를 위해 런던의 플리머스 형제 교파의 신도 가정에서 생활하게 되자, 그의 아버지는 매일같이 아들의 생활을 억압하고, 정신적으로 괴롭히는 길고 긴 편지를 보내왔다. 고스는 항상 애매모호한 내용의 답장을 보냈고, 그 결과 아버지의 광기어린 '종교 재판'은 날이 갈수록 정도가 심해졌다. 이 악순환은 고스가 아버지와 아버지의 종교에서 독립한다는 격정적인 내용의 편지를 보냄으로써 끝이 났다. 그 후 고스는 아버지가 책도 읽지 못하게 한 분야였던 비평, 시, 전기 등을 발표하여 큰 명성을 떨쳤다. 그는 아버지에 대한 전기도 집필했다.

정부나 국가와는 아무 상관없는 불행한 이야기로 들린다. 고스의 아버지는 위법 행위를 하지도 않았고, 아들에 대한 책임을 회피하지도 않았다. 오히려 그 반대였다. 결론부터 말하자면, 고스의 아버지는 제아무리 강압적인 독재 정권이라 할지라도 개입할 수 있는 여지를 남기지 않은 것이다. 고스의 삶은 일반적으로 자유롭고 진보적인 나라에서도 가정 내의 '압제'가 가능하다는 것을 보여준다. 고스는 스스로 자신을 해방시켰지만, 치열한 투쟁이 없었다면 불가능했을 것이다. 세상의 수많은 아들과 딸, 남편과 아내, 어쩌면 부모들조차도 그 투쟁의 한 발을 내디딜 용기가 부족해 자유를 잃은 채 살아가고 있다. 이 역시도 자유의 한 부분이며, 마음의 자유라고 하는 가장 '확실한' 자유의 불확실성을 보여주는 예이기도 하다. 나는 사실 모든 인간은 가족뿐 아니라 친구, 교사, 타인, 공포의 대상이든 존경의 대상이든 영향력을 행사하는 모든 존재에게서 벗어나기 위한 투쟁 없이는 진정한 자유를 얻을 수 없다고 생각한다. 자유는 정도의 문제다. 그리고 자유와 진리, 이해를 얻기 위한 마음의 투쟁은 결코 끝날 수 없다. 하지만 이렇게 타인과의 관계에서 비롯되는 개인의 투쟁은 국가가 우리를 얽매는 사슬과는 다른 문제다. 만약 고스의 아버지가 자신의 권위를 무력으로 유지하려 했다면 국가는 이 가족의 문제에 개입하여 아들을 보호했을 것이다. 왜냐하면 당시 빅토리아 왕정 시대의 영국은 (비교적) 자유주의 국가였기 때문이다.

에드먼드 고스의 개인적인 투쟁(모든 인간의 개인적인 투쟁)은 국가가 그 개인을 지지할 것인지 아닌지에 대한 맥락 속에서 존재한다. 고스는 아버지로부터 독립을 선언할 수 있고, 마찬가지로 아내는 폭군 같은 남편을 떠날 수 있으며, 헛소문이 들끓는 시골 마을을 떠나 도시의 익명성을 추구할 수 있다. 또 우리는 새로운 책과 새로운 생각을 접할 수 있고, 자유주의 국가는 우리를 지켜줄 것이다. 그러나 이 국가에서 벗어나려면 다른 나라로 이민을 떠나는 길밖에 없다. 바로 이것이 현대 국가를 권력의 독점을 즐기는 체제로 보는 이유이며, 내가 이 가장 내밀한 자유를 국가에 의한 강압과 연계시켜 설명한 이유다.

Chapter  │ 섹스
Sex

사랑이란 두 사람의 환상을 맞바꾸고, 살갗을 맞대는 것에 불과한 일
이다.
　　　　　　　　　　　　—니콜라 샹포르Nicholas Chamfort, 1741~1794

섹스는 모든 문화에서 대중적으로 행해지는 가장 친밀한 행위, 즉 그
자신과 타인의 거리가 가장 가까운(밀착된) 행위다. 동시에 사회성으
로 충만해 있다. 이는 언제나 타인과의 접촉을 수반하며, 최근까지
사회와 인류의 존속은 이 행위에 달렸었다. 섹스와 마음은 여러모로
비슷하다. 모두 의사소통과 밀접한 관계가 있으며, 마음이 언어로 이
루어진 것과 마찬가지로, 우리의 사회성 역시 성행위에 달려 있다.
섹스와 마음은 그 친밀도와 거리감, 동물성에서 차이를 보인다. 가족
과 그 존속에 대한 사회의 관심을 생각하면, 정부가 존재한 순간부터
사람들에게 누구와, 언제, 어떻게 성행위를 가져야 한다고 지시해왔
다는 것은 놀랄 일이 아니다. 하지만 국민은 듣고, 말하고, 생각하는

것을 통제하려는 정부의 시도보다도 이런 강압을 더 큰 자유의 침해라고 느껴왔다.

자유의 소유권은 개인 그 자신에게 있다. 섹스는 앞서 살펴본 자기 소유권의 딜레마나 모호성을 동반하지 않는다. 즉, '선 긋기'가 확실하기 때문이다. 만약 성행위가 합의하에 이루어진다면, 두 사람의 비눗방울은 자기 소유권의 핵심이 더 이상 가까워질 수 없을 만큼의 거리까지 좁혀질 수 있을 것이다. 즉, 사람들의 섹스는 각자의 문제라고 하는 인식이다. 그런데 자유의 적들은 섹스의 이러한 친밀성을 공격하려 한다. 이것이 자기 소유권의 토대에 가깝다고 보기 때문이다. 만약 이 부분에서도 자기 소유권이 신화나 잘못, 위험하고도 불명료한 오류라는 것을 보여줄 수 있다면, 자유에 대한 논쟁에서도 승기를 잡을 수 있기 때문이다. 평등적 자유주의자들이 '자신의 마음을 말하고, 종교 의식을 행하고, 성적 성향에 따라 행동할 권리와, 노동 계약이나 양도세가 없는 소유권 판매에 개입할 권리'를 따로 분리해서 본다는 점을 기억하기 바란다.[1] 만약, '개인의 성적 성향에 따라 행동할 권리'에 대해서조차 확실한 자기 소유권이 보장되지 못한다면 이들 평등주의자는 개인의 부와 경제 행위를 통제해야 한다는 자신의 주장에 당당해도 된다. 성적 자유에 대한 논쟁은 이런 관점에서 이루어질 것이다. 그럼 지금부터 그 주장을 들어보자.

보통 사람들은 이렇게 생각한다. 섹스는 너무나 강력한 동기가 되고, 너무나도 흡인력이 강하기 때문에 한 개인과 사회의 발전에 도움이 되는 다른 관심사나 활동을 저해할 수 있다고 말이다. 물론 청소년기에 접어든 자녀를 둔 부모는 성에 대한 관심이 숙제나 운동, 독

현대의 자유

서, 음악 등 아이의 인생에 도움이 될 수 있는 활동에 엄청난 악영향을 미친다는 것을 알고 있다. 하지만 그렇다고 해서 이를 규제나 차단의 근거로 삼는 것은 사회에 개인에 대한 소유권을 부여하는 것이나 마찬가지다. 세금이나 직업 면허, 행정 지역 분할 등의 문제와는 비교할 수 없을 정도로 심각한 개인의 권리에 대한 침해인 것이다. 성행위와 관련된 사회적 주장을 경제 개념으로 해석하는 것은 사실 우습게 보일 때가 있다. 심오한 내용이 진부하게, 진부한 내용이 심오하게 해석되기 때문이다. 그런데 이 경제 개념으로 보면, 섹스는 경제학자들이 말하는 '여가 활동'의 측면을 가지고 있음을 알 수 있다. 그리고 경제학자들 사이에서는 벌어들인 수입뿐 아니라, 개인이 자신의 능력과 기술을 최대한 활용했을 경우의 수입도 과세 대상으로 삼아야 한다는 주장이 있다. 소비세야말로 공공의 행복에 공헌하는 가장 건전하고 효과적인 방법이라고 주장하는 경제학자들은 여가 활동(성행위를 포함한?)도 소비의 한 형태로 볼 수 있다고 지적한다. 결국, 어떤 사람들은 더 많이 벌어서 명품을 사는 데 쓰고(즉, 더 세금을 많이 내고), 또 어떤 사람은 벌어들인 돈으로 최고급 여행지에서 휴가를 즐기며, 또 어떤 사람은 돈을 조금 버는 만큼 집에서 시간을 보낸다(또는 섹스를 즐긴다).

폴 포트의 논리를 연상시키는 이런 주장을 펼치는 평등주의자는 이제 거의 찾아볼 수 없지만, 섹스와 가족이라는 측면에서 생각해보면 이 주장은 보다 보편적인 울림을 갖는다. 섹스는 혈통과 출산에 직결된다는 점에서 사회의 불평등과 부정을 야기한다고 볼 수도 있기 때문이다. 출산은 실질적으로 부모와 자식 간의 유대를 이어주는 끈이다. 만약 사회보장번호나 우편번호가 할당되듯이, 또는 전쟁 중에 휴가를 받은 장병들이 집에 돌아오듯이 모든 결혼한 가정에 아이들이 지급된다고 상상해보자. 이 '부모'가 자녀의 행복을 자신 또는 사회의 행복보다도 더 중시하는 일을 당연하게 생각하는 분위기는 생겨나지 않을 것이며, '우리 아이'의 개념 자체도 크게 달라질 것이다. 이 가족 간의 육체적 연대감과 혈육에 대한 강력한 호감이야말로 불평등을 낳는 가장 큰 요인이다. 그렇기에 각계각층의 진보주의자들이, 섹스와 출산이라는 육체적 뿌리에 얽매여 있는 가족이야말로 진보적 사회 질서의 구축을 위해 제거되어야 하는 방해물이라고 입을 모으고 있는 것이다.

이 주장에 수긍한다면, 개인에서 섹스, 섹스에서 가족으로 진행되어 가는 과정이야말로 그 출발점의 복잡성을 보여준다고 할 수 있다. 자유를 주장할 권리를 가진 것은 개인이다. 앞서 말했듯이 자유란 각각의 개인성에 의해 성립되는 보편적인 가치이기 때문이다. 그런데 개인성이란 기본적이고 종속적인 육체라는 측면과 인간의 영혼이나 마음과 같은 보이지 않는 작용들을 아우르는 개념이다. 만약 이 종속적인 육체적 요소를 제거할 수 있다면 인간에게는 차별화되고 독립된 무한한 개인성만이 남게 되어, 사고와 선택, 이성과 자유를 향유할 수 있지 않을까? 어쩌면 칸트도 이런 의문을 품었기에, 인간의 자유와 이성을 제외한 모든 정신적인 작용을 제거하고, 외부에서 작용하는 실제적인 요소들, 즉 타율에 대한 인간의 반응을 살펴보는 도덕성 실험을 계획했는지도 모른다.[2] 가족은 이런 급진적인 계획을 추진하는 곳으로는 적합하지 않다. 섹스 역시 마찬가지다. 다른 가치들

현대의 자유

속에서 선택되어 소비될 뿐이다. 이 계획이 비정상적이고 비인간적이었기 때문에, 머피와 네이글 같은 자유주의자들은 이런 결론을 내기 한참 전에 멈추었다. 정의의 개념에 집착하는 자세는 평등주의자들에게서 흔히 볼 수 있다. 평범하고 합리적인 사람들은 의식의 자유와 성적인 자유를 경제적 자유와 구분해서 받아들인다.

그런데 가족과 섹스가 중요한 과제인 것은 평등주의자들만의 이야기가 아니다. 세계의 주요 종교들 역시 섹스를 주된 관심사로 취급한다. 초기 금욕주의적 기독교나 불교의 수행자들은 섹스를 철저하게 금했다. 섹스가 인간의 동물성을 너무나 강렬하게 드러내는 탓에 인간이 신의 사원이라는 개념과 상충(또는 경쟁)했기 때문이다. 만약 개인 한 사람 한 사람이 신들의 사원이라면, 사회는 신의 도시이며, 그 신의 도시를 쌓아올리는 것이야말로 신도들이 해야 할 일이다. 개인은 아름다움의 매력과 순수성, 완벽한 영광과 권력을 가진 이 더 큰 세계의 구성 요소로밖에 그 가치를 인정받지 못한다. 이런 이상들이 꼭 섹스와 모순되는 것은 아니다.[3] 또, 이 이상들이 꼭 종교적일 필요도 없다. 하지만 "개인은 더 큰 가치를 위해 희생해야 한다"고 속박하는 이상은 종교적이다. 섹스가 이런 이상들을 위협하는 요소라고 평가되는 이유는, 섹스의 육체성과 그 순간적인 더러움 때문이다. 섹스를 무사무욕의 의식儀式이라고 칭송하는 초월적인 이상도 있을 것이다. 하지만 이런 이상에서조차 개인은 의식을 집행하는 사제가 아닌 '물질'에 불과하다.

앞서 살펴보았듯이, 평등도 개인의 행복에 우선되는 초월적 가치가 될 수 있다. 평등은 개인적인 성취와 만족의 평등일 수도 있지만,

평등 그 자체가 이 모든 가치보다 우선시될 수도 있다. 만약 사회가 원한다면, 만족감의 하향평준화를 도모하는 것이다. 가족이란, 가족 내의 불평등, 또 가족이든 아니든 간에 남녀 간의 불평등을 낳는 섹스에 의해 창조되고 유지되는 관습이기 때문에 섹스의 규제가 필요하다고 여권주의자들은 주장하곤 한다. 그들은 각 가장에서 대물림되는 계층 간 격차에 주목하기보다는, 모든 계층의 여성과 그들의 생활 전반에 만연된 '복종'에 초점을 맞추고 있다. 그들에게 섹스는 이 남녀 간의 주종 관계의 상징이자, 불평등의 근원이다. 또한 이 복종은 사회 전반에 만연되어 있어 남녀 모두 아예 느끼지 못하는 경우가 대부분이며, 만약 느낀다 해도 태생적이고 필연적이라고 받아들이고 만다. 섹스의 불평등성은 남녀 간의 해부학적인 차이에서 기인하며, 이로 인한 성욕과 성행위에서의 차이가 지배와 복종의 구조를 낳는다. 또한, "섹스는 여성에게 고통과 굴욕을 초래하는 임신과 출산, 양육이라고 하는 결과를 수반한다. 즉 섹스는 여성을 자녀의 양육자이자 남성의 종노릇을 하는 피지배 계층으로 묶어두기 위한 수단으로 이용되어왔다. 그렇기 때문에 섹스의 규제가 필요하다"고 주장하는 여권주의자들에게 섹스는 가족으로 이어지며, 가족은 불평등의 무대이자, 가해자인 것이다.

이런 관점을 주장하는 여권주의자들은 여성의 적이기 때문에 섹스를 규제하는 것은 자신에게 불리하다고 생각할 때 쓸 수 있는 무기를 보유하게 되는 것과 마찬가지라고 생각한다. 또한, 성적 종속은 사회적으로 학습되고 대물림되는 사고라고 믿는 문화도 이 싸움의 무대다. 만약 남성과 여성 모두가 이런 믿음을 버린다면, 여성에 대한 남

현대의 자유

성의 지배력은 약화될 것이고, 이를 무력으로 유지하려 해봤자 오래 갈 수는 없을 것이다. 캐서린 매키넌Catharine McKinnon, 1946~이 여성을 남성의 성적 욕망과 쾌락의 대상이라고 표현하는 글과 영상 등에 반박하는 것도 바로 이 때문이다. "시각적·언어적 침입, 접근, 소유 그리고 이용은 여성에 대한 남성의 육체적·정신적 침입과 접근, 소유, 이용을 야기한다. …… 이는 기술적으로 세련된 여성성의 거래다." [4]

하지만 이런 묘사는 여성이 남성보다 가치가 없기 때문에 남성이 여성을 종속시키고, 이용하고, 학대할 권리가 있다는 믿음을 키운다. 그 목표는 전략적이다. 법률적으로도 성적인 묘사를 사회적 해악이자 더럽다고 해석할 수 있는 만큼, 이러한 섹스 담론의 한 부분에 초점을 맞추는 여권주의자들의 방식에 놀랄 필요는 없다. 하지만 섹스에 대한 이야기나 묘사 자체를 혐오하는 것은 완전히 다른 뿌리에서 비롯된 것이다. 즉, 분노에 의한 것인지, 고상한 척하려는 속물성에 의한 것인지의 차이다(이 앞부분의 논쟁에 대해서는 뒤에서 다시 살펴보겠다).

몇몇 여권주의자들은 남녀 간의 성적 관계(사회적으로 일반화되어 있는)는 절대로 진정한 자유 속에서 이루어질 수 없으며, 결국 언제나 여성의 종속이라는 결과를 낳는다는 너무 극단적인 결론을 내린다.[5] 이 관점을 어떤 주장으로 발전시키려 하는지는 모호하다. 이런 여권주의자들의 기본적인 목표는 남녀에게 공통으로 적용되는 이런 사회 문화적 배경을 바꾸려는 것이라 짐작된다. 이들이 집중하는 문제가 무엇이든 그 목표는 언제나 남녀 간의, 또 가족 구성원 간의 보다 큰 평등이 될 것이다. 설령 이 평등이 남성과 여성이 원하는 대로 그들의 관계를 형성해갈 자유를 제한한다 할지라도 말이다.

매춘을 한번 생각해보자. 대부분의 사회에서는 매춘을 천하게 보며, 이런저런 방법으로 규제하려 한다. 하지만 그 이유는 무엇인가? 성을 매매의 대상으로 삼거나, 사회적으로 허용되는 상대 이외의 사람과 섹스를 하거나, 쾌락을 위해 섹스를 하는 것은 부정하다는 인식 때문이다(물론 매춘의 해악이 상대적으로 크지 않다고 판단되는 경우라면 허용할 것이다). 여권주의자들은 매춘을 금지하길 원하는데, 이 제도가 여성의 몸에 대한 남성의 소유권을 인정한다고 보기 때문이다. 한편에서는 매춘이 결혼보다도 솔직하고 선호할 만한 자연스러운 성의 교환이라고 보는 사람들도 있다. 왜냐하면 여성이 건네주거나 포기한 부분에 대해 정당한 대가를 받기 때문이다. 이런 관점에서 매춘은 임금 노동에, 결혼은 노예 제도에 비유할 수 있다. 그리고 임금 노동자를 노예의 일종으로 보고, 매춘을 특히나 더 확실한 노예 제도의 예라고 보는 경제 이론 아래서 매춘과 결혼은 동일시된다.[6]

여권주의자들은 매춘의 제한이 남녀 간의 불평등을 없앤다는 궁극적인 목표에 방해가 될지, 도움이 될지를 계산하여 남성이 성을 사고, 여성이 성을 팔 수 있는 자유를 제한하려 할 것이다.

그렇다면 사회의 일반적이고 타당한 인식은 무시해도 되는 것일까? 즉, 섹스가 그토록 심오한 개인의 자유 표현이라고 한다면, 자유 의지나 관대함의 정신에 의해서가 아니라 단지 돈과 섹스를 맞바꿈으로써 그 자유의 가치는 추락한다고 볼 수 있지 않을까?

섹스는 자유의 표현이자 의식이지만 매춘은 이를 모독한다. 매춘은 리처드 티트머스가 폐지를 주장했던 '매혈 제도'와 일맥상통한

현대의 자유

다.[7] 티트머스는 돈을 받고 피를 팔게 되면, 타인에게 피를 나누어주는 행위가 상징하는 베풂과 사회적 연대의 정신은 퇴색하고 만다고 주장했다. 피를 매매하는 행위로 인해 베풂과 감사라는 말이 사라지게 되면, 이를 표현할 기회 역시 줄어든다. 헌혈과 섹스와의 유사점은 놀라울 정도다. 티트머스는 헌혈의 피가 훨씬 양질의 피라고 지적한다. 질환이 있거나 이상이 있는데도 굳이 헌혈하려는 기증자는 거의 없기 때문이다.[8]

사회는 매춘뿐 아니라 변태적이고 폭력적인 섹스 행위나 노골적인 성 묘사가 나타난 글 또는 영상(이 경우는 여성의 종속성과는 상관없지만) 역시 규제하길 원한다.

사람들은 광고판이나, 쇼윈도, 신문 광고, 또는 TV에서 원치도 않는 노골적인 성적 묘사를 보는 상황을 피하고 싶어 한다. 소위 '공적인 음란 행위'는 사생활의 침범으로 간주된다. 사람들이 분노하는 이유는 이런 장면들이 품위가 없어서가 아니라, 성적으로 반응할 시기와 장소를 자신이 선택하길 원하기 때문이다. 이런 외설적인 장면들이 문제가 되는 이유는, 반갑지 않은 문서나 모욕적인 말싸움과는 달리, 무시할 수 없을 만큼 시끄러운 소음처럼, 신체 반응을 끌어내기 때문이다.[9]

이런 주장은 지금까지 공공장소에서의 음란 행위뿐 아니라 사적인 성행위까지고 규제하려는 움직임을 정당화하는 데 사용되어 왔다. 예를 들어, 동성 간의 성행위를 직접 보지 않아도, 동성애가 불편하게 느껴질 수 있다. 어떤 사람들은 그런 행위가 어디에선가 이루어지고 있다는 것을 생각하기만 해도 불쾌하다고 주장한다(이 말이 거짓이라고는 생각하지는 않는다). 철학자인 콰메 앤서니 애피아Kwame Anthony Appiah, 1954~는 지혜롭게 지적한다. "동성 간의 성행위를 혐오스럽다고 끊임없이 생각해온 사람이라도 그들(동성애자)을 존중하고 배려하지 않기란 어려운 세상이 되었다는 것을 알 것이다(그리고 우리가 부모님에게 배웠듯이, 그들 역시 남의 성생활에 너무 관심을 갖지 않는 것이 좋다는 것을 알고 있을 것이다).[10] 그러나 뭔가를 생각하지 말라고 하면 더 생각하는 게 사람의 속성이기는 하다. 이런 불편함으로부터 보호해달라는 사람들의 주장은 성행위 중이던 사람이 그 사랑의 절정에서 가장 아름다운 선율을 빼앗기는 일이 없도록 보호해주어야 한다는 주장과는 전혀 다른 것이다. 사람들의 주장은 '나 자신'이나 '내 능력'을 보호해달라는 것이 아니라, '그들 자신'을 보호해달하는 요청이다.

이론에 지배되지 않는 사람들은 이 요청에 공감할 수 있겠지만, 사실 이 주장은 혼란에 기초하고 있다. 일단, "인간은 누구나 자유롭고 평등하며 그렇기에 서로 존중해야 한다"는 자유주의적 이상과 성적 관계가 공존할 수 있다고 인정하기로 하자. 하지만 자유에 대해 논의해온 철학자들은 보통 사람들과 예술 분야가 칭송하는 '성적인 인간관계'라는 것이 정확하게 어떤 개념인지 파악하는 데 어려움을 겪어왔다. 일례로 칸트는 이 성적 관계를 공정하며 '대가 없는 쾌락'의 맞교환 이상의 것은 요구하지 않는 정당성의 문제라고 파악했다.[11] 그러나 그에게도 개인의 도덕성은 좀 더 어려운 문제였다. 도덕성은 인간이 자유롭고 '이성적인' 존재라는 전제 조건 위에서 성립되기 때문이다. 그리고 이 이성은 바로 섹스의 육체성, 즉 성적 열정을 불러일으키는 이유들의 소멸이라는 문제를 야기한다. 만약 누군가가 자신의 이성을 말살시키는 행위에 무아지경으로 빠져 있다면 그 자신과 자신의 이성을 존중하는 사람이라고 할 수 있을까? 칸트가 할 수 있는 것이라고는 단순한 섹스와, 종족의 번식을 위한 이성적인 행위의 차이를 짚어내는 것뿐이었다.[12]

하지만 이런 철학에도 불구하고 이상은 존재한다. 즉, 두 사람 간의 깊은 애정과 신뢰, 감사, 이해에 근거한 상호 간의 육체적 만족의 결합이다. 사랑이란 누군가를 존중하는 마음의 가장 이상적인 형태에 붙여진 이름이다. 섹스의 육체성과 이성적인 독단성이야말로 타인을 이해하고 인식하는 데 중요한 작용을 하는 것이다. 만약 자유가 한 사람으로 하여금 자기 자신의 영역을 고집하고, 이 영역에 정의보다도 우선시할 수 있는 특권을 부여한다면(머피와 네이글과 같은 자유평등주의자들은 이는 각 개인에게 일임해야 할 권리라고 했지만), 사랑이란 자유로운(또는 이기적인) 개인이 타인의 개인성을 병합시키는 과정이라고 할 수 있을 것이다. 섹스는 자발적이고 공정한 쾌락의 교환일수 있지만, 이것이 사랑의 바람직한 모습이라고는 할 수 없다. 만약 평등과 정의에 대한 주장이 내 소유인 마음과 몸까지는 대상으로 하지 않는다면, 정신적 사랑과 육체적 사랑은 이 '영역'의 합체라고 볼수 있을 것이다. 이런 사랑은 가족과 자녀에게도 해당된다. 개인이라는 '영역'의 병합으로 가족의 영역은 확대되기 때문이다. 이런 관점에서 볼 때 부모의 자녀 사랑은 학생들에게 교사가 헌신적으로 대하거나 간호사, 또는 사회 복지사가 헌신적으로 환자를 돌보는 것과는 차이가 있다. 부모의 사랑은 육체적 사랑 그 자체를 유추해볼 때, 보

다 근원적이며 독단적이다.[13]

사랑과 섹스의 이러한 측면은 터무니없이 보이기도 한다. 문학이나 미술, 음악, 그리고 보통 사람들의 경험은 인간의 사랑을 이해하는 데 가장 도움이 되는 분야들이다. 그리고 굳이 이를 부정할 생각은 없다. 하지만 이 매우 강력한 인간성의 측면들이 어떻게 작용을 하는지, 또 내가 전개하고 있는 자유의 이상적인 모습을 저해하지 않는다는 점을 보여주기 위해서는 섹스와 사랑에 대한 몇 가지 이야기를 제시해야 할 것으로 생각된다. 이상적인 섹스와 사랑은 존재하지만, 대부분은 조악한 모조품일 뿐이다. 섹스를 규제하려는 사람들, 특히 자유 민주주의 국가의 규제 당국들은 이 '이상'을 기준으로 하고, 이를 저해하는 성적 표현들을 거부한다. 이상은 진실이다. 그러나 육체적인 측면만을 강조하는 그 모조품들은 혐오스럽다고 부르기에 마땅한 것들이다.[14] 하지만 여전히 이상적인 자유는 더 중요하다. 육체적 사랑 역시 이 이상적인 자유를 구가한다. 자유를 이용하여 이상적인 사랑을 조소하고 변질시키려는 사람들이 있다 하더라도 말이다. 자유란 강요된 규제가 존재하지 않는 상태를 말한다. 개인으로서, 또는 사회로서, 우리는 이 이상에서 동떨어진 섹스를 허용하지 않거나 개탄할 수 있지만, 이를 규제하거나 처벌해서는 안 된다. 진실과 잘못을 고려해야 한다. 그릇된 의견에 동의하지 않거나, 부인하거나, 경멸하고 조롱할 수는 있지만, 이를 금지하거나 처벌해서는 안 된다. 저급한 섹스 문화를 허용하는 것이 모든 성적 환상과 행위에 동일한 도덕적 가치를 부여한다는 뜻은 아니다. 자유의 옹호자들은 이런 섹스 행위와 관계의 특정 부분이 거짓이고, 악하고, 상스럽다고 지적하는 주장들은 섹스를 '이상적인 섹스'를 추구하기 위해 사회의 자유를 침해하는 '오류'라는 점을 기민하게 파악해야 한다.

지금까지 두 가지 주의해야 할 주장에 대해 살펴보았다. 즉, '오늘날 자발적인 섹스란 존재하지 않는다'는 것과, '은밀한 부정 행위가 벌어지고 있다는 생각은 개인의 사생활을 침범한다'는 주장이다. 이 주장들은 성적 자유를 말살하고, '이상적인 모습'이라는 틀에 제한할 가능성을 내포하고 있다. 즉, 자유의 이름을 빌린 '섹스 재판'을 정당화할 수도 있다. 지금 우리가 직면한 것은 '소유권'의 영역 문제를 '섹스'라는 관점으로 확대시킨 논점이다. 그런데 이 주장은 시작도 없고 끝도 없는 일종의 정당화를 제시하고 있다는 점에서 잘못되어 있다.[15]

우선 사생활에 대한 주장부터 보자. 이는 공격을 방어하기만 해서는 어떤 해답도 얻을 수 없다는 주장을 가장 대중적으로 증명한 언어적 수사라는 것을 부인할 사람은 없을 것이다. 다시 마음의 자유에 대해 생각해보자. 마음의 자유를 주장하는 것은 개인의 이해력과 판단력을 전제로 하고 있으며, 또 이러한 개인의 능력이 이 주장의 메리트와 일치한다는 점에서 개인을 칭송하고 있다고도 볼 수 있다. 이는 마음에서 마음으로, 마음의 자유를 주장하는 것에 대해 '나에 대한 공격'이라고 반응하는 것은 "나는 너무 바보거나, 너무 감정적이라 당신이 한 말에 대해 생각할 수가 없다"고 대답하는 것과 마찬가지다. 원하지 않는 일이 일어나고 있다는 '생각' 때문에 불쾌감을 느끼는 사람들은 자신들의 의견을 주장하지 않고, 자신들이 규제하려는 자유의 소유자들을 설득하려는 노력도 하지 않는다. 그들의 언동은 결국 자신이 혐오하는 대상뿐 아니라, 그 자신을 모욕하는 것이다. 왜냐하면, 자신을 불쾌하게 만드는 대상에게 화를 내는 것 이외에는 어떤 반응도 할 수 없을 만큼 사고 능력이 부족하다는 것을 스스로 입증하고 있기 때문이다.[16] 그렇다고 모든 사람이 자신이 혐오하는 광경이나 소리, 냄새를 그저 참고 받아들여야 한다는 이야기는 아니다. 노골적인 성적 묘사를 담은 광고물이나 도를 지나친(기준이 뭘까?) 친밀함을 공공장소에서 연출하는 모습을 보지 않고 거리를 지나가는 것은 확실히 사생활의 영역이며, 공공장소의 이용이라는 측면에서 서로에게 요구할 수 있는 부분이다. 또 이는 외설적인 요소들이 사람들이 벗어나고 싶어 하는 반갑지 않은 감정과 생각들을 야기할 수 있다는 것을 인정하는 것이기도 하다. 그러나 '생각'은 이와는 좀 다르다. 불쾌함의 요인들은 그 자체로 완결된다. 그들은 어느 누구도 믿지 않는다. 이 불쾌감의 희생자들을 괴롭히는 것은 이 행동들이 처벌받지 않고 허용된다는 사실이다. 그러나 처벌받지 않기 때문에 신경이 쓰이는 무언가를 처벌하기 위한 이유를 위한 논쟁은 우스울 정도로 다람쥐 쳇바퀴와 비슷하다.

몇몇 여권주의자들은 섹스란 완전한 자발성에 의해 이루어질 수 없으므로 사람들은 성행위로부터 보호받아야 한다고 주장하는데, 이 주장이야말로 훨씬 더 위협적이고 강력한 힘을 가지고 있다. 자발적으로 이루어진 것처럼 보이는 섹스가 사실은 자유의지에 의한 것이 아닌 경우가 있다는 것은 사실이다. 예를 들어 약물 때문에 정신이 몽롱한 상태라면 상호 합의라 해도 아무런 의미가 없다. 또 상대방의 거짓말이나 속임수에 속아서 섹스에 응하는 경우도 수없이 많다. 이는 판단력이 흐려지거나, 속임수에 속아서 어떤 행동을 하기로 합의를 하는 상황과 그 정도에서 차이가 있을 뿐 본질적으로 같은 이야기다. 위협 역시 쉬운 예라 할 수 있다. 남자가 무력으로 여자를 겁탈하는 것을 강간이라고 하지만, 협박으로 합의를 끌어낸 성행위 역시 강간이다. 그리고 상대방에 대해 어떤 권리도 가지고 있지 않은 사람이 어떤 섹스를 위해 들먹이는 모든 협박은 강간에 적용될 수 있다. 예를 들어 학생이 섹스에 응하지 않으면 학점을 주지 않겠다고 협박을 하는 교사 역시 강간범이다.[17] 그러나 문제가 복잡해지는 것은, 이 강간범에게 권리가 발생하는 경우다. 여성에게 섹스의 대가로 돈을 주는 남자가 바로 여기에 해당된다. 만약 여자가 이 남자에게 돈의 대가로 섹스를 제공한다면 이를 '합의'로 볼 수 있는가? 자발적인 섹스란, 두 사람이 육체적 욕망(같은 정도의?)에 이끌려 이루어졌을 때만 붙일 수 있는 이름인가? 물론 이렇게 된다면 더할 나위 없이 멋진 일이지만 이런 상황이라도 자발적인 합의라고 보장할 수는 없으며, '서로의 갈망'이 섹스의 유일한 동기라고도 할 수 없다. 사람들은 때로 동정심이나 호기심, 또는 지루함 때문에 섹스에 응하기 때문이다. 이렇게 불편한 의심들은, 섹스가 교환될 때의 판단을 하는 사람이 처한 상황이 불평등하다면, 그 교환의 질 역시 불평등해진다는 일반적인 우려들을 대변하는 것들이다.

이 우려에 대응하는 방법은 두 가지다. 불평등을 제거하거나, 교환을 금지하는 것이다. 경제적 계층이나 집단(예를 들면 남자와 여자, 청년과 장년, 장애인과 비장애인) 또는 일반적인 사회적 평등 제도가 적용될 수 없는 이례적인 위급 상황에서 발생할 수 있는 각 개인 간의 불평등을 없애는 것은 힘들고 오랜 시간이 걸리는 과제다.

평등으로의 길은 길고도 험난할 뿐 아니라, 자유에 대한 갈망이라는 장벽이 최종 목표까지의 길을 가로막곤 한다. 하지만 이 길에서 우리는 무엇을 하는가? 아이를 굶기지 않기 위해 매춘에 나서는 여성이 있다. 어떤 유명 잡지에 실리려는 야망 때문에 부유하고 성공한 모델이 잡지사주나 광고주에게 몸을 준다. 또는 마약을 하다가 경찰에 적발된 모델이 자신을 체포하려는 경찰에게 몸을 준다. 또 사고 싶은 명품을 살 돈을 쉽게 벌 수 있는 유일한 방법이라는 이유로 고급 콜걸이 된 여성도 있다. 이 각기 다른 예 중 유일하게 첫 번째 예만은 사회 제도가 원인이며 그런 만큼 제도적인 해결책이 요구된다.

이 어머니의 경우는 우리의 사회 시스템이 어머니와 자녀를 제대로 보호해주지 못한다는 사실을 입증한다. 이는 부끄러운 일이다. 한 어머니가 자녀를 굶기지 않으려고 몸을 팔 수밖에 없는 상황을 방치하는 것은 범죄이며, 우리 모두가 공범인 것이다. 이것이 어째서 범죄인지 설명해보자. 이 어머니의 몸을 산 남자는 악인이다. 만약 그녀의 괴로움에 마음이 아팠다면 이를 이용하는 것이 아니라 그 괴로움을 풀어주려 했을 것이다. 또 경찰은 협박자다. 그는 국가에게 부여받은 권한을 사욕을 채우기 위해 쓰고 있다. 모델의 클라이언트가 잡지의 사주가 아니라 잡지의 사진 촬영과 편집 권한을 일임 받은 직원이라면, 그 역시 경찰관과 마찬가지로 사욕을 위해 권한을 남용하는 것이다. 또 만약 그가 사주라면, 모델의 약점을 이용한다는 점에서 매춘부의 고객과 같다고 볼 수 있다. 이 경우 섹스는 상스러운 교환의 행위로 전락하며, 이는 인간의 '이상'을 조롱하는 것이라고 생각하는 사람이 대부분일 것이다. 하지만 그렇다고 해서 그들을 범죄자

취급하여 처벌하거나, 이를 금지시켜야 하는가? 이런 행위들이 우리에게 어떤 피해를 주는가? 물론 그 '개념 자체'로 피해를 준다고 할 수도 있겠지만, 자유에 대한 올바른 인식이 있다면 이런 사고는 하지 않을 것이다. 이 행위들이 우리를 불편하게 하는 만큼 우리로 하여금 어떤 인간관계가 바른 것이며, 또 어떤 행위들이 인간관계를 변질시키는가를 알려준다.

사회주의 학자인 마이클 샌델Michael Sandel, 1953-은 성의 상업화는 모든 것을 가치가 아닌 돈으로만 환산하는 사회를 상징한다는 장문의 사회 비평을 발표한 바 있다. 콜걸과 모델은 보다 본질적인 가치가 있는 성을 상품처럼 취급한다. 자신의 몸을 대리모로 빌려주거나, 자신의 투표권을 파는 시민도 마찬가지다. 샌델을 비롯한 많은 학자는 공식적으로나 비공식적으로나 돈으로 환산하여 시장에서 거래되면 '더럽혀지고 마는' 소중한 가치들이 있다고 주장한다.[18] 그는 명예 학위와 우정을 예로 들었다. 이를 돈으로 사면 원래의 가치가 사라지고 만다는 것이다. 돈을 주고 산 '친구'는 잘해봐야 친구 역할을 해주는 연기자에 불과하다. 같은 맥락에서 콜걸과 모델은 연인의 역할을 연기하는 것이라고 할 수 있을지 모른다. 샌델 말이 맞다. 하지만 여기에서 무엇을 도출할 것인가? 사람들이 원하는 게 이런 것이라면, 우리는 자유의 정신으로 이 문제를 공론화하여 비난할 수 있다. 그리고 정부는 매춘 인증서라든지, 허가서를 발급하거나, 매춘 계약서를 체결하도록 강요하는 등의 방법으로 이를 승인할 필요는 없다. 하지만 자유의 정신은 그와 동시에 이들을 범죄자로 만들어서는 안 된다고 알려준다.[19]

그러나 유아 매매나 대리모, 투표권 매매는 어떻게 봐야 할까? 정부가 이를 범법 행위로 규정할 수는 있다. 물론 그렇지만 샌델의 이론에 따르면, 거래는 그 가치를 변질시킨다. 유아 매매가 문제가 되는 것은 부모와 부모로서의 책임감을 상품화했기 때문이 아니라 아기를 상품으로 취급했기 때문이며, 더구나 그 거래에서 아기는 어떤 발언권도 갖지 못하기 때문이다. 생물학적 부모가 반드시 최고의 부모라는 법은 없지만, 자신이 낳은 아이라는 것은 아이의 행복에 책임을 지고, 기본적인 보호자가 되는 이유가 된다. 그러나 반면 아기를 사고파는 사람들이 아이의 행복을 진심으로 바랄 이유는 거의 없다. 이는 투표권 매매도 마찬가지인데, 자신의 것이 아닌 것을 팔아 돈을 챙기는 사람들이 위탁물을 멋대로 처분하는 것과 비슷하다. 나 역시 투표권과 아기를 동일시하는 샌델의 생각에 동의한다. 투표권을 판다는 것은 일종의 횡령 또는 신탁 의무의 위반이다. 그러나 사랑이나 열정 때문이 아닌 다른 이유로 섹스를 하는 것까지 위탁물 횡령으로 보는 것은 지나친 감이 있다. 만약 그렇다면 재능이나 더 일을 열심히 하려는 의지, 심지어는 혈액까지도 내게 그저 위탁된 공공재이고, 내가 자유롭게 팔거나 쓸 수 없다고 할 수도 있지 않은가? 그리고 이 모든 것은 정부가 우리에게 맡겨놓은 것이라고 할 수 있다. 그렇다면 자유는 존재할 수 없다.

동성애에 대한 이 논의는 명확한 결론을 조금 회피하는 듯이 보일지도 모른다. 자유의 정신이 성인의 합의에 의한 것이라면 동성 간의 성행위를 박해하거나 비난할 수 없다고 본다. 하지만 이상적인 육체적 사랑(또는 이상적인 관계)과 섹스 행위에 대한 정당화된 혐오,

그리고 만남의 그물망에 대한 이야기는 동성애를 이해하는 데 참고가 될 수 있을 것이다. 킨제이Alfred Kinsey, 1894~1956는 남성의 약 10퍼센트가 동성 간의 섹스를 경험한 바 있다고 추정했다. 반면 동성애자는 매우 드물며, 뚜렷한 동성애적 성향을 보이는 사람은 전 인구의 3~4퍼센트에 불과하다고 주장하는 학자들도 있다. 또한, 성적 성향은 유전적 요인 때문이든 초기 발달기의 영향이든 간에 타고난 생물학적 특징이라는 인식이 널리 확산되고 있다. 섹스 자체가 이성이 아닌 생물학적 문제이기 때문에 남녀 간의 사랑과 마찬가지로 동성애자 간의 성적 표현을 방해하는 행동은 정당화될 수 없다는 분위기가 일반화되어가고 있다. 또한, 동성애자들이 형성하는 관계는 남녀 간의 관계와 마찬가지로 사랑과 친밀감을 키워갈 수 있는 잠재 능력을 가지고 있다.

문제가 복잡해지는 것은 이 때문이다. 만약 동성애자와 이성애자의 성적 성향이 그토록 다르다면, 동성애자가 서로에게 매력을 느끼고 연인이 되는 과정은 이성애자에게는 상당히 이상하게 느껴진다는 것은 충분히 이해할 수 있다. 콰메 애피아는 마르쿠스 마르티알리스Marcus Valerius Martialis, 40?~104?의 경구를 인용해서 이렇게 말했다. "인간의 어떤 점도 내게는 낯설지 않다Nihil humanum mihi alienum est."[20] 하지만 상당히 드문 성적 성향을 추측하기란, 한 번도 본 적 없는 색깔을 상상해보는 것만큼 어려울 듯하다. 그렇지만, 우리가 동성애자들의 자유와 인격을 존중하고자 한다면, 이런 도덕적 노력이 필요하다. 이 노력이 싫다면 그들의 인격을 부정하면 되지만, 그 대상이 우리의 형제·자매인 '인간'이라는 점을 생각하면, 이는 매우 끔찍한 일이다.

그들을 이해하려는 노력은 할 수 있으며, 이는 그저 동성애자들이 이성애자들과 마찬가지로 성적 욕구가 있고, 이 욕구가 그들의 정신 속에 자리하고 있다는 것을 알기 위한 것이다. 좀 더 확실하게 말하자면, 이런 노력을 통해 이성애자들은 동성 간의 섹스를 육체적인 구체성과 결부시키지 않고 일반적인 '섹스'의 개념으로 볼 수 있게 된다. 그러나 뭐니 뭐니 해도 가장 좋은 것은 애피아가 말했듯이, 남의 침대 속에서 일어나는 일을 너무 자세히 알려고 하지 않는 것이다.

성인 동성애자들 간의 섹스 행위를 이유로 이들을 처벌하는 것은 자유에 대한 심각하고도 명백하며 잔인한 침해다. 최근에 와서야 미 대법원도 늦게나마 이를 처음으로 인정했다.[21] 정부는 이들의 삶을 간섭해서는 안 되지만, 전 세계적으로 모든 정부는 동성애 문제에 개입하고 있다. 만약 동성애 문제에 간섭하지 않는 정부가 있다면, 그곳이야말로 진정한 자유로운 사회라는 증거가 될 것이다. 이런 점에서 동성 결혼이란 머리 아픈 문제에 대해서는 어떤 결론을 내릴 수 있을까? 내 생각에는 이는 자유가 아니라 평등의 문제다. 만약 정부가 동성애자들을 침대 속 문제로 차별하지 않는다면, 굳이 자유의 이름으로 동성연애를 칭송하고, 제도화하려는 움직임은 사라질 것으로 생각한다. 삶의 방식이 혐오스럽게 느껴지는 사람의 결혼식(또는 장례식)에는 참석하지 않아도 된다(물론 그로 인해 자신의 정신적 보수성이 드러나게 되겠지만). 소유물과 물질적인 재산에 대한 동성 파트너의 권한을 인정하는 동성 결합Civil Union과는 달리, 동성 결혼은 합법적으로 사회의 승인을 받고 축복받고자 하는 행사다. 그리고 사람들이 동성 커플에게도 이성 커플과 마찬가지로 축복을 해주려는 마음이 있다 해도, 이를 법적으로 강제하는 것에 대해서는 반대한다. 사회가 동성애자에 대해 어떻게 생각하든지 간에 이들이 핍박받고 고소당하지 않도록 자유의 이름으로 보호해주는 것과, 결혼을 제도화하라는 요구에는 차이가 있다. 동성 결혼의 제도화는 오로지 사회 구성원들의 투표에 의해서만 이루어져야 하며, 만약 다수가 찬성했다면 반대론자들은 자유의 이름을 빌리더라도 더 이상 이에 반대할 권리를 갖지 못한다.

여기서 보다 구체적인 문제들을 생각해볼 필요가 있다. 동성 결합으로 얻어지는 지위는 무엇이며, 이를 누리는 것은 누구인가? 입양이나 그 외의 자녀와의 관계는 어떻게 할 것인가? 그리고 무엇보다도, 만약 동성 결혼을 인정하지 않는다면, 이는 자유 때문인가 평등 때문인가?

몇 년 전 의사이자 철학자이며 대통령 고문이기도 한 레온 카스 Leon Kass, 1939~ 박사가 저명한 과학자, 철학자, 법학 교수, 인문학자들 앞에서 인간 복제에 대해 강연을 하는 것을 들었다.[22] 카스 박사는 그가 고문을 맡고 있는 위원회의 멤버들과 마찬가지로, 인간 복제와 그와 관련된 줄기세포 연구 등을 거세게 비난했다. 또 그보다 전에는 인간 복제뿐 아니라 체외수정(시험관 아기) 시술에도 반대한다는 글을 발표한 적도 있다. 강연에서 카스 박사는 인간 복제는 섹스와 재생산의 링크를 끊어버리기 때문에 이에 찬성할 수 없다고 밝혔다. 섹스에는 죽음의 그림자와 새로운 생명의 가능성이 혼재되어 있다. 이는 현재로서 우리가 유한한 존재라는 문제의 해결책으로 생각할 수 있는 변증법적 가설이다. 쾌락과 사랑의 성적 결합으로 태어나는 아이는 그 자신에게 생명을 준 커플에게 기쁨과 당황을 안겨준다. 아기는 부모에게 예기치 못한 새로운 길을 알려주며, 부모는 그 때문에 더욱 아기를 사랑한다. 아기는 부모의 살과 피로 만들어졌지만, 부모와는 분리된 별개의 존재다. 반면 인간 복제는 섹스와 아기의 연결을 훼손할 뿐 아니라, 임신과 출산에 수반되는 놀라움과 의외성, 예기치 못한 신기함까지도 말살시킨다. 복제된 아기는 생산된 제품이라고도 할 수 있다. 정교한 기술로 만들어진 부모의 복제품인 것이다. 부모는 그 자신의 일란성 쌍둥이를 뒤늦게 만들고 있는 것이다.

카스 박사는 비유에 비유를 거듭하며 그 주장을 펼쳤다. 그는 매우 감정적이었고, 그 상황에 몰입해 있었다. 강연이 끝나갈 무렵 그는 갤웨이 킨넬Galway Kinnell, 1927~의 시를 소개했다. 이 시는 킨넬과 그의 아내가 사랑의 행위 중에 내는 소리에 잠이 깬 어린 아들이 잠에 취한 채 부모의 침실로 걸어 들어와 침대 속에 파고들었을 때 그 부모가 느낀 무한하고 깊은 기쁨을 노래한 것이었다.[23] 그는 여기서 멈췄어야 했다. 하지만 그는 에로스와 노력이라는 단어의 어원이 일맥상통한다는 이야기를 꺼내며 인간 복제가 모든 인간적 노력의 의미를 퇴색시킬 수 있다는 주장을 암시했다.

이 애매모호하고 시적인 표현 뒤에 숨어 있는 의도를 알아차린 청중은 분노했다. 그들은 카스 박사의 논점은 인간 복제가 아닌 체외수정에 반대하기 위한 것이라고 지적했다. 카스 박사는 말을 잇지 못했다. 청중은 입양에 대한 그의 생각을 묻기도 했다. 카스 박사의 논리대로라면 입양된 아이들은 가짜 부모가 열등한 방식으로 주는 사랑밖에 받지 못하니, 열등한 아이들이냐는 질문이었다. 카스 박사는 횡설수설하며 대답을 하긴 했지만, 청중을 납득시키진 못했다. 또 만약 스스로를 가족이라고 생각하며 아이를 키우는 동성애자 커플은 두 배로 거짓되냐는 질문을 던진 사람도 있었다. 그리고 마지막으로 미국 문학을 가르친다는 한 교사는 "전 세계의 개도국에서는 대부분의 사람들이 아이를 하나나 둘, 또는 아예 낳지 않는 선택을 하는데, 이는 어떻게 설명할 수 있느냐"고 물었다. 정말로 카스 박사는 한두 가지 예외적인 사례만 가지고 대부분 사람들의 성생활을 거짓되고 열등한 행위라고 선언하려 했던 것일까? 번식과 섹스의 상관관계를 훼손하는 인간 복제에 반대한다고 주장하던 카스 박사는 섹스와 번식의 상관관계까지 설명해야 하는 지경에 처했다. 그가 말하고 싶었던 것이 정말 이것이었을까? 카스 박사는 답하지 못했다.

나는 이 전말을 당혹감과 분노, 혼란과 동정심이 뒤섞인 마음으로 지켜보았다. 마치 모든 것을 다 내보인 사람을 보는 것 같았다. 어째서 카스 박사의 주장은 이토록 부적절하고, 잘못된 것일까? 내가 내린 결론은 이렇다. 그가 말한 내용이 만약 어떤 남녀가 의술의 힘을 빌려 아이를 가질 것인가 말 것인가 이야기를 하는 상황이었다면, 또는 부모나 친한 친구, 어쩌면 목사나 신부가 그런 방법으로 아이를 갖지 말라고 충고하는 상황이었다면 아무 문제없었을 것이다. 그러나 카스 박사는 대통령의 고문 자격으로 정부의 권한과 경찰 조직, 또는 검사와 판사, 배심원 어쩌면 형무소까지 동원하여 법제화를 요구하기 위해 이런 주장을 펼쳤던 것이다. 그렇기 때문에 그의 주장에 모든 청중이 반감을 가진 것이 아닐까 싶다.

Chapter **6** | 자유의 고찰
Back to Work

자유는 우리가 가진 권리로 표현된다. 즉, 정부가 보호해줘야 할 서로에 대한 권리와 정부가 존중해야 할 정부에 대한 개인의 권리가 그것이다. 이런 관점에서 볼 때 현대적 국가 정부는 없어서는 안 될 자유의 친구인 동시에 궁극적인 위협이다. 하지만 권리가 정부에 의해 정의되기 때문에 정부에 대한 권리나 정부가 반드시 보호해야 할 권리가 있다는 생각은 터무니없다는 주장도 있다. 그리고 만약 권리가 이렇게 해석된다면, 이 전제에 오류가 없는 한, 자유 역시 정부로부터 자유로울 수 없다. 만약 우리에게 정부가 인정해야 할 전정치적인 권리, 즉 정부가 정의하기 이전부터 존재하는 권리가 있고, 그러므로 자유가 있다고 한다면 이는 마치 지렛대를 든 아르키메데스처럼, 우리에게는 딛고 설 권리라는 땅과, 세상을 움직일 자유의 지렛대가 있는 것이다. 이를 전통적인 언어로 설명하자면, 우리가 자연적·전정치적인 권리를 가지지 못한다면 자유는 보장되지 않는다. 앞서 설명한 예들은 마음의 자유야말로 정부가 인정해야 하는 자연적인 권리이며, 성적 표현의 자유는 또 다른 이야기임을 설명하기 위한 것이었다. 만약 최소한 이런 자유에 대한 주장이 다가 아니라고 생각한다면, 재산권, 일반적으로 경제적 자유는 모두 국가의 창조물이며, 우리는 정부가 정의하고 그 목적에 의해 인정하는 자유만을 가질 수 있다고 하는 주장은 너무 성급한 결론이라고 할 수 있다. 결국, 머피와 네이글도 이렇게 인정했다.

> 최소한의 경제적 자유는 자유주의 시스템에 반드시 필요하다. 여기서 말하는 최소한의 경제적 자유란, 개인이 자신의 임의대로 사용할 수 있는 재산권을 갖는 자유를 의미한다. 그런데 문제가 되는 것은 시장 경제를 움직이는 중요한 경제 활동에 영향을 미치는 방해물이나 상황과 관련이 있는 자유 역시 각 개인이 평생에 걸쳐 유지해야 하는 인간으로서의 기본적인 권리에 속하는지 여부다.

그리고 머피와 네이글은 섹스와 관련해 '개인의 마음을 말하고, 종교 의식을 행하고, 성적 성향에 따라 행동할 자유'를 언급했다.[1]

이런 예를 들어보자. 유명한 체스 기사가 터무니없이 비싼 대전료를 받으며 게임을 해 큰돈을 벌고 있다고 하자. 이 경우 정부가 개입할 수 있는 방법으로는 어떤 것들이 있을까? 우선 정부는 아예 체스 게임을 금지해버릴 수 있다. 또는 프로 체스를 금지할 수도 있으며, 아니면 프로 체스를 허용하되, 대전료를 정해놓을 수도 있다. 혹은 프로 체스를 하려면 정부 당국에 등록한 후, 월급을 받으며 정부가 정해준 대전 상대와 대전을 하도록 하는 제도를 만들 수도 있을 것이다. 정부가 대전 상대를 선택하는 기준도 매우 다양할 수 있다. 예를 들어, 이 프로 체스 기사와의 대전 경험을 가장 효과적으로 활용할 수 있을 것으로 판단되는 사람이나, 국가에 어떤 공로를 세운 사람을 뽑을 수도 있을 것이고, 추첨 방식이나 선착순으로 대전 상대를 정할 수도 있을 것이다. 아니면 이 체스 게임 자체를 경매에 붙여 그 수익금을 정부가 챙기는 방식도 가능할 것이다. 그럼 이제 이 체스 게임에 섹스를 대입해보자. '개인의 성적 성향에 따라 행동할' 자연적이고 전정치적인 권리를 승인하는 것이 어째서 자기 소유권을 인정한다는 의미가 되는지 이해가 될 것이다.

체스는 성적인 접촉과 같은 친밀감이 결여되어 있기 때문에 똑같이 놓고 볼 수 없다고 생각하는 사람도 있을 것이다. 하지만 이 차이는 그리 중요하지 않다. 물론 체스 게임은 샹포르가 말한 것처럼 '두 살갗의 접촉contact de deux epidermes'은 아니지만 순수하게 정신적인 관계라는 점에서 더 농밀하다고 볼 수도 있다. 또 '두 개의 환상의 교환echange de deux fantaisies'은 아니지만, 체스 말들은 단지 상징에 불과할 뿐, 숙련된 체스 기사들은 이 말들이 없어도 아무런 불편 없이 체스를 둘 수 있다(보수를 받고 1시간 반 동안 재치 넘치는 대화를 이끌어내는 '전문 대화 상대'를 상상해보면 된다). 돈을 받는다는 것이 개인의 사생활에 대한 권리를 약화시키는 것일까? 즉, '대가'를 받게 되면, 개인의 성행위에 대한 정부의 규제가 타당성을 가지게 되는 것일까? 만약 그렇다면 매춘부가 사랑의 행위에 대한 보수로 받는 통화뿐 아니라 물질적인 교환권을 포함한 모든 수익을 정부가 규제할 수 있다는 것을 의미하는가? 그리고 이 주장은 연예인, 스포츠 선수(로버트 노직은 전설적인 프로 농구 선수인 월트 체임벌린Wilt Chamberlain, 1936~을 예로 들었다), 장인, 공장 노동자, 그리고 이들을 고용하고 관리하며 이들이 생산한 상품을 교환하고 파는 모든 사람에까지 확대될 수 있다.[2] 이것이 바로 앞에서 설명했듯이, 자유로운 개인에 의해 파생되는 복잡하고 확장된 거래의 그물이다. 그러나 개인의 사생활에 대한 권리를 거부 또는 허용하는 요소는 무엇인지가 우선 중요하다. 만약 마음이라고 한다면 어째서 섹스는 아닌 것인가? 또 만약 섹스라면 어째서 작용하지 않는 것일까? 이 시장은 타인과 관련을 맺으려는 한 개인의 모험과, 그와 관련을 맺고자 모험을 하는 사람들의 상호 작용에 의해 형성된다.

그렇다면, 이러한 사실이 모든 경제와 납세, 재산에 대한 규제에 국가가 개입하는 것은 생각을 통제하고, 침실을 침입하는 것과 마찬가지로 자유를 침해하는 것이라는 자유주의자들의 주장을 뒷받침하는 논거가 될 수 있을까? 앞서 살펴본 바와 같이 재산이라는 개념은 자유주의자들에게는 골치 아픈 문제다. 바다에 쏟아부은 토마토 주스 한 캔의 예를 떠올리기 바란다. 앞으로 마지막 두 장을 할애하여 재산권의 대척점에 있는 마음과 섹스라는 관점에서 다시 이 문제에 대해 생각해보고자 한다. 양쪽 관점에서 접근할 때 특히 상충되는 부분은 '노동'에 대한 문제다. 노직은 수입의 39퍼센트를 세금으로 납부하는 사람은 39퍼센트 정도 국가의 노예이며, 노예는 자유에 대한 가장 첨예한 공격이라고 썼다.[3] 자유의 도덕적 권리에 의해 정의되고, 자유의 수호자인 헌법이 보호해주는 경계선, 즉 '최소한의 경제적 자유'와 '국가가 과세하고 규제해야 할 중요한 경제 활동'을 구분하는 경계선은 어디란 것인가?

앞서 소개한 논의들은 재산에 대해 보다 설득력 있는 비유를 제시하고 있다. 앞에서 제러미 월드론이 거론한 '노숙자'의 사례는 누군가의 재산을 인정하는 것은 그 외의 사람들의 재산을 제한한다는 것을 보여준다. 그런데 섹스는 다르지 않나? 자신이 주고 싶은 사람에게 자신의 몸을 주는 것이니(또는 누구에게도 주지 않는 경우도 있을 것이다), 남의 권리나 재산을 침해하지는 않는다고 생각할지도 모른다. 하지만 꼭 그렇지만도 않다. 만약 개인의 몸을 하나의 자원이라고 본다면 어느 한 사람과만 육체 관계를 맺는다는 것은, 자동차나 농장을 어느 한 사람에게만 주는 것과 마찬가지라 할 수 있다. 마음과 자동차를 똑같은 소유물로 취급해서는 안 된다고 한다면, 그 차이는 어디에 있는가? 몸과 마음에 경계선을 둘러치지 않고서는 자기 소유권이라는 개념을 고수할 수 없는 것일까? 그 경계선 밖의 내 소유물들은 그냥 내버려둔 채로? 하지만 이 경계선이 증명할 수 있는 자유는, 너무 제한되거나, 혹은 너무 광대하다. 나의 소유물이 오직 내 마음과 신체로 한정된다고 한다면, 내 소유가 아닌 바깥세상으로 나가 교류하고, 체스 게임이나 섹스를 즐길 상대방을 만날 자유는 보장되지 않는다. 또 이 경계선은 내 몸과 마음을 사용하여 돈을 벌거나, 물질적인 대가를 위해 교환할 수 있는 권리를 내게 부여한다. 그리고 이는 내 경계선 바깥에 나의 소유물이 존재함을 의미한다. 다시 새 출발을 해야 한다.

재산권은 자유를 저해한다. 누군가의 자유를 보장하는 것은 그 외의 누군가의 자유를 제한하기 때문이다. 그리고 재산권은 개인의 자유를 보장함으로써 발생한다. 재산이 적거나 아예 없는 사람들은 심신의 고통을 받기 쉽다. 그들은 모욕을 당하기 쉽고, 의존적이며 자유가 규범으로서 발현되는 개인성을 향유할 진정한 기회를 갖지 못한다. 이 책의 독자들은 이웃의 이런 고통을 무시하는 주장들에는 귀를 기울여서는 안 된다. 타인의 고통에 무관심하다는 것은 그 사람의 됨됨이, 그리고 그 자신을 어떻게 생각하는지를 말해주기 때문이다.[4] 이는 도움이 필요한 이웃을 보고도 못 본 척해서는 안 된다는 질타의 의미도 있지만, 우리 역시 언제 그런 처지가 될지 모른다는 의미다.[5] 이런 무관심은 영혼의 타고난 기질을 보여준다. 마치 사자에게 잡혀 먹힐 위기에 놓인 영양을 바라보듯이 타인이 고통을 당하건 말건 나와는 상관없다고 생각하며, 소금이 물에 녹아버리듯 '세상만사가 원래 그런 것'이라며 어떤 의미도 부여하지 않는 태도다. 만약 이것이 우리가 가르치는 교훈이자 키워야 할 사고방식이라면, 우리는 인간이라는 이름뿐 아니라, 남을 불쌍히 여기는 마음과 인간적 기쁨을 느끼는 능력까지도 잃게 될 것이다. 착한 사마리아인은 길에서 강도를 만나 크게 다친 사람을 도와준 이웃일 뿐 아니라 그 자신에게도 착한 이웃, 즉 선한 사회 구성원이 되는 것이다.

그런데 많은 재산을 가진 부자들의 경우, 그 재산을 모은 것이 오로지 자신의 노력과 능력 때문이라고 만은 볼 수 없다. 공통된 인간 자원과 교류되는 지식과 경험 덕분이라고 생각할 수 있지만, 이는 너무나 광범위하기 때문에 재산에 대한 어떤 영향력을 주장할 수는 없다. 또한 인간 공통의 인간성을 강화하는 동시에 개인의 성취물에 대한 자부심을 완화시킨다는 주장은 한계가 있다. 오히려 이 빚은 보다

현대의 자유

특정적이고 요구하는 것이 많다. 공동 할당량과 공공재를 유지하기 위한 납세의 의무다. 이는 구체적이고 특정한 공공재들, 즉 법원이나 경찰, 국가 방어, 도로, 공원들을 말한다. 또 고학력 주민들이 주는 도움이라든가, 전염성 질환의 박멸처럼 보다 일반적인 공공재도 있을 것이다. 누구나 될 수 있으면 비참한 상황을 접하지 않도록 해야 한다. 만연한 비참함은 우리의 감각을 마비시킨다. 수많은 남성과 여성, 아이들이 비바람을 피할 판잣집조차 마련하지 못한 채 발목까지 잠기는 진흙탕 속에서 음식을 만들어 먹고, 씻고, 잠을 자며 생활하는 인도 콜카타Kolkata의 거리를 떠올려보기 바란다. 문맹이고 무지하여 인간의 삶을 영위하고 사회를 꾸려나가는 데 필요한 기본적인 가르침조차도 얻지 못한 채 살아가는 이들의 삶은 사회 제도마저도 변질시킨다.

사회 구성원들의 생각과 노력을 끌어낼 수 있는 안정적인 제도가 정비되지 않은 사회는 번영할 수 없다. 즉, 재산의 이전移轉과 교환에 대한 권리를 행사할 수 있고, 재산을 보호하고 계약의 준수를 강제할 수 있는 투명하고 믿을 만한 제도들로 안정적인 권리(재산권 등)를 보장하지 않으면, 사회의 발전은 기대할 수 없는 것이다. 그리고 이 모든 것은 공동체의 구성원 간의 신뢰와 상호 존중 없이는 불가능하다. 공동체 안에서 서로를 방해물이 아닌 인재라고 받아들여 함께 일하고, 거래하고 상호의 권위를 인정하려면 신뢰가 기본적으로 필요하다. 그리고 신뢰는 존중을 낳고, 상대를 존중하기에 신뢰할 수 있는 것이다. 심각한 불평등은 신뢰와 존중의 관계와는 공존할 수 없다. 같은 인간임을 느끼지 못할 정도로 완전히 다른 세상(콜카타의 사람들을 떠올려보자)에서 살아가는 사람들이 하나의 공동체 속에서 생활하고 있다면 그 사회 구성원들 사이에 신뢰가 존재할 수 없기 때문이다. 마찬가지로 공무원들이 굶주리고, 자신의 생각을 말할 자유도 없고, 누더기를 걸친 사람들을 대하는 태도는 힘 있는 사람들에 대한 태도와는 상당히 다를 것이다. 그러나 사회의 발전을 가로막는 것은 이런 불평등이 아니다. 우리가 만약 평등을 누린다 하더라도 서로를 신뢰하고 존중하지 않는다면 사회의 번영이나 행복은 기대할 수 없다.[6] 사회의 발전을 가로막는 것은 신뢰와 존중의 관계에 수반되는 불평등성의 파괴다. 예를 들어 정의는 법 앞의 평등을 요구한다. 상당한 보수를 받는 판사(또는 경찰관)가 부자든 가난한 사람이든 공정한 판결을 내릴 것으로 기대하는 것은 합당한 일이다. 부자가 판사보다 훨씬 더 수익이 높고, 가난한 사람은 적지만 말이다. 사법 제도에서 판사는 '부자든 가난하든 평등한 정의를 행사하겠다'고 서약을 한다. 이는 어느 한쪽에 굽실거리거나, 거들먹거리지 않는 것, 또 공포나 두려움 때문에, 또는 동정심 때문에 어느 한쪽에 유리한 판결을 내리지 않겠다는 서약이다. 그러나 판사가 심각한 경제적 어려움에 처해 있는(혹은 부유한) 사람들을 너무 자주 접하게 되면 이런 공정함을 기대하는 것은 어려워진다.

이 주장은 공공재는 모든 사회 구성원에 의해 사용될 수 있어야 하며, 유지 비용은 이 공공재의 가치를 인식하는 사람들이 내거나, 자발적인 기부금으로 충당되어야 한다는 것이다.[7] 그러나 이 주장은 급진적이며 설득력이 떨어진다. 이런 제도는 한 번도 시도된 적이 없고, 이 주장이 나왔던 사회에서 비인간적이고 끔찍한 정권이 탄생했다는 것만으로도 충분한 설명이 될 것이다. 우리를 더욱 혼란스럽게 하는 것은, 이 모든 혜택이 사실은 우리에게 위임된 '위탁물'이라는 부분이다. 우리는 사회 공동체의 일원으로서 자신이 어떤 혜택을 어느 수준까지 향유할 것인지를 선택할 수 있다. 그러나 현실적으로 문명화된 사회 속에서 살아가면서 이런 혜택을 완전히 거부하기란 불가능한 일이다. 그렇기 때문에 원칙이 아니라, 혜택을 유지하는 데 필요한 비용과 정도를 놓고 각기 주장을 펼치게 되는 것이다.

인간의 깊은 상호 의존성에 주목하는 사람들은, 개인의 성취나 만족을 위한 모든 자유의 행사와 행위로 초래되는 모든 비용과 고통은 결국 공동체가 감당해야 하며, 그 결과로서 공동체는 '선의 추구'라는 명목하에서 과세나 규제, 금지를 시행할 수 있다고 주장한다. 이 주장은 공장주나 투자자, 기업인뿐 아니라 생활비를 벌려고 체스를 두는 사람까지도 그 대상으로 삼는다. 관전료를 지불한 관객 앞에서 체스를 두는 체스 기사에서부터 대전을 주선한 기획사, 대전 장소를 대여한 건물 소유주까지 거슬러 올라가다 보면, 몇 안 되는 단계만으로 이미 모든 것을 다 가진 셈이 된다.

개인이 그 혜택을 누리는 공공재를 유지하기 위한 합당한 비용으로 어느 정도를 세금으로 부과해야 하는지는 확답을 내리기가 어렵다. 또 너무 가난한 데다가 자구 노력을 할 수 없거나, 의지가 없어서 인간다운 삶을 누리지 못하는 사람을 사회가 도와줘야 한다면, 그 시점은 언제가 되어야 할 것인가도 어려운 질문이다. 그러나 세금을 부과하고, 어려운 사람을 도와줘야 한다는 마음의 배경이 되는 정신이 무엇인지는 말할 수 있다. 바로 자유의 정신이다. 경제학자인 마틴

펠드스타인 Martin Feldstein, 1939-은 이 자유의 정신에 대해 '빈곤은 문제가 되지만 불평등은 아니다'라고 주장했다.[8]

사회의 불평등도를 측정하는 지표로 널리 사용하는 지니 계수를 볼 때 미국의 지니 계수는 2000년에 0.408이었고 프랑스는 약 0.33(1995년), 영국은 약 0.36(1999년), 브라질은 0.59(1998년)이었으며 스칸디나비아 국가들은 약 0.25(2000년)이었다. 그리고 파라과이는 0.57(2000년), 홍콩이 0.525(2001년), 키르기스스탄 공화국은 0.29(2001년)였다.[9] 펠드스타인은 실제적으로 빈곤 박멸 대책을 추진하기보다 이 수치를 낮추기 위해 고심하는 것은 소득의 평등이라는 추상적인 가치를 개인의 행복보다 우선시하는 것이며, 이런 식의 사고방식이 지배하는 한, 홍콩이나 미국의 극빈층은 실제로는 키르기스스탄의 극빈층보다 훨씬 더 물질적 혜택과 기회를 누리고 있음에도, 키르기스스탄의 경제 상황이 더 바람직하다고 인식할 가능성이 있다고 지적한다. 또한, 홍콩과 중국 각지의 극빈층이 다른 국가에 비해 형편이 괜찮은 것은 홍콩의 상위 10퍼센트의 부유층이 창출하는 부 덕분이란 사실까지도 망각하게 된다. 물론 파라과이의 빈부 격차는 사회 문제를 야기하고, 빈곤층에게 불합리한 삶을 강요할 수 있으며, 브라질이나 미국의 지니 계수는 빈곤층을 위한 복지 시책에 사회적 여지가 남아 있다는 것을 보여준다고도 할 수 있다(판사나 경찰관은 빌 게이츠William H. Gates, 1955-의 막대한 재산에 경외심을 갖거나, 분노하지 않도록 충분한 보수를 받아야 한다). 그러나 만약 상위층의 소득을 끌어내려 계수의 수치를 개선한다 해도, 이는 빈곤층의 생활에 아무런 도움도 되지 못한다(사실 상황을 악화시킬 수도 있다). 이 수치에 집

착한다는 것은 남을 도와주지도 못하면서 타인에게 피해를 주겠다는 선언이라고도 볼 수 있다. 부가 기회와 자유를 측정하는 또 하나의 척도라는 점을 생각하면, 지니 계수의 완화를 도모한다는 것은 자유보다 평등을 중시하겠다는 노골적인 선언이다.

공공재에 대한 개인의 기여도를 조정하는 방법으로 지니 계수를 중시하는 방식은 이 기여가 자유의 정신 아래에서 이루어지지 않는다는 것을 보여주는 극명한 예다. 막연하기는 하지만 그렇다고 일리가 없지는 않다. 정부는 과세의 대상과 세율 차등 적용에 대해 명쾌한 설명을 해야만 한다. 하지만 정부는 단지 '추구해야 할 가치'를 실현하기 위해서라고 설명한다. 만약 과세의 이유가 단순히 평등을 확대하기 위해서라면 정부의 시책은 자유의 정신에 따른 것이 아니다. 또 정부가 독단적인 판단으로, 프로 스포츠 선수가 하는 일은 오페라 가수나 심장외과 의사나 전투대원의 일보다 가치가 없다고 하여 세율을 높게 책정한다면, 또는 과학 분야의 업적으로 상을 받은 사람에게 면세 혜택을 준다면, 정부가 추구하는 가치는 자유가 아닌 아름다움 또는 국가의 영광일 것이다.

자유의 정신을 시험하는 것은 과세 제도가 아니다. 세금은 공공재를 이용하는 비용이라고 할 수 있다. 이는 피할 수 없는 의무이며, 또 정부가 가치 혼동만 일으키지 않는다면 자유의 정신에 부합하는 제도이기도 하다. 그러나 세금이 피할 수 없는 의무이기 때문에 '소유권'에 대한 주장을 모두 신화라고 볼 수는 없다. 우리는 자유롭고 공정한 과세 제도하에서 세금을 납부한 후에 남는 소득을 가지고 무엇인가를 구입하며, 이에 대한 소유권을 갖는다. 여기서 중요한 것은 세금을 납부하고 난 뒤에 남아 있는 재산과 소유물들은 온전하게, 그리고 진정으로 개인의 것이다. 세금이란 사회 수요를 충족시키기 위한 자원을 충당하기 위한 제도지, 징벌 또는 우대책으로서의 성격은 가지고 있지 않다는 것을 잊지 말기 바란다.

그런데 재산의 정의와 그에 대한 규제는 완전히 다른 문제다. 우리가 앞서 마음의 자유와 섹스를 통해 타고난 권리에 대해 살펴본 것은 이 때문이었다. 정부 정책적인 관점에서 정의되는 '재산'이 아닌, 소유하는 개인의 '권리'로서의 재산을 보장해주는 전정치적 권리야말로 개인이 세상을 향해 내딛는 첫걸음이라는 인식이 필요했기 때문이다. 세금에 대한 논의는 다음과 같은 결론을 제시한다. 우리는 자신이 소유하는 것에 대해 권리를 가지며, 이 권리를 가장 좋은 결과를 낼 수 있을 것으로 생각되는 곳에 사용하여 어느 정도 이익을 얻는다. 권리를 사용하여 부를 획득한다는 것은 공공의 선과 대중의 이익을 위해 기여해야 할 의무가 있으며, 이 의무를 다하고 난 뒤에 남은 부를 소유할 수 있는 권리가 있다는 의미다. 납세 후에 남은 부를 소유할 권리란, 세전 수익을 창출해내기 위해 행사하고, 맞교환한 그 권리에서 비롯된 것이다.

체스 기사의 수입과 그가 그 돈으로 무엇을 살지에 대해 생각해보자. 그는 모든 사람과 마찬가지로 세금을 내야 하지만 만약 국가가 그의 직업을 인정하지 않거나 교사나 간호사가 아니라는 이유로 세금을 징수한다면, 이는 그가 원하는 사람과 원하는 기간만큼 체스를 둘 수 있다는 전정치적 권리를 부정하는 일이다. 자, 그럼 세금을 내고 난 돈으로 그가 마사스 빈야드Martha's Vineyard, 미국 매사추세츠 주의 고급 휴양지

현대의 자유

의 해변에 방갈로를 샀다고 하자(그는 아주 잘 나가는 체스 기사다). 이때 만약 국가가 이 방갈로를 차압하거나, 체스 기사를 비롯하여 다른 사람들이 모두 누릴 수 있는 해변 이용 권리를 박탈한다면, 이는 그의 자유를 침해하는 일이다. 그가 체스를 둬서 생활을 꾸려나갈 '타고난 권리'는 체스로 벌어들인 돈으로 구입한 모든 재산 안에 포함되어 있으며, 이 재산들을 활성화한다고 볼 수 있기 때문이다. 여기서 한 번 더 상상의 나래를 펼쳐서, 매사추세츠 당국이 그의 사유지였던 해안을 대중에게 개방하길 원한다고 하자. 해안에 대한 권리만을 가져간다고 하면 세금 징수의 또 다른 형태라고 생각할 수도 있겠지만, 이미 공공재의 유지 비용으로서 세금을 모두 납부했는데도 그에게만 이런 시책에 협조하라고 요구하는 것이다. 이런 강제 징수는 문명화된 사회의 구성원으로서의 특권을 누리기 위한 비용도 아닐뿐더러, 같은 사회에서 사는 사회적 약자들의 고통을 덜어주는 효과도 갖지 못한다. 그렇기 때문에 모든 민주주의 법치 국가에서 정부가 사회적 자원으로서의 필요성에 의해 특정 개인의 재산을 수용해야 할 경우에는 이 재산에 대한 정당한 보상을 지불해야 한다는 법률이 존재한다. 달리 말하면, 특정 시민(그가 어느 정도의 부를 가졌는지는 차치하고)이 어쩌다가 국가가 필요로 하는 특정한 권리 또는 특정한 소유물을 가지고 있다고 해서 이를 내놓도록 요구해서는 안 된다는 것이다. 정부가 이런 권리나 재산을 수용하기 위해서는 합당한 대가를 지불해야 한다. 이는 미국 헌법 제5조에도 명시되어 있다. '사유 재산은 정당한 보상 없이 공공으로 차출되어서는 안 된다.'

그러나 마음의 자유와 섹스와는 달리, 재산은 타고난 권리가 아니며, 재산권의 어떤 특정한 구조에도 타고난 권리는 부여되지 않는다. 체스 기사가 구입한 해변의 방갈로를 다시 생각해보자. 매사추세츠 주의 경우(메인 주도), 바다는 공공의 재산이며 어느 누구도 소유권을 주장할 수 없지만, 육지의 소유권은 썰물 때의 최저 수위선까지로 정해져 있다.[10] 그러나 로마법을 따르는 미국 대부분의 주들에서는 육지에서의 사유 재산권은 밀물 때의 최고 수위선까지로 제한된다.[11] 즉, 대부분의 주들에서는 '개인 해변'이 존재할 수 없는 데 반해 매사추세츠 주에서는 공용지에 붙어 있는 이런 '공공 해변'들이 매매의 대상이 되는 것이다. 재산을 소유할 권리는 타고난 것일 수 있지만, 매사추세츠의 주법이 이러한 타고난 권리에서 비롯된 것이라고 볼 수는 없으며, 일반적인 재산법 역시 마찬가지다. 예를 들어 대부분의 지역에서 타인의 소유지를 주인의 허가를 받지 않았더라도 무력을 동원하지 않고 공개적으로 점거하여 일정 기간을 지내면, 그 땅은 점거자의 소유가 된다. 마치 상속을 받거나 구매한 것처럼 말이다. 그러나 어느 누구도 이런 법규가 타고난 권리를 표현한다고(또는 침해한다고) 생각하지 않으며, 점거 기간이 아무리 길었다 하더라도 이 점은 달라지지 않을 것이다.

그렇다면, 해변의 방갈로 주인인 체스 기사에게, 만약 캘리포니아 해변의 방갈로를 매입했더라면 다른 사람들을 '그의 해변'에 못 들어오게 할 권리도 없었을 테니 매사추세츠 주 정부가 해변에 대한 그의 권리를 박탈하더라도 불평을 해서는 안 된다고 주장할 수 있을까? 당연히 아니다. 그가 마사스 빈야드 대신 포인트레이Point Reyes, 미국 캘리포니아의 관광지의 방갈로를 샀더라면, 개인 해변에 대한 권리는 포함되지 않았을 테니 집값도 쌌을 것이다. 그런데 만약 매사추세츠 주가 방침을 바꾸어 어느 날 갑자기 해변의 소유권을 바다의 최고 수위선까지로 제한하는 법규를 통과시켰다면 어떻게 될 것인가?[12] 모든 법규는 공평하게 설득력이 있으며, 공평하게 타고난 권리에 부합된다. 그리고 뭐가 어찌 되었든, 애당초 이런 법규를 정의하는 것은 국가다. 그렇다면 왼쪽 차선을 달릴 것인지, 오른쪽 차선을 달릴 것인지에 결정하는 데 강요되는 원칙은 없다고 한 앞선 논의와는 다른 이야기로 보아야 할 것인가? 그렇다. 우선, 각 나라의 해변의 소유권에 대한 법규는 각기 다른 이유와 역사에 의해 만들어졌겠지만, 근본적으로 어떤 필요성에 의해 제정된 것이다. 그러나 이보다 더 중요한 것은 매사추세츠 주가 해변을 소유한 체스 기사에게 제안한 것은 어느 쪽 도로를 달릴 것인지를 처음에 선택하도록 하는 것과는 근본적으로 다르다. 이는 마치 운전대가 왼쪽에 달린 자동차를 구입해서 우측으로 달리는 도중에 갑자기 왼쪽으로 바꾸라고 제안하는 것과 같은 이야기다.

즉, 개인이 어디에서 어떤 행동을 할 수 있으며, 주변 사람들이 그 개인에게 언제, 어디서, 어떤 행동을 할 수 있는지를 규정하는 것은 재산법을 비롯한 일련의 법규들로 이루어진 '법의 그물'이다. 이 법규 중에는 필연적인 동시에 독단적인 선택을 반영하는 것들도 있다. 그러나 도로의 규칙과 같은 성격의 법규들조차도 우리의 버릇과 계획, 기대에 뿌리를 두고 있으며, 이를 급작스럽게 바꿔버리는 것은 삶의 방식에 대한 침해가 될 수 있다.

그럼 여기서 우리를 둘러싼 이 법의 그물이 가지는 양 측면, 즉 자유에 대한 법규의 본질적인 공정성과 이 법규들이 자유를 침해하는 방향으로 적용된다 하더라도 그 안정성이 갖는 중요성에 대해 살펴보기로 하자.

우선, 일반적으로 자유가 정의하는 우리 자신과 재산에 적용되는 법규가 있다. 섹스의 예에서 우리는 타인의 침입으로부터 자신을 지키기 위해서만이 아니라, 자신의 육체를 움직이고 행동할 공간을 확보하기 위해서는 법규가 필요하며, 그렇기에 육체의 진실성에 대한 개인의 자유 역시 법의 보호를 받아야 한다는 결론을 내렸다. 마음의 자유는 외부의 개입을 받지 않고 자신의 의지로 자신의 삶을 살아갈 방식을 선택할 수 있는 자유를 수반한다. 단, 모두의 자유를 보호하기 위한 개입은 예외가 된다. 그리고 이런 우리의 신체적 부분과 마음의 자유는 외부 세계와 소유물에 대해 주장을 해야 된다. 무엇을 얼마만큼 주장해야 하는 것일까? 여기서 기준이 되는 것은 또다시 자유의 정신이다. 선 긋기는 다양한 장소에서 할 수 있지만, 이 선을 긋는 사람은 '어째서 여기서 선을 그었냐'라는 질문에 답을 해야 한다.[13]

13세기 영국의 헨리 3세 Henry III, 1207~1272 시대에는 오로지 왕만이 '고래와 철갑상어를 비롯한 고급 생선'을 먹을 수 있었다.[14] 헨리 3세는 이 물고기들이 서식하는 곳은 어디나 자신의 소유로 만들었다. 이 행동의 배경에 자유의 정신이 존재하지 않았음은 확실하다. 자, 그럼 현대의 경우는 어떠한가. 멸종 위기 종인 아로요 두꺼비가 생존하고 번식을 하려면, 이 두꺼비가 발견된 지역에서는 경작이나 개발 등을 자제해야 한다고 한다.[15] 그렇다면 이 지역의 땅 주인을 어떻게 대우

해야 할 것인가? 목소리가 너무나도 아름다워서 그 노랫소리를 들려 달라는 대중의 요청이 끊이지 않는 가수나, 희귀한 혈액형을 가지고 있기 때문에 2주에 한 번 1리터씩, 시간이 될 때 헌혈을 해달라는 의료기관의 요청을 받는 사람처럼 대우해줘야 할 것인가? 아로요 두꺼비는 아름답지 않다. 그저 두꺼비일 뿐이다. 또한, 약효가 있는 성분이 있는 것도 아니고 해충을 잡아먹지도 않는다. 땅 주인의 재산권을 침해하는 이 압력의 배경으로 작용하는 것은 어떤 가치인가? 이 압력은 어떤 개인이나 단체, 앞으로 태어날 차세대를 포함한 인류의 이름으로 가해진 것이 아니다. 그렇다면 무엇인가? 어쩌면 이 주장은 멸종 위기에 처한 동식물, 아니 자연 그 자체에 의한 것인지도 모른다. 굳이 그 이름을 붙여야 한다면 말이다.

앞에서 어떤 사람들은 자신이 혐오하는 방식으로 섹스를 한다는 이유만으로 만난 적도 없고 알지도 못하는 사람들을 거부한다는 이야기를 했다. 일면식도 없는 땅 주인에게 아로요 두꺼비를 보호하라고 압력을 가하는 것도 이와 비슷한 논리다. 멸종 위기에 처한 동물이 있다는 것에 괴로움을 느끼는 사람들이 땅주인의 재산권을 제한하는 것이다. 이런 동기는 자유에 대한 침해다.[16]

그렇다면 평등이란 이름으로 재산권을 제한하는 것은 어떠한가? 아로요 두꺼비는 한쪽으로 치워놓고, 다시 마사스 빈야드 해변으로 돌아가자. 로마법에서 규정하는 해변의 재산권은 확실히 평등성을 침해한다. 보다 평등하게 해변의 쾌적함을 즐길 기회가 있다. 만약 가능하다면, 모든 사람이 해변을 소유할 평등한 기회가 있다는 주장은 사실이다. 하지만 이는 사람들이 현실적으로 놓여 있는 상황을 전혀 고려하지 않은 그저 추상적인 주장일 뿐이다. 평등의 정신은 지금 그 순간의 동등함을 찬미하며, 이 모호한 주장은 자유의 주장과 너무 흡사하다. 자유는 평등의 경쟁 상대이며, 불평등을 낳는 원천이다. 평등의 정신이 추구하는 광경은 모든 사람이 자신의 해변을 소유하고 이를 즐기는 모습이다. 이는 자연애호가들이 너무 외지고 접근성이 나빠서 대부분의 사람은 평생 가볼 수도 없는 '북극 국립 생태계 보존구역 Arctic National Wildlife Refuge'처럼 사람의 손을 타지 않은 황무지나, 아로요 두꺼비의 생존을 칭송하는 것처럼 말이다.

자유는 해안 소유권에 대한 매사추세츠 주법처럼 로마법과 뚜렷한 대척점을 이루지는 않는다. 개인의 소유에서 자연의 한 부분을 떼어내는 제도는 최소한 그 자체로 정당성을 갖는다(물론 공동체가 체스 기사의 해안 소유권을 사들인다면, 아무 문제도 없다. 만약 가격이 정당하다면, 그는 피해자가 아니라고 보아야 한다). 그러나 문제가 되는 것은 이 부분이 아니다. 문제는 너무 공격적이라는 것이다. 가장 까다로운 경우는, 입법자들이 제도를 개정하기 위해 법을 새로 쓰는 경우다. 자유는 권리를 정의하는 법규 안의 안정성을 필요로 한다. 이는 권리의 실체와는 전혀 상관없는 것이며 사실 그 권리는 자유의 이름으로 지지를 받기도 하지만 공격을 받기도 한다. 자유인은 세상 속에서 그 자신을 찾는 모험을 한다. 그렇기에 이들이 서로 부딪치지 않도록 하고, 모험을 할 만한 것이 무엇이고, 해서는 안 될 것이 무엇인지를 알려주는 법규가 있어야만 한다. 그리고 이 법규들이 어떤 것이든 간에, 한 번 시행된 것을 바꾸어서는 안 된다.

우리의 자유는 선택할 수 있는 자유인으로서의 자유를 의미한다.

현대의 자유

어떤 인생을 살고 싶은지, 어떤 사람이 되고 싶은지 선택할 수 있는 자유를 가진다는 것은 매우 중요한데, 이는 그 순간뿐 아니라, 앞으로도 자유로워야 한다는 것을 뜻하기 때문이다. 인간은 어느 한순간만을 위해 그 순간만 살아 있는 일시적인 존재가 아니다. 인간에게는 과거와 미래가 있다. 우리가 자신에 대해 어떻게 생각하고, 남들이 자신에 대해 어떻게 생각하는지, 친구, 적, 동료, 조언자와 연인을 만들 수 있으려면 그 자신의 개성이 어느 정도 일관성과 안정성을 가지고 있어야 한다. 이런 인간관계와 삶의 설계뿐 아니라, 이 안정성과 일관성이 없다면 생각 자체도 불가능할 것이다. 왜냐하면 생각을 하려면 기억과 결과가 필요하기 때문이다. 주장은 단계적으로 이루어지지만, 시간 속에서 펼쳐진다. 이해도 마찬가지다. 이 지속성이 없다면 우리는 기억상실증을 다룬 영화 〈메멘토Memento〉의 주인공처럼 어제 무엇을 했는지, 한 시간 전에 무엇을 했는지, 또 지금 무슨 생각을 했고, 어떤 행동을 하고, 무엇을 원하고 있었는지 기억하지 못할 것이다. 이는 뒤틀리고, 제한되고 비인간적인 존재로서의 삶을 의미한다.

그러나 시간 속에서 끈질기게 존재하기 위해서는 계획을 세우려는 생각만이 아니라 실제로 계획을 세울 수 있어야 한다. 우리의 자산과 공간을 정의해줄 법규가 있다는 것에 마음을 놓고 있어서는 안 된다. 법규는 시간 속에서 살아남아야 한다. 그렇지 않으면 그 법규를 필요로 하는 자유를 행사할 수 없게 된다. 이 법규들은 공간뿐 아니라 시간에도 선을 그어야 한다. 3차원으로 확장되어야만 경계선으로서의 의미를 갖는 것과 마찬가지로 자유의 경계선 역시 시간의 축을 더한

4차원으로 확장되어야 한다. 만약 자유의 경계선이 확장되어야 한다면, 자유인으로서의 남성과 여성 역시 시간 속의 경계선을 그을 자격이 있다. 자유는 각각의 개인성에 의해 성립되는 보편적인 가치이며, 개인성은 시간 속에서 지속된다. 이는 인간이 불멸은 아니지만 끈질긴 영혼을 가지고 있다는 생각으로 이어지는 정의라고 볼 수 있다. 우리의 이해와 관계, 계획을 지속시키려면 우리를 지배하는 법규 역시 지속성을 가져야 한다.

매사추세츠 주가 체스 기사의 해변 소유권을 박탈하는 것에 반대하는 주장은 매우 복잡하고도 거창하다. 물론 현실 세계에서 우리의 삶을 지배하는 법규의 내용들은 개인의 자유나 개인성을 저해하지 않으면서도 바뀔 수 있고, 또 실제로 바뀌고 있다.[17] 이런 예를 생각해볼 수 있을 것이다. 예전에는 토지 한 필지를 매입하면, 밑으로는 지구의 핵까지, 위로는 끝없는 우주까지 뻗어 올라가는 '무한의 원기둥' 만큼의 소유권을 보장하는 법률이 있었다. 옆집 나뭇가지가 울타리 안으로 뻗어 들어왔다던가(누가 나뭇가지를 자를 것인가, 그 가지에 달린 열매는 누구 소유인가), 내 소유의 토지를 넘어서는 삼각 지붕을 올릴 수 있느냐 없느냐, 또는 상공을 날아가는 꿩의 소유권이 누구에게 있는가, 이런 고민에 대해서는 해결책을 제시해주는 법규다. 그러나 내 소유지의 3만 피트(약 9,150미터) 상공을 날아가는 제트 여객기는 어떻게 봐야 하는가? 모든 불안정성이 비인간적이듯이, 시간 속에서 화석화된 법규도 역시 비인간적이다. 자유의 한 부분은 변화할 수 있는 자유이며, 이는 개인뿐 아니라 그 개인을 둘러싼 법규에도 적용된다. 이를 잘 보여주는 것이 비행기다. 컴퓨터와 인터넷도 마찬가지다.[18] 만약 과거의 사회가 만들어놓은 법규가 오늘날의 생활을 제한한다면, 인간의 발명할 수 있는 자유와 이 발명의 열매를 향유할 수 있는 자유는 크게 훼손될 것이다. 비행기를 떠올려보기 바란다. 3만 피트 상공에서 희미한 엔진 소리와 가느다란 구름 같은 수증기만을 남겨놓는 제트 여객기에 '무한한 원기둥'의 소유권을 적용시킬 수 있을까? 법은 바뀌어야 한다. 그런데 경작지가 비행장과 붙어 있어서 90초에 한 번씩 제트기들이 그의 집 위 55피트(약 17미터) 상공을 지나가는 상황에 처한 농부는 어떻게 생각해야 할까?[19]

그 답에 힌트를 줄 수 있는 것이 언어다. 언어는 변화하지만 그렇다고 작년에 한 말이나, 100년 전에 쓰인 글을 이해하지 못할 정도로 급속도로 변하지는 않는다. 머리 위를 지나가는 비행기처럼, 언어는 새로운 단어와 새로운 활용 방식이 생겨나기에 변화하며, 이 변화가 가속화되고 축적되면, 전문 지식의 도움을 받지 않는 한 그 언어가 전달하고자 하는 의미를 파악할 수 없다. 수백 년 전에 쓰인 글을 이해하지 못하는 것처럼 말이다. 이해한다고 생각하는 사람이 있을 수도 있겠지만, 이는 착각일 뿐이다. 의사소통이 제대로 이루어지려면 변화와 지속성이 모두 필요하다. 그리고 의사소통은 사고의 핵심이다. 언어와 사고의 관계는 법규와 자유의 관계와 같다. 자기 소유지의 3만 피트 상공에서 여객기가 지나간다고 해서 놀라거나, 신경을 쓰거나 속았다고 생각하지는 않는다. 하지만 공항 바로 옆에 농장이 있는 농부의 경우는 조금 다르다. 여기서 자세하게 언급하지는 않겠지만 좀 더 확실한 해결책을 위해선 자유의 정신을 조금 희생해야 할 것이라는 정도로 넘어가겠다. 번지수를 잘못 찾으면 자유는 침해되고 만다.

앞서 우리는 인류 공통의 유산과 공공재의 유지 비용이라는 공통의 빚을 지고 있다고 설명했다. 그리고 어쩌면 더 많은 부를 소유한 사람들은 빚을 진 부분도 더 많을 테니 그에 상당하는 기여를 해야 할 지도 모른다. 여기서 누진세 방식이 나은지, 비례세 또는 일률 과세로 하는 것이 나은지는 언급하지 않겠다.[20] 빈곤의 완화에 어느 정도의 누진성은 내포되어 있다고 생각한다. 한 가지 확실한 것은 규제보다는 과세가 자유의 정신에 부합한다는 점이다.[21] 그리고 여기에 직접적인 개입이 있다면, 또 소수의 권리와 가치를 다수에게 재분배한다면, 자유는 과세를 통해 사회적 비용을 사회의 모든 구성원이 분담하는 방식을 선호한다. 하지만 선호할 뿐이다. 이와 관련해서는 불필요할 뿐 아니라 터무니없는 사례들이 수없이 많다. 1933년, 수정조항 제21조에 의해 금주령이 폐지되자, 밀주업자들은 물론이고, 루트비어Root Beer(뿌리 추출물로 맛을 낸 비알콜올성 음료-편집자) 제조업자들은 변화에 따른 사회적 비용을 부당하게 떠안았다. 전시 경제에서 전후 경제로의 전환기에는 승자와 패자가 갈리기 마련이다. 일정 속도 이상만 진입 가능한 고속도로를 건설하려면, 원래 있던 도로변의 식당과 주유소, 모텔에 보상금을 주고 그 땅을 수용해야만 한다. 이는 원래 이익을 취할 권리가 있는 수혜자들의 잃어버린 기회의 예들이다. 이들이 불평하는 것은 외모나 운동 능력이 평범한 사람이 영화배우나 프로 농구 선수와 같은 월급을 받지 못한다고 불평을 하는 것이나 마찬가지다. 자신에게 이익을 누릴 권리가 있든 없든 간에, 현재 이익을 누리면서 이런 불평을 늘어놓는 경우가 언제인지는 여기서 설명하지 않겠다. 공정한 법 제도와 자유의 존중에 대한 수많은 책에서 다루는 내용인 만큼,[22] 여기서는 다시 최초의 세 사례로 돌아가 이 복잡한 퍼즐을 풀 수 있는 해결책을 제시하도록 하겠다.

Chapter | 자유의 정신
The Spirit of Liberty

나는 이 책의 첫머리에서 내가 얼마나 열렬한 자유의 옹호자인지 고백했다. 내 가족은 뱅자맹 콩스탕이 꿈꿨던 현대의 자유가 두 번이나 악몽으로 탈바꿈하는 것을 보았다. 양탄자와, 접시, 그리고 아버지의 재능을 싣고 우리 가족은 그 꿈을 좇아 미국으로 건너왔다. 고향에서 그랬듯이 자유의 공기 속에서 숨 쉴 수 있는 강하고 안전한 미국으로 말이다. 젊은 날, 자유에 대해 연구하던 나는 학생들이 마오쩌둥毛澤東, 1893~1976티셔츠를 입은 것을 보았으며, 동료들이 공산주의 서적 읽기 모임을 만들고, 니카라과의 헌법 초안을 만들던 다니엘 오르테가Daniel Ortega, 1945~를 돕기 위한 조직을 운영하는 것을 보았다. 1981년, 나는 러시아의 의회 민주주의를 붕괴시킨 니콜라이 레닌Nikolai Lenin, 1870~1924의 무력 정변을 찬미하는 할리우드 영화 〈레즈Reds〉를 보았다. 이는 내게 있어 끝없이 이어지는 스코키 마을의 나치 행진이었다. 지금 와서 생각하면, 내가 법학을 공부하고, 계약의 자유에 대한 책을 쓰고 레이건Ronald Reagan, 1911~2004 행정부에 합류했던 것은 모두

한 가지 동기 때문이었던 것 같다. 그랬기에 이 책에서 나는 자유, 그 자체에 대해서만 생각해보고자 했다. 책의 시작은 피라미드와 폴 포트로 열었지만, 마무리는 '평등'을 추구하는 사람들과 대면해야만 한다. 자유를 사랑하는 나와는 세상을 보는 방식이 다르지만, 나와 마찬가지로 더 나은 세상을 만들어가려고 하는 나의 친구들과 아이들, 미국의 시민과 자유 민주주의 세계의 사람들 말이다. 내가 세 사례를 통해 생생하지만, 합리적인 도전에 임하려 하는 것도 바로 이 때문이다. 이로서 자유에 대한 나의 견해를 놓고 독자들이 가장 강력하고도 합리적인 반대를 제시해줄 것으로 기대했기 때문이다. 이 반대들은 힘을 갖는다. 그리고 이 힘이 나를 움직인다. 어쩌면 조금 반성도 하고, 좀 누그러지고, 성숙해지는 과정을 거쳐 자유는 살아남을 것이다. 지금까지 설명한 내용들을 가지고 다시 처음으로 돌아가 이 세 가지 사례를 생각해본다면, 어째서 그토록 민주적이고 강압적이지 않은 시책들이 여전히 자유를 침해하는지 보다 쉽게 이해할 수 있을 것이다. 그리고 끝으로 이 모든 반대 의견과 반론이 전부 제시되어 논의되고 난 후에 자유에 대해 무엇을 더 말할 수 있을지 생각해보기로 하자.

세 가지 퍼즐 풀기 ▨ Living with Spirits

세 가지 사례 중 프랑스어 헌장이 가장 공격적이고 반자유적으로 보인다. 이 헌장이 강요하는 것은 생각이 아니라 언어라고는 하지만 타인이 개인이 사용할 언어를 지정해주는 시책이다. 그리고 히브리 문자가 포함된 석공의 서명이나 할머니가 손녀에게 주려고 주문했던 영어로 말하는 인형의 예처럼, 마음을 표현하는 방식을 가차 없이, 철저하게 규제한다. 이런 규제를 보면서 독일뿐 아니라 유럽 전역에서 유대인의 씨를 말려버리려 했던 히틀러의 '유대인 청소 계획Judenrein'이나, 1492년, 순혈주의limpieza de sangre를 내세워 유대인과 무어족의 후손은 무조건 국외로 추방했던 이사벨Isabell I of Castile, 1451~1504 여왕과 페르난도Fernando II, 1452~1516 왕의 종교 재판[1]을 떠올리는 것을 과민 반응이라고만은 할 수 없으리라. 그런데 최근에도 비슷한 일들은 일어나고 있다. 2005년, 터키에서는 알파벳 q와 w가 사용된 플래카드를 들었던 사람들이 형사 기소되었다. 이 글자들이 터키의 대통령 무스타파 케말Mustafa Kemal, 1881~1938에 의해 개량된 '터키 알파벳'에 포함되어 있지 않다는 것이 그 이유였다.

그나마 유혈 사태는 일어나지 않았으니 다행이었다. 캐나다 의료 보험도 유혈 사태를 초래하지는 않는다. 단지 고관절 이식 수술을 받기 위해 고통을 참으며 몇 개월도 넘게 기다려야 하는 환자들과 심장 우회 수술 차례를 기다리다가 죽음을 맞는 몇몇 환자들이 있을 뿐이다. 월마트가 입점하지 않는 버몬트의 소비자들 역시 유혈 사태에 휘말리지는 않는다. 단지, 싼 가격으로 물건을 사지 못할 뿐이다. 하지만 이처럼 개인의 복지와 자유보다도 공통의 '선'을 강요당한다는 사실에는 차이가 없다. 그런 점을 생각하면 이 역시도 반자유적이지 않은가? 어쩌면 프랑스어 헌장을 제정한 사람들은 이런 방법으로 프랑스어의 영광을 드높일 수 있다고 생각했는지도 모른다. 이런 사고방식은 수백 년이 지나도록 사라지지 않는 다른 인종에 대한 백인들의 완고한 우월 의식과 경멸을 떠올리게 한다. 아일랜드에서 게일어를 쓰고, 이스라엘에서 히브리어를 쓰는 것은 비슷한 목적에서였다. 위기에 처한 '민족의 자부심'을 국가가 몸소 나서서 보호하려는 것이다. 이는 아로요 두꺼비나 외지고 인적 없는 야생 지역을 보호하기 위해 법규를 만들어 시행하는 행태와 비슷하다. 멸종 위기종이나 자연을 보호한다고 해서 누가 득을 보는 것도 아닌데 사회적으로 정당화된 '대의'를 지키기 위해서 개인의 권리를 제한하는 것이다(때로는 이런 개인의 부담스러운 몸짓들은 인류라는 말로 뭉뚱그려 표현되곤 한다). 이런 정책들의 뿌리에는 피라미드의 공평함이 있다. 어느 누구의 눈에도 띄지 않는 교회의 찌를 듯한 지붕 한 귀퉁이에, 성가대석 의자 아래에 새겨 넣은 화려한 장식[2]의 허망함이 있다. 인간의 존엄성과 자유가 신의 영광을 위해 희생되었던 역사의 흔적이 아직도 남아 있는 것이다.

월마트 사례에도 비슷한 분석을 할 수 있다. 버몬트는 북극권의 노스슬로프North Slope와 비슷하다고도 볼 수 있다. 버몬트의 고풍스러운 시골 마을을 보존하는 것은 딱히 누구에게 이익이 되는 것이 아닐지라도, '보존'한다는 그 자체로, 또는 고풍스러운 시골 마을이 그곳에 존재한다는 만족감을 위해 실현되어야만 하는 것이다. 그런데 캐나다 의료보험은 또 조금 얘기가 다르다. 어쩌면 캐나다의 공무원 중에는 이 제도가 대상이 되는 국민 모두를 가둬버림으로써 완벽한 모습으로 완성되었다고 기뻐하는 사람도 있을지 모른다. 그러나 정말 중요한 것은, 이 제도가 사람들의 생활과 매우 밀접하고도 중요한 부분에 '평등'을 강요하고 있다는 점이다. 평등 정신의 기념비로서, 말 그대로 어느 누구도 빠져나갈 수 없는 집단적인 국가 의료보험 시스템은 '현대의 평등'에 작별을 고한다. 개인의 복지와 소망보다도 '대의'를 중시하는 이 제도는 설령 그 결과로 인해 누군가의 최대한의 또는 평균적인, 심지어는 최소한의 만족감이 상실된다 하더라도, 평등을 강요한다. 폴 포트가 평등을 추구했듯이 말이다. 물론 이 모든 사례에서 나타나는 자유의 억압은 미미한 수준이다. 버몬트의 주민들은 뉴햄프셔 주에서 쇼핑을 즐길 수 있고, 캐나다 의료보험도 그 제도에서 벗어나는 것이 완전히 불가능한 것은 아니다. 이민을 갈 수도 있고, 또 만약 돈에 여유가 있다면 미국이나 스위스로 건너가 인공관절 이식 수술을 받으면 된다. 또 프랑스어 헌장은 사용해야 할 언어를 강요할 뿐이지 말하고자 하는 내용을 제한하지는 않는다. 내가 말하고 싶은 부분이 바로 이것이다. 현대의 자유롭고 국민 복지를 중시하는 민주주의 국가에서, 자유의 억압은 온건하고, 미미한 수준이다. 그러나 우리는 이 억압이 존재한다는 것을 인지하고 경계해야만 한다. 그렇지 않으면 자유의 진정한 의미를 잊어버린 채 편안하고 일반화된 격식 또는 민주주의 자체와 자유를 혼동하게 되고 말 것이다. 그리고 이것이야말로 애국자들이 환영할 만한 일이다. 그러나 자유는 민주주의와는 다르다. 뱅자맹 콩스탕이 말했듯이, 국가의 일원이 아닌, 개인으로서의 자유를 의미하는 현대의 자유는 고대의 자유와는 다르다. 이는 자신의 삶을 스스로 책임지는 사람들의 자유인 것이다.

민주주의 이야기

이 세 가지 사례를 민주주의라는 측면에서 바라보면 또 다른 이야기가 펼쳐진다. 즉, 자신의 공동체와 환경, 그리고 권리를 정의하는 다수 세력의 자유에 대해 저항하고, 분노하고, 불평하는 사람들의 이야기다. 어쩌면 품격과 민주주의 그리고 평등의 이야기일지도 모른다. 여기에 자유는 설 곳이 없다. 프랑스어 헌장 제정의 배경에는 고향과 같은 생활을 하고 싶다는 퀘벡의 프랑스계 주류 사회의 욕망이 작용했다고 볼 수도 있지 않을까? 히브리 문자를 사인에 사용하는 석공과 그의 할아버지, 또 퀘벡 중국인 병원의 나이든 중국인 환자들은 프랑스어를 쓰고 싶지 않을지도 모르지만, 프랑스계 주민들은 히브리어나 중국어가 퀘벡에서 사용되길 원하지 않을 뿐 아니라, 이 언어들이 애당초 캐나다로 건너오게 된 경위까지도 마음에 들지 않는다.

퀘벡은 민주주의를 채택하고 있는 지역이다. 그렇다면, 이곳의 주민들은 자신을 둘러싼 언어적, 문화적, 육체적 환경을 사신에게 가장 좋은 쪽으로 바꾸어갈 수는 없는 것일까? 자신이 숨 쉬는 대기 속으로 매연을 쏟아내는 공장들을 폐쇄하기 위해 투표를 할 수 있다면, 자신이 사용하는 언어의 지위를 위협할 정도의 기세로 밀려드는 다른 언어들의 사용을 중지시키기 위해서도 투표를 할 수 있는 것이 아닌가? 이 모두가 자유와 관련된 문제들이다. 미국의 스티븐 브레이어Stephen Breyer, 1938~ 대법관은 뱅자맹 콩스탕을 인용하며, '실천적 자유active liberty'와 '고대의 자유', '자주적인 개인으로서의 자유'는 모든 가치 중 가장 우선시해야 하며, 민주적인 절차로 이를 실현해야 한다고 주장했다. 그는 '실천적 자유는 민주주의 정부를 실현하는 데 필수적인 개인의 발언을 보장하는 동시에, 근로 환경의 안전성이나 선거 자금, 제품 등에 대한 단속 문제를 효과적으로 처리할 수 있는 법규들의 시행을 가능케 한다'고 적었다.[3] 만약 선거 자금과 근로 환경이 그렇다면, 민주적 수단으로 민중의 자유를 행사하여 일상생활 속에서 사용하는 언어를 통제할 수 있어야 하는 것이 아닌가? 석공의 자유와 인형을 사는 할머니의 자유, 중국인 환자의 자유를 인정한다는 것은 이 소수의 반대론자들의 자유를 다수 세력의 구상보다 중시한다는 것이 아닌가?

프랑스어 헌장은 개인의 입을 통제하는 것이다. 사람들은 프랑스어를 쓰기만 한다면 어떤 내용이라도 말할 수 있고, 쓸 수 있으며 노래할 수 있다. 하지만 잊어서는 안 된다. 언어는 생각이다. 언어가 단지 생각을 표현하는 수단에 불과하다고 생각해서는 안 된다. 그렇기 때문에 퀘벡 주 정부는 말 그대로 '내가 어떻게 생각할 수 있는지'를 지시하는 것이다. 물론 체코어로 생각을 한 후에 머릿속에서 이를 프랑스어로 옮길 수도 있을 것이다. 그러나 이 역시도 따져보면 정부의 강압에 의한 것이고, 그렇기 때문에 내용에 영향을 미치는 셈이다. 내 머릿속에서 일어나는 생각이 프랑스어로 옮겨지면서 변하지 않는다고 어떻게 퀘벡 주 정부는 확신할 수 있을까? 그 생각들은 내 것이지 정부의 것이 아니다. 그리고 정부의 영향력은 번역 과정에만 머무르지 않고 내가 '초기 사고 명령'이라 부르는 사고 단계까지 지배하게 될 것이다. 주 정부의 시책에 분노하는 퀘벡의 주민들은 다양한 방법으로 법규를 피해가려 한다. 그 때문에 퀘벡에는 프랑스어 사무국, 즉 언어 경찰이 있는 것이다. 자유로운 국가에 법규 위반을 잡아

내려는 언어 경찰이라니, 말도 안 되는 일이다. 온갖 것에 간섭을 해대는 주 정부는 영자 신문사의 뉴스실에서 영어로 쓰인 표지판의 사진을 찍던 언어 경찰의 모습을 이 신문사의 직원이 사진으로 찍어놓자, 당국은 이 사진을 자신들에게 넘기라는 명령을 내렸고 언어 경찰의 업무를 방해했다는 이유로 신문사를 기소했다. 그러나 신문사가 한 일이라고는 언어 경찰의 행태를 알리고 이를 조소한 것뿐이었다. 비아냥거림을 처벌 대상으로 삼는 것은 생각을 규제하는 일이다. 그리고 주류 사회의 '상식'을 거스르는 행동에 대한 규제 역시도 마찬가지다. 자유는 바다로 흘러가는 강물과 같다. 그리고 규제는 이 흐름을 막으려고 쌓아올린 모래 제방이다. 강물은 제방을 피해 물길을 만들어가기 때문에 이를 막으려면 계속해서 제방을 쌓아야 하고 결국 해변 전체가 물길을 막기 위한 장벽으로 뒤덮이고 말 것이다.

언론의 자유

프랑스어 헌장으로 강제하지 않으면(어쩌면 강제하더라도) 퀘벡에서는 영어로 삶을 영위하고자 하는 사람들이 계속 늘어날지 모른다. 퀘벡의 언어 환경이 프랑스어보다는 영어권 세계의 영향력을 더 크게 받기 때문일 수도 있지만, 단지 영어가 더 근사해보여서, 또는 주위 사람들 대부분이 영어를 쓰기 때문일 수도 있다. 하지만 이는 어디까지나 개인의 선택이지 프랑스어를 쓰지 못하게 하는 강제력은 존재하지 않는다. 많은 공동체는 여러 가지 이유를 부여하며 특정 언어 사용에 집착한다. 그 언어를 사용하는 것이 민족의 자부심을 드러내며, 충성 또는 저항을 표시한다는 것이다. 이런 사고방식은 비용을 발생시킨다. 만약 모든 사회 구성원이 이 사고방식에 따르게 된다면 이 비용은 많이 줄어들 것이다. 그런데 퀘벡 주에서 프랑스어는 다른 언어에 밀려 존속이 위협받는 '약자의 언어'가 아니다. 범위를 확장시켜 캐나다나 북미, 또는 북대서양 지역은 어떨지 몰라도 적어도 퀘벡에서의 프랑스어는 사회의 주류 언어다.

이 논쟁에 종지부를 찍을 만큼 확실하고 설득력 있는 주장은 없을지 모른다. 하지만 퀘벡 주의 프랑스어 헌장이 자유의 정신을 반영한 해결책이 아니라는 점은 확실하다. 다른 사람들이 프랑스어 이외의 언어로 의사소통을 하는 것을 듣거나 보는 일 없이, 프랑스어를 사용할 수 있도록 하는 방안은 없는 것일까? 내가 생각하는 해결책은 다음과 같다. 상대방이 프랑스어 사용을 원하는 경우에만 프랑스어를 사용하도록 하는 것이다. 예를 들어 병원에서 환자가 프랑스어로 진료를 받고 싶다고 했을 때 이를 거부하면 진료를 받을 환자의 권리를 무시한 것이 된다. 마찬가지로 고용주들은 직원들이 프랑스어 환경에서 근무하길 원하는 경우 이에 응하여 모든 업무를 프랑스어로 해야 하며, 거래처와의 업무도 프랑스어로 할 수 있도록 환경을 정비해야 한다. 가공식품의 내용물을 표시한 라벨이나, 위험한 기계의 조작 방법 등도 반드시 프랑스어로 적어야 한다. 이렇게 하지 않으면 판매자의 공지 의무는 달성되었다고 볼 수 없다. 하지만 만약 베트남 사람이 베트남어로 이야기를 나누거나, 앵글로·색슨계 백인이 마을 전체에 영어 간판을 내걸었다 할지라도 불평할 수는 없는 것이다. 이렇게 영어 간판만 즐비하면 프랑스계 주민이 쇼핑하기가 불편하지 않겠느냐는 생각을 할지도 모르겠지만, 간판을 영어로 쓰지 못하는 가게 주인의 고통은 훨씬 더 클 것이다. 그렇다면, 프랑스어 간판을 걸지 않았다는 이유로 프랑스계 주민들이 그 가게에서 물건을 사지 않는다면 어떻게 해야 할까? 이 자발적인 '불매 운동'을 금지하는 것은 히브리 문자 서명을 사용하는 석공에게 프랑스어 서명으로 바꾸라고 강요하는 것만큼이나 강압적이다. 그러나 결국 그 상권에서 프랑스계 주민의 모습은 볼 수 없게 될 것이다. 하지만 이는 영어 간판 때문이 아니라, 영어 간판이 즐비한 환경에서 쇼핑하기를 원하는 사람들이 충분하지 않은 것뿐이다.

그들이 찬성표를 던졌으니, 그들도 원한 일이라는 얘기는 하지 말기 바란다. 찬성표를 던진다고 그 행동을 하는 것은 아니다. 투표란 정부와 공무원, 그리고 언어 경찰에게 자신과 다른 모든 사람들이 프랑스어를 쓰게 해달라고 요구하는 것이다. 사실 이런 제도도 만들려면 만들 수 있다. 사이렌의 영어 노래를 듣지 않기 위해 뱃머리에 스스로 묶일 수 있도록 하는 제도를 정부가 시행하도록 요구하는 것이다. 즉, 누군가 영어로 말을 하거나, 프랑스어로 광고를 하지 않는 가게에 25달러의 벌금을 부과하는 것이다. 프랑스어 헌장이 강요하는 것이 바로 이런 것이다. 내 마음 속에서 일어나는 생각과 입 밖으로 내는 말을 다수결에 의해 결정한다는 것은 자유와 상충한다. 이는 정부에 내가 하고 싶어 하는 일을 사회에 대한 범죄로 규정함으로써 성적 유혹에서 보호해달라고 요구하는 것과 매우 유사하다. 이렇게 함으로써 그런 행위가 이루어지고 있다는 상상으로부터 보호받을 수 있다. 하지만 어쩌면 프랑스어 헌장은, 가게의 쇼윈도나 간판, 벽보 등에 난무하는 외설적인 장면들로부터 보호받아야 할 우리의 권리와 비슷하다고 할 수 있다. 즉, 포르노에 대한 사회 인식처럼 영어란, 두 성인이 합의하에서 사적인 공간에서만 쓸 수 있는 언어라고 보는 것이다. 그러나 이는 잘못된 생각이다. 사람들이 노골적인 장면들을 불쾌하게 생각하는 이유는 단순히 성행위가 어디에선가 이루어지고 있다는 생각을 떨쳐버리기 어렵게 만들기 때문이 아니다. 시끄러운 소리나 밝은 빛처럼, 이 이미지들이 판단력이 작동하기도 전에 감각을 자극함으로써 사람들의 관심을 끌고 마음을 침범하기 때문이다.[4]

자유의 교육

퀘백의 언어 정책이 지나쳤다고 인정한다면 그럼 학교는 어떤가? 자유 민주주의 국가들은 대개 만 5, 6세에서 16세까지의 국민에게 교육해야 할 의무와 권리가 있다고 주장하는데, 유년 시절의 교육을 의무화하는 이유로 자유를 거론하는 나라도 있다. 교육은 학생들의 마음에 들어가 가치관의 틀을 잡겠다는 명쾌한 목적을 가진, 직접적이며 의도적인 시도다. 이러한 교육은 받아들이면서 프랑스어 헌장에 반대한다는 것은 하루살이는 걸러내고, 낙타는 삼키는 꼴이다. 하지만 의무교육에 대한 주장은 좋다고 본다. 이 문제가 까다로운 이유는 인간이라는 존재를 규정하는 사실들이 애매모호하면서도 보편적이기 때문이다. 인간은 마음의 자유를 향유하며 살아갈 수 있는 지식과 기술을 갖고 태어나지 못한다. 그런 관점에서 보면 교육이란 우리에게 자유로워지도록 강요하는 과정인 것이다. 현대의 교육 체계는 사회의 보편적인 믿음에 의해 탄생했다. 즉 우리가 정신적으로 또 실제적으로 이 사회 속에서 살아나가기 위해서는 읽고 쓰기만이 아니라 명료하게 생각하고 분석적으로 판단하는 법을 배우고 어느 정도 기본적인 지식 체계를 갖추지 않으면 안 된다고 하는 믿음이 그 밑바탕에 깔려 있는 것이다.

그런데 모든 제도나 체제가 사회에 의해 만들어졌다는 관점에서 본다면 교육은 자유를 억압한다. 이 관점에 따르면 세상에는 객관적인 지식은 존재할 수 없으며 수학, 논리와 같은 기술적인 학문도 가치중립적일 수 없다. 모든 지식은 사상에 지배되며 모든 교육은 이 사상을 세뇌하기 위한 것이라는 주장은 오랫동안 지적되어온 오류이자 문제다.

그런데 앞서 말했듯이, 이런 주장을 하는 사람들은 자가당착에 빠져 있다. 그들의 주장은 자신의 입장을 고수하기 위한 것일 뿐이다.[5] 초등교육 문제는 보다 까다로운데, '초등교육'에서 가르치는 기본적인 지식이라는 것이 교육을 받는 당사자의 상황에 따라 달라지기 때문이다. 예를 들어 농촌의 아이들은 도시 아이들보다 농사일이나 가축, 날씨에 대해 더 많이 알고 있어야 할 것이다. 하지만 농촌과 도시의 아이들이 서로의 존재를 알고, 농촌에서 도시, 도시에서 농촌으로 이동할 수 있는 방법은 알고 있어야 한다. 모든 사람이 자동차를 고치는 방법이나 비행기 운전술을 익혀야 할 필요는 없지만, 자동차와 비행기가 있다는 것은 알아야 한다. 여기서 다시 자유의 정신이 중요해진다. 학교에서는 아이들이 자유의 정신을 키워갈 수 있도록 교육을 할 수 있을 것이다. 즉, 다양한 선택안이 있다는 것을 보여주고, 아이들 자신이 선택할 수 있다는 것을 알려주고, 이 선택을 가능하게 하는 수단들을 주는 것이다. 아니면 학교는, 모든 대안은 제시될 수 없고, 모든 주장이 설득력이 있는 것도 아니며, 수학이나 읽기와 같은 과목에서도 아이들의 마음을 특정 방향으로 유도할 수 있다는 사

현대의 자유

실을 인정하고, 이를 통해 교사들에게 학생들을 특정 방향으로 몰아가고, 특정 사고 회로를 봉쇄해버림으로써(알려주지 않는 것이 아니라), 특정 사상을 세뇌시킬 수 있는 자격을 부여할 수도 있다. 이게 어떤 차이를 갖는지 자유로운 사회와 자유를 사랑하는 교사들은 충분히 알고 있을 것이다.

물론 여기서 말하는 것은 어린아이들을 대상으로 한 초등학교 의무 교육이다. 초등학생들은 자신이 가르침을 받고 있는지, 세뇌를 당하고 있는지 알지 못하며, 선택할 수도 없다. 바로 이것이 문제다. 그럼 누가 이 아이들 대신 선택을 해줄 수 있는가? 아이의 부모에게는 주장할 권리가 있다. 부모는 아이들이 너무 어려서 이해하고 판단할 수 없는 일들, 즉 식단과 취침 시간을 정하고, 위험하고 고통스러운 수술에 동의할지 등에 대한 자유의 대리인이 될 수 있다. 그리고 그 근거는 자녀에 대한 부모의 사랑이다. 교육은 이런 선택과는 많은 부분에서 다르다. 왜냐하면 교육은 아이들이 어른의 지도 없이도 혼자 판단하고 선택할 수 있는 단계까지 끌어올리는 역할을 하기 때문이다. 이 딜레마를 깔끔하게 해결할 방법은 없다. 이 점을 이용해 정부는 아이들을 세뇌시키고, 자유의 정신에 반하는 계획들에 순응하도록 길들이는 것이다. 이는 마치 반자유주의 궤변론자들이 재산권과 발언할 권리의 정의가 애매모호한 점을 이용하여 자유를 파괴하는 제도들을 제안하는 행태와 같다. 정부는 아이들이 최대한 자유로운 존재로 자랄 수 있도록 자유의 정신에 부합되는 해결책을 찾아낼 수 있을 것이다. 앞서 언급했듯이, 존 스튜어트 밀은 모든 어린이가 학교에 다니며 기본 학과를 배울 수 있도록, 국가가 학비를 낼 수 없는 가난한 가정에는 쿠폰 형식으로 보조금을 주되, 학교에서 제공하는 교육 내용에 관여해서는 안 된다고 제안한 바 있다.[6] 이 제안의 구체적인 내용이 어떻든 간에, 자유의 정신에 부합되는 내용임은 확실하다. 이에 비해 반자유주의적 제안들은, 어린아이들이 다니는 학교는 국가가 선택한 이상(국가의 영광, 평등, 신에 대한 헌신, 신을 위한 피라미드 건설 등)을 추구하기 위해 헌신하는 열성적인 종이 되도록 아이들의 천성을 고치는 곳이라는 믿음에 기초하고 있다. 우리가 안고 있는 이 딜레마는 인간 본연의 성질에서 비롯된 것이다. 즉, 우리는 무지하고, 판단력이 없으며, 의존적이다. 그러나 이것이 자유를 추구하는 우리의 능력을 처음부터 꺾어버릴 이유나 기회는 될 수 없다. 이 딜레마는 자유의 정신에 기초한 독창성과 관대함이 어디까지 발휘될 수 있는가에 대한 도전이기도 하다.

월마트 사례에서도 강도는 완화되었지만, 이 딜레마와 선택들이 야기된다. 자유의 억입이 불가피한 상황이나, 사유가 가상 진실되게 작용한 결과로서 억압이 이루어진 경우(악마는 포효하는 사자처럼 먹잇감이 될 만한 사람에게 덤벼든다)야말로 자유의 적들이 가장 반기는 상황이다. 어떤 사람들은 버몬트의 주민들이 소박하고 따뜻한 정이 있지만 비싸고 지저분한 단골 가게가 늘어선 시내 상점가에서 쇼핑하기를 선호하기 때문에 월마트 입점을 그리 바라지 않는다고 주장한다. 즉, '상업주의'의 노랫소리에 약한 의지가 꺾여버리지 않도록 자신들을 '경관 보존'이라는 뱃머리에 매달아달라고 자발적으로 요청한 것이다.

이 정당화는 설득력은 있지만 미약하다. 소위 '집단행동 문제'를 지적하는 것이 보다 현명하고 설득력 있는 설명일 것이다. 즉, 강제력은 각 개인의 보다 높은 계획들을 현실화시키는 데 필요할 뿐 아니라, 의무는 다하지 않고 혜택에만 편승하는 협잡꾼들을 방지하는 데도 중요하다. 고풍스러운 시내 중심가의 분위기를 즐기면서도 이를 유지하기 위한 아픔에 동참하거나, 문제 해결을 위한 행동에 관여하려 하지 않는 이들은 정부가 제공하는 모든 혜택은 다 누리면서 방법만 있다면 그 비용을 부담하려 하지 않는 탈세자와 같다. 마찬가지로 버몬트 주민 중에는 크리스마스 쇼핑은 월마트에서 하고, 동네 마을에서는 조간신문이나 과자를 사면서 따뜻한 대화를 즐길 수 있기를 바란다. 그렇기 때문에 사람들이 진정으로 원하는 것이 이루어지기 위해서는 강제성을 발휘할 수밖에 없다. 그런데 사람들이 뭘 진정으로 원하는지 어떻게 알 수 있단 말인가? 사람들(그들의 대표자인 충직한 의원들)이 찬성표를 던지는 것을 원한다고 보면 되는가? 투표와 대의원 제도는 보다 믿을 만하고 선견성이 있는 선택안이다.

투표와 대의원 제도를 이용하면, 정부의 모든 시책은 개인의 자유로운 선택에 의해 시행되는 것처럼 보인다. 만약 정부가 '큰 정부'를 표방하겠다고 하거나, 극단적으로 상품과 서비스를 줄이고 소를 위한 목초지와 녹지를 늘려서 '녹색 연방'을 창설하겠다고 해도, 이를 위한 법규를 제정해서 시행할 지도자를 선출한 것이 바로 국민이니, 정부의 선택 역시 국민의 선택이라는 논리가 성립된다. 정부가 없다면, 단체 행동은 수습하기가 어려워지는 것이 사실이다. 세금은 걷히지 않을 것이며, 그렇게 되면 경찰이나 학교, 공공재뿐 아니라 빈곤층에 대한 도움 등 현대 사회에서 살아가는 데 필요한 모든 것이 사라질 것이다. 이런 제도와 편의시설이 마련되고, 이를 위한 비용이 징수된다면, 투표가 비록 여러 문제점이 있고 반자유주의적 성격이 있다고 하더라도 선택할 수밖에 없는 '차선'인 것이다. 그리고 물론 모든 문제를 언제나 국민투표에 부칠 수는 없다. 그렇기 때문에 국민에게 필요한 제도와 편의시설을 정비하고, 이를 집행하는 길을 선택할 국회의원과 정부를 선출해야 하는 것이다.

월마트 입점을 금지하는 것은 도로를 확충하고 경찰관을 늘리기 위해 세율을 높이는 것과는 근본적으로 다르다. 모든 주민(공원을 이용할 마음이 없는 사람이라도)이 납부하는 세금으로 편성된 마을 예산으로 공원이나 마을 광장의 기념비를 조성하는 것과도 다르다. 이런 비교도 가능할 것이다. 미국의 기념비적인 오페라단인 뉴욕 메트로폴리탄 오페라단은 매년 국가가 보조금으로 지원하지 않으면 존속이 어렵다. 그런데 이 보조금은 〈돈 카를로Don Carlo〉와 도널드 트럼프Donald Trump, 1946~를 구분조차 하지 못하는 수백만 명의 미국인의 주머니에서 나오고 있다. 이를 용인할 수 있다면(솔직히 나도 자신은 없다. 오페라는 좋아하지만 말이다.) 월마트 입점 금지를 용인하는 것은 왜 안 될까? 더 좋은 도로와 더 많은 경찰관의 혜택을 '원하는' 사람만 누릴 수 있도록 하는 것은 현실적으로 불가능하다. 오페라라면, 공연 티켓을 사지 않으면 되겠지만, 공적 자금으로 조성된 마을 기념비 옆을 지나갈 때마다 눈을 돌리라고 할 수는 없으니 말이다. 월마트 입점 금지를 주장하는 사람들이 유지하기를 원하는 동네 가게들과 공적 보조금을 투입해야만 유지되는 오페라단의 차이는 이런 것이 아닐까? 동네 가게들을 유지하려면 보조금이 문제가 아니라, 싸고 물건이 많은 대형 쇼핑몰만 선호하는 이웃들까지 그곳에서 물건을 사도록 강요해야만 한다는 것이다.

월마트 입점 규제나, 프랑스어 헌장이 그토록 강압적으로 느껴지는 이유도 바로 이것이다. 그럴 마음이 없는 사람들의 동참을 억지로 끌어내기 위해 다른 곳에서 쇼핑할 선택을 아예 차단시켜버리는 그 '보편성' 말이다. 이는 마치 뉴욕 메트로폴리탄 오페라단의 공연이 열리는 토요일 저녁마다 모든 술집과 영화관, 볼링장 등 사람들이 모일 만한 장소를 모두 폐쇄해버림으로써 오페라단을 지원하는 것과 같은 방식이다. 사실 버몬트의 환경옹호론자들이 원하는 것은 주 전체를 녹지로 만드는 것이 아니라 버몬트 주의 주민들이 특정한 방식의 삶, 즉 환경친화적 삶을 살도록 하는 것이다(사람들이 프랑스어로 생각하길 요구하는 프랑스어 헌장도 마찬가지다). 자유의 정신에 부합되는 것은 실질적인 과제들에 억지로 동참하기보다는, 차등 세금을 받아들이는 것이라는 점을 기억하기 바란다. 만약 버몬트의 마을 중심지가 일종의 생태 테마 파크(환경옹호론자를 위한 디즈니랜드)라면 모든 사람에게 건은 세금으로 보조금을 조성하여 마을 가게가 영업을 계속할 수 있도록 도와주고, 대형 쇼핑몰에서 쇼핑을 하고 싶은 주민들은 세금을 내고 난 돈으로 월마트에 가서 원하는 것을 살 수 있도록 해주면 되지 않을까? 아주 좋은 방법 아닌가? 그러나 환경옹호론자들의 생각은 다르다. 그 이유는 무엇일까? 그들의 마음속을 들여다보면 답이 보일 것이다. 그들이 진정으로 원하는 것은, 자신이 가장 좋다고 판단한 방식의 삶을 다른 사람들도 살아가도록 하는 것이다. 그렇기 때문에 그들은 '자유의 친구'가 될 수 없다.[7]

소매치기

지금까지는 월마트 입점 규제와 비슷한 법 제도에 대한 상당히 설득력 있는 설명을 삼가해왔다. 그럼 지금부터 같이 생각해보자. 앞에서도 언급했듯이, 로드아일랜드 주의 주류 판매점은 광고에 판매 가격을 넣지 못한다. 버지니아 주의 약국도 마찬가지다.[8] 오클라호마 주와 테네시 주에서는 오직 주 정부의 인가를 받은 장의업체에서만 관을 살 수 있다.[9] 1886년, 국회는 버터처럼 보이도록 팜유로 색을 낸 마가린에 특별세를 부과했다.[10] 이 모든 사례는 보다 나은 사회를 구축하고자 하는 건전한 동기에서 비롯된 것이지만, 자유를 억압하는 결과를 낳았다. 주류 판매 가격을 광고하지 못하도록 금지한 것은 음주를 줄이도록 하기 위해서이며, 처방약 가격 광고를 금지한 것은 경쟁 속에서 품질을 유지하도록 하기 위해서다. 또 장의사들은 유족들의 감정을 배려하도록 훈련을 받은 사람들이고 관의 기술적 사양을 숙지하고 있으며, 팜유로 색을 입힌 마가린은 그리 몸에 좋지 않을 수도 있고, 또 진짜 버터를 사려던 사람이 혼동해서 구입할 가능성도 있다.

이 모든 사례는 주류 소매업자, 지역 사회의 약사, 장의사, 유제품 업체 등 소규모이기는 하나 정치적 영향력이 있는 단체들이 경쟁에서 자신을 보호해달라고 국회의원들을 설득한 결과다. 그리고 그 결과 피해를 입는 것은 일반 소비자들이다. 주류와 처방약에 대한 규제는 월마트 입점 규제와 매우 흡사하다. 왜냐하면 소규모 주류 판매점과 약국들은 인근 상점이 대규모 할인 체인점으로 바뀌면, 사회적 조화가 결여되었다고 다시금 국회를 압박할 것이기 때문이다.

마지막으로, 존 스튜어트 밀이 좋아했던 '바우처 계획'에 대한 반대 주장을 생각해보자. 모든 아이는 일정 수준의 학식과 기술을 익히기 위해 학교에 다녀야 한다. 그러나 모든 아이들이 국가가 제공하는 기본 교육을 받을 필요는 없다. 밀이 주장했던 계획은 각 가정에 바우처를 주고 국가 인증 교육기관이 제공하는 교육 메뉴를 선별적으로 구입하여 들을 수 있도록 하는 방식이다. 반대론자들은 이런 교육 방식으로는 다양한 환경 속에서 자란 아이들을 하나의 시민으로 통합할 수 없다고 주장한다. 즉, 국가의 교육 시스템에서 떨어져 나온 아이들과 그 가족들은 교육 시스템의 발전이나 문제점에 관심을 가지지 않게 될 것이라는 우려다(캐나다 국가 의료보험을 떠올리기 바란다). 그러나 비효율적이고 완고한 관료들, 보조금을 타내려고 혈안이 된 공무원 노조와 교사 단체들은 수단과 방법을 가리지 않고 자신의 기득권을 지키려 안간힘을 쓰며, 경쟁과 학교 선택권에 반발한다. 그들 역시 우리의 돈을 뜯어내는 것이다.

이런 허울만 좋은 합리화는 그들이 뻔뻔스럽게도 추구한다고 강조하는 바로 그 '민주주의'의 정신을 위협한다. 책의 첫 부분에서 언급한 세 가지 사례들에는 우리가 지금까지 살펴본 고결한 정당화의 가면을 쓴 재분배(소매치기)라고 판단되는 부분들이 있다. 그러나 최소한 프랑스어 헌장과 캐나다 국가 의료보험의 경우는 주류 사회에 이득을 준다고 볼 수 있다. 그리고 이 세 가지 사례 모두 민주적인 절차에 의해 비준되었을 것이며, 여기에 내가 '동기의 불온성'을 지적하며 반대하는 것은 적절하지 않을 것이다. 하지만, 의심을 완전히 버려서는 안 된다. 반자유주의적 법 제도가 돈과 권력의 추구를 은폐하는 수단이 될 수 있다는 것을 말이다.

출구 봉쇄

세 번째 퍼즐인 캐나다 국가 의료보험에 지금까지의 관점을 적용한
다면 조금 더 자세한 모습을 볼 수 있다.

환경운동가들을 보면, 마치 보통 사람들을 '대의'에 동참시킬 자격
이라도 있는 것처럼 보인다. 그들에게 청정 지역 버몬트는 피라미드
와 같은 대의명분이다. 크리스마스 선물로 아이에게 싸구려 장난감
세트를 사주는 것처럼 아무 일도 아니라는 듯이 우리를 '환경지상주
의의 신'의 제물로 삼으려는 것이다. 하지만 캐나다 국가 의료보험
제도는 월마트 입점 규제와는 달리, '사람'에 대한 일이다. 그 모든
에너지는 흥분의 도가니에 있거나, 좌절하거나, 취약한 상황이 있는
사람을 구원하는 데 집중되어 있는 듯하다. 섹스와 마찬가지로 건강
은 개인의 삶과 육체적인 활동의 핵심에 직결되는 문제다. 그러나 이
인간적인 관점은 캐나다 국가 의료보험과 같은 시스템을 결정하는
요소가 되지 못한다. 이 관점에 그림자를 드리우는 비인간적인 이상,
즉 평등이라는 가치에 지배되기 때문이다. 평등은 사람과 관련된 문
제에서는 자유처럼 행세하지만, 누군가의 몫을 빼앗아 더 많이 가진
경우가 아니더라도, 누군가의 영역을 침범하여 뺏은 경우가 아니더
라도 '불평등'한 상황이 발생하면 본 모습을 드러낸다. 사실, '완전
한' 평등을 주장하는 사람들은 어떤 경우라도 누군가가 더 많은 것을
갖는다는 것을 용납하지 못한다. 그로서 극빈층의 생활이 더 나아질
수 있다고 하더라도 말이다.

캐나다 국가 의료보험은 이런 '평등주의적' 관점이 일부 반영되어 있다. 다른 국가들의 경우, 대부분이 국가 의료보험 체제와 병행하여 민간 보험을 허용하되, 국가 보험 제도의 혜택을 최빈곤층이 누릴 수 있는 수준에서 보험료를 설정하여, 이를 전 국민이 부담하도록 하고 있다.[11] 하지만 캐나다 정부가 민간 보험을 허용하지 않는 것은 단순히 평등이라는 추상적인 가치를 끈질기게 추구하기 때문이 아니라, 그렇게 전 국민을 한 배에 태워 사회적 동참을 이끌어내지 않으면 빈곤층의 수요를 충족시킬 수 없다고 판단했기 때문일지도 모른다. 내 말이 틀렸다고 생각하는 사람도 있을지 모른다. 캐나다 국가 의료보험 제도는 평등의 실현을 위해 개인을 희생시키기 때문에 문제인 것이 아니다. 더 큰 문제는 캐나다 정부가 추구하는 '인간적인 목표'를 향한 계획을 추진하는 과정에서 국민들의 마음의 자유를 존중하지 않고 있다는 것이다. 출구 봉쇄가 목표의 일부가 아니라, 이 제도에 대한 국민의 지지를 보장하기 위한 수단의 하나라고 볼 수도 있을 것이다. 즉, 보건 당국이 개인의 자유를 제한하고, 그들의 상태를 악화시키는 것은 그들의 행복을 사회적 약자들에게 나눠주기 위해서가 아니라, 국가의 압박이 없더라도 각 개인의 건강한 도덕적 판단력이 옳다고 생각하는 방향(캐나다 국가 의료보험을 지지하는 사람들은 이렇게 믿는다)을 지지하도록 설득(강요)하기 위한 것이다.

민간 보험을 허용하지 않는 것에 대한 정당화는 언뜻 보면 개인을 위한, 개인의 이익을 위한 선택을 도와주는 법 제도의 그물처럼 느껴지기도 한다. 이 법 제도들을 제정하는 사람들은 무엇이 우리에게 가장 좋을지를, 우리 자신보다도 더 잘 알고 있다고 생각하기 때문이

제7장 자유의 정신

다. 사회보장은 이를 잘 보여준다. 국민연금 제도는 재분배적인 측면을 가지기는 하나, 저축과 보험적인 성격이 강하다. 민간 보험회사나 연금회사에서 구입할 수 있는 보험 상품과의 차이점이라곤 '의무 가입'이라는 점밖에 없다. 국민연금 제도가 '의무 가입'인 이유는 대부분의 사람이 현재의 수입을 미래를 위해 저축하지 않을 것이라는 판단 때문이다. 즉, 국민 대부분은 훗날 수입이 끊기고 난 후의 노후를 계획할 만한 선견성이 없으며, 계획성은 있더라도 현재의 수입을 쓰지 않고 노후를 위해 남겨둘 만한 의지가 없기 때문에, 국가가 '강제적'으로라도 이를 도와줘야 한다는 논리다. 어쩌면 노년기에 비참한 생활 속에서 젊은 날을 되돌아보며, 노후를 대비한다고 연금을 붓느니, 젊어서 버는 족족 마음껏 쓸 걸 그랬다고 생각하는 사람도 있을지 모른다. 그러나 그들이 정말로 그렇게 나이가 들어서 비참한 생활을 한다면 가족이나 친구, 이웃이 자신을 도와줄 것이라고 믿고 있는지 의심을 해볼 필요가 있다.

리처드 탈러Richard Thaler, 1945~와 캐스 선스타인은 우리 자신에게 도움을 주기 위해서 개인의 자유를 제한하는 국민연금을 비롯한 법규들에 대한 고찰에서, 소위 '온정주의적 개입'이라는 개념을 제시했다. 즉, 선택안들을 제시하는 동시에 그 방향을 비트는 방식으로 개입해야 할 때가 있다는 것이다.[12] 샐러드와 구운 생선은 몸에 좋다. 반면 햄버거나 피자, 크림 범벅인 케이크는 좋지 않다. 학교나 관공서, 또는 지역 경기장의 카페테리아에서는 음식들이 일정 순서대로 배치되어야 하는데, 그렇다면 몸에 나쁜 음식들을 가장 마지막에 배치할 수는 없는 것일까? 또 고용주가 보니, 직원들의 월급 중 매달

현대의 지혜

일정 금액을 각자의 퇴직 예금 계좌(세금 면제)로 입금하는 것이 낫겠다고 (상당히 합리적으로) 판단했다면 어떻게 해야 할까? 고용주가 직원들에게 퇴직 예금 계좌를 만들어 입금하는 것보다 그 계획에 참여하지 않는 것을 요구했다고 해서 직원들의 자유를 존중하지 않는 것은 아니다. 타인에게 그들이 무시할 수도 있는 대안들을 제시하면서 확실한 선택을 요구하는 것은 온정주의적 방식이다. 그러나 관여하지 않기보다는 관여하도록 하는 판단, 피자와 케이크 대신 샐러드를 앞쪽에 배열하도록 하는 판단은 자연법처럼 강력하지 못하기에 정부나 고용주는 이런 문제에서 자유의 정신을 저해하는 수준까지 강요를 하지는 않는다.

캐나다 국가 의료보험 제도는 이와는 다르다. 이 제도는 정부의 의료보험 제도의 비용을 충당하기 위해 전 국민에게 보험료와 세금을 징수할 뿐 아니라, 이미 그 비용을 납부했고, 앞으로도 납부하려고 하는 사람들의 출구마저도 봉쇄해버린다. 공립학교의 학비를 세금에서 충당하는 것과 자녀를 공립학교에만 보내도록 강요하는 것은 전혀 다른 문제다.[13] 이 사례들에서는 그 계획이나 제도의 원활한 운영을 위해서 세금뿐 아니라 각 개인의 동참을 요구하고 있다는 공통점이 있다. 개인의 열정적인 참가와 정치적인 지지까지도 요구하는 이 강압은 자유를 크게 침해한다. 공교육, 사회보장, 영국 의료보험 제도 등 세금으로 조성된 모든 제도와 시스템에는 다양한 장려책들이 존재한다. 캐나다 국가 의료보험 제도 역시도, 이 장려책을 동원하여 모든 국민의 동참을 끌어내는 것이다.

캐나다 국가 의료보험과 나머지 두 사례에 대해서는, 일상생활을 프랑스어로 영위하고, 고풍스러운 시골 마을의 삶을 누리며, 전 국민을 위한 효율적인 의료보험 시스템을 바라는 사람들이 선택의 자유를 행사하기 위해서, 다른 사람들의 자유를 침해한 것에 불과하다고 주장하는 사람들도 있다. 그러나 이 사례들에서 다수 세력은 반대론자들의 자유를 존중하면서도 자신이 원하는 삶을 살아갈 수 있다. 그 방법들이 그리 효과적이지 못하다고 할 수도 있겠지만, 그 메커니즘에 대해서는 앞에서 언급한 바 있다. 반대론자들은 세금을 징수당할 뿐 아니라, 개인으로서의 동참을 강요당하며, 납세 후에도 출구는 여전히 일부 막혀 있다. 그들은 개인으로서의 동참과 세금 납부만을 강요당한 것이 아니다. 바로 이 나머지 단계(출구 봉쇄) 때문에 이 제도는 다수 세력이 소수의 반대를 물리치고 목표를 달성하기 위한 수단이 아닌, 반대론자들도 실제로 그 제도를 따르도록 강요하는 '강제 징집'의 성격을 띤다. 초기 기독교인들에게 로마의 법을 따르고 로마의 신들(프랑스계 캐나다인의 신, 상업주의에 물들지 않은 녹지의 신, 평등의 신) 앞에서 향을 피우도록 강제한 로마인들을 연상케 하는 이유도 바로 그것이다.

자유의 정신 ■■ Living with Spirits

자유로운 마음의 소유자는 프랑스어 헌장이나 월마트 입점 규제, 또는 캐나다 국가 의료보험 제도에 반대해야 한다는 이야기가 이 글의 논점이 아니라는 것은 모든 독자가 알고 있으리라 생각한다. 비록 변호사이자 법학대학 교수이지만 그런 식으로 자유를 행사하라고 주장한 적은 없다. 법정에서 나는 승소하기 위해 변론을 편다. 상대방을 이기려고, 승소 판결을 듣기 위해, 또 나를 상대로 재판을 건 상대방에게 벌금이 부과되는 것을 듣기 위해 주장을 전개한다. 바로 이것이 내가 이상적으로 생각하는 변론이다.

하지만 이 책에서는 이런 이상적인 변론은 접어두었다. 그 대신 무난한 세 가지 도전을 시작했다. 합당한 근거가 있기는 하지만, 우리의 자유를 침해한다고도 볼 수 있는 제도들을 살펴보기로 한 것이다. 이 사례들의 고찰을 통해 우리는 자유의 개념, 그리고 자유의 적들과의 차이를 이해할 수 있었기를 기대한다. 자유는 자아를 가지고 판단하여 자신의 책임하에서 선택하고 삶을 꾸려가는 개인으로서의 힘을 행사하는 것이다. 또한, 자유는 각각의 개인성에 의해 성립되는 보편적인 가치이며, 자신이 선택한 경우가 아니면 누구에게도, 무엇에도 지배되지 않는 정신을 말한다.

자유는 다른 자유인들과 정부에 대등하게 맞서는 우리의 자세이며, 정부는 이러한 자유를 인정하고 보호해야 한다. 바로 이 때문에 자유는 사람과 사람 간의 관계이며, 바로 이것이 질병이나 자연재해, 그리고 중력의 법칙조차도 우리의 자유를 앗아갈 수 없다. 자유는 개인의 소유권을 의미한다. 태풍은 이를 빼앗아가지 못하지만, 타인은 강탈할 수 있다. 그러나 그 이전에 우리는 스스로, 이 소유권을 타인과 공유해야 하는 때가 있다. 사람과 사람 사이의 경계선이 필요한 것도 이 때문이다. 그런데 바로 이 선 긋기야말로 자유의 논의에서 가장 까다로운 부분이다. 수많은 철학 학파의 궤변론자들은 어떤 존재에게 자연이 부여한 영역은 있을 수 없으며, 이는 단지 사회가 인식해주는 영역일 뿐이고, 그렇다고 한다면 사회와 개인의 경계선은 존재할 수 없다고 주장해왔다. 이 논의를 정리하기 위해서, 마음의 자유와, 자유가 정의하는 자연적 경계선과 인간의 가장 핵심을 이루는 부분에 대한 자연적 경계에 대해 살펴보았다.

비록 자신의 마음과 육체의 자기 소유권을 부정하는 사람들을 설득시키기 위해 여러 주장을 펼치긴 하지만, 상대방에게 내 식대로 생각하라고 강요할 수는 없는 법이다. 이 책에서는 형식에서나 내용에서나 '좋은 주장'을 '부드럽게' 제시하여 '온건한 결과'를 도출하려 했다.[14] 그렇기에 나는 붓으로 부드럽게 써내려간 주장을 제시했을 뿐, 곤봉을 휘두르며 그 주장을 받아들이도록 강요하지 않았다. 또 가능한 한 자주 나의 논점을 제대로 전달할 수 있는 주장이 무엇일지 생각해보고, 책에서 제시함으로써 독자들이 선택할 수 있도록 했다.

이 책을 집필하면서 나는 나의 동료이자 자유의 친구인 로버트 노직의 말과 그가 제시한 사례들에서 영감을 얻곤 했다.

현대의 자유

어떤 순간에도 독자는 무엇을 받아들이도록 강요받아서는 안 된다. 독자는 혼자서 천천히, 스스로 움직이며 작가와 자신의 생각 속을 탐험해야 한다……

이렇게 독자를 배려하는 관점에서 작가는 똑같은 주제를 한 번 이상 되풀이해서 설명한다. 한두 번 설명으로 모든 것을 제대로 전달되지 못하는 내용도 있으며, 독자 자신이 스스로 생각할 준비가 안 되어 있을 수도 있다.[15]

나는 마음의 자유에 대해 이야기하지만, 이 마음의 자유가 명예훼손이나 인신공격, 폭력의 선동까지도 적용될 수 있을지는 언급하지 않았다. 수정헌법 제1조의 모든 내용은 변호사들의 일거리와 연결되는 내용이다.[16] 섹스와 자유를 설명하면서도 낙태는 언급하지 않았다. 나는 일과 재산에 대해 이야기하지만, 여당(또는 주류 사회의 대변인)의 희망사항과 개인의 자유를 양립시킬 수 있는 구체적인 정치적 제도들, 나아가 여당이나 정부의 구체적인 관심사 또는, 국가의 영광이나 평등과 같은 추상적인 가치를 깨닫는 방법 등에 대해서는 별로 할 말이 없다.

자유 민주주의 국가의 주류 세력은 민주주의의 원칙을 관철하려 한다. 그러나 이를 추구하려는 노력과 개인의 권리, 즉 자유의 실현은 양립될 수 없다. 그 균형점을 모색하는 것이 바로 자유 입헌주의인 것이다. 세계 어느 곳을 돌아보더라도 자유 입헌주의를 채택하고 있는 나라 중 이 균형을 완벽하게 유지하고 있는 곳은 없으며, 각기 다른 부분에서 때로는 민주주의의 원칙이 훼손되고, 때로는 개인의 권리가 무시되곤 한다. 하지만 이 모든 국가들은 정치적 자유뿐 아니라 개인의 자유, 즉, 개인의 생각할 자유와 양심의 자유, 또 직업을 선택하고 재산을 벌어들일 자유를 존중하고 있다.

일례로, '재능이 있으면 그에 걸맞은 직업을 얻을 수 있다'라는 말은 계몽 시대부터 주장되어 왔고,[17] 개인의 재산을 공공의 이익을 위한다는 명분으로 아무런 보상도 지불하지 않고 탈취해서는 안 된다는 사고방식은 현재도 공유되고 있는 국제법적 원칙이다.[18] 그러나 여기에도 복잡한 선 긋기는 필요하다. 예를 들어 누구나 원하는 직업을 가질 수 있도록 보장하는 자유의 원칙도 중요하지만, 의사, 약사, 변호사, 회계사 등 전문가들이 정부의 인증을 통해 진입 장벽을 높이고자 하는 것도 타당한 요구이기 때문이다.

때로 이 선이 잘못 그어지면, 정부 인증을 통해 진료 비용을 떨어뜨리거나, 진료가 부적절하게 이루어지고 있음을 폭로할 가능성이 있는 경쟁자들을 물리치고, 현재의 독점 지위를 유지하려는 병원들의 속셈에 이용될 수도 있다.[19] 마찬가지로 재산권과 재산의 몰수에 대한 정의와 규제 역시 까다로운 문제다. 토지의 주인에게, 그 토지의 소유권은 인정하되, 공원 용도로밖에 쓸 수 없다고 규제하는 것은 그 토지를 몰수하는 것과 다를 바 없지만, 이 역시도 상황에 따라 미묘한 차이가 발생한다.[20] 그 각각의 차이를 명확하게 밝히려면 법적 조약들이 필요할 것이며, 법적 조약이 있다고 하더라도, 이 경계선들이 자유의 원칙에 수반된 것이라고 주장할 수 없을지 모른다.

내가 세 가지 퍼즐을 완벽하게 풀지 못한 이유도 이 때문이다. 각각의 사례에서 현대적이고 복잡한 구조의 정부는 경합하는 가치들 사이에 그어진 선을 조정해야 한다. 개인의 이익을 위한 자유가 집단적 다수의 이익을 실현하기 위한 자유(또는 고대의 자유, 브레이어의 실천적 자유)와 경쟁한다.

각각의 사례들은 비슷한 난점을 제공하는 데 내가 할 수 있는 것이라고는 이미 선택된 해결책을 뒷받침할 강한 신뢰와 지지를 표면화시키는 것뿐이었다. 전통과 단체의 정체성, 자연의 아름다움과 물리적 환경, 사회의 결속과 고통 받는 사람들에 대한 인간적 지원 등 이러한 가치관의 충돌과 개인의 자유는 첫 번째 원칙에 근거한 추론이나 어떠한 공식으로도 해결될 수 없다. 일반적인 원칙은 고찰의 대상을 끊임없이 확대시킬 뿐이다. 이는 우아한 고층 건물의 설계도와 같다. 건물이 어떤 모습일지 짐작할 수 있지만, 하수도관의 배치라던가, 지하실, 기계 등의 세부적인 구조까지는 보여주지 못한다. 헌법과 법률, 전통과 풍습 등이 이 세부적인 구조를 구성하는 요소들이다.[21] 건물의 전체상이라는 관점은 결여되어 있지만, 실제로 건물을 건설해서 사용하려면 이 세부 사항은 필수적이다. 변호사나 판사, 국회의원과 경제학자들이 바로 이 지엽적인 세부 요소들을 시공할 기술자들이다. 건물이 건설되면, 이들은 자유의 배관공이자 인부로서 지하실에서 일을 시작할 것이다. 책을 쓰지 않을 때 내가 일하는 곳도 바로 그런 지하실이다. 우리는 모두 건축사이며, 우리가 설계한 빌딩들은 각기 다른 모습을 하고 있을 것이다(나의 바람일 뿐일지도 모르겠지만). 이 책을 통해 나는 자유의 정신으로 지어진 빌딩이 어떤 모습일지 보여주고자 했다. 하지만 내가 자주 내려가야 했던 지하실까지는 안내하지 않았다. 만약 우리 건축사들이 자유의 정신으로 제대로 건물을 지었다면, 또 관리 유지 팀이 그 정신을 잘 유지한다면, 지하실에 내려가는 것은 독자의 선택이 될 것이다.

주

제1장 | 자유 : 그 실체를 찾아서

서두의 인용문 | 예이츠는 로버트 포스터(Robert Foster)를 인용했다. *W. B. Yeats : A Life*(New York : Oxford University Press, 2003), p. 265. 뱅자맹 콩스탕의 발언(De la liberté des anciens comparée á celle des modernes) 은 1819년, 파리의 로열 아테네(Athénée Royal de Paris)에서 이루어진 강연 때 나왔던 것이다. 이 책에서 인용한 콩스탕의 발언은 모두 저자의 번역이다.

1 Constant, "De la liberté." 콩스탕의 업적에 대한 또 다른 견해가 궁금하다면 다음 책을 참고하기 바란다. Stephen Breyer, *Active Liberty : Interpreting Our Democratic Constitution*(New York : Knopf, 2005) 콩스탕의 성격을 감안할 때, 그가 사용한 단어들은 매우 다양하게 해석될 수 있다. 정치적 동맹 관계나 열정적인 애정 행각에서 보여준 모습으로 추측해보건대, 그는 청렴하거나, 지속적이거나, 결단력이 있는 인물이 아니었다. 그는 대혁명 이전의 기존 체제를 경멸했지만, 그 체제를 무너뜨리고 정권을 잡은 자코뱅당을 지지하면서도 그들의 월권 행위를 개탄했다. 나폴레옹에 반기를 들었던 콩스탕은 나폴레옹의 비밀경찰을 피해 프랑스를 떠났지만, 프랑스에 돌아와서는 엘바 섬에서 탈출한 나폴레옹을 지지하며 입헌군주제의 실현을 꿈꿨다. 그러나 그 후 왕정 복귀한 부르봉 왕가 지지로 돌아서서 정치적 입지를 보장받았다. 이런 콩스탕의 정치적 행적은, 그가 왜 로열 아테네에서 이런 발언으로 강연을 마무리했는지 그 이유를 설명하는 단서가 될 수 있을 것이다. "신사 여러분, 앞서 말씀드린 두 가지 자유 중 하나를 버리는 것이 아니라, 이 두 자유를 결합시켜야 합니다." Sola Inconstantia Constans(변덕장이 콩스탕)은 처세를 위해 그가 선택한 방편이었다. 오히려 그의 친구들과 그의 정부인 스틸 부인은 콩스탕보다 더 용기 있고 존경받을 만한 인물이었다. 스틸 부인은 공포정치 시절 망명이라는 위험 천만한 길을 선택했고, 러시아와 스웨덴을 돌며 나폴레옹 반대파들을 독려했다. 콩스탕에 대한 기본 자료로는 다음 책들을 참고로 했다. Dennis Wood, *Benjamin Constant : A Biography*(New York : Routledge, 1993) ; Harold Nicolson, *Benjamin Constant*(London : Constable, 1949).

2 Émile Faguet, *Politiques et Moralistes du Dix-Neuvième Siècle*(1st ed.) 중 "Benjamin Constant." fare.tunes.org/books/Faguet/benjamin_constant.html에 서 찾아볼 수 있다. 인용문은 저자의 번역이다.

3 Isaiah Berlin, *Four Essays on Liberty*(Oxford:Oxford University Press, 1969) 중 "Two Concepts of Liberty", pp. xlvi,162~166("[콩스탕은] …… 어떤 현대의 작가보다 도 부정적인 자유를 중요시 여겼다.)

4 Constant, "De la liberté"

5 "상업은 독재적인 통치자의 권위를 회피할 수 있는 수단이 된다. 왜냐하면 상업으로 인해 재산의 성격이 변화하며, 이 변화로 인해 통치자가 개인의 재산을 수탈하기 어 려워지기 때문이다."; *Constant, De l'esprit de conquête et de l'usurpation:dans leurs rapports avec la civilisation européenne*(1814). 내 부모님은 중부 유럽에 전 해 내려오는 격언을 입버릇처럼 말씀하시곤 했다(돈이 있다고 다 행복해지는 것은 아니 다. 행복하려면 그 돈이 스위스 금고 안에 있어야 한단다). "콩스탕의 견해에 따르면, 현대 사회의 특징은 상업과 재화의 생산과 경제 활동이며, 이는 국가 간의 평화와 개인의 최대한의 자유가 실현될 때 가능해진다. 국가, 자기 표현과 재산, 사생활을 보장받을 개인의 권리는 현대 사회의 핵심이 이루게 된다." Wood, *Benjamin Constant*, pp. 205~206.

6 그는 존 애덤스(John Adams)에 접근한 후, 세인트 제임스의 법정과 미 대사관에서 그 가능성을 타진했다.

7 Ludwig von Mises, *Human Action*(New Haven:Yale University Press, 1949) p. 143: "사회는 다름 아닌 협동의 결과를 추구하는 개인들의 조합이다. 사회는 바로 여러 개 인의 다양한 행동 속에 존재한다."

8 Immanuel Kant, *Groundwork of the Metaphysics of Morals*, H. J. Paton, ed. and trans., 3d ed.(New York:Harper Torchbooks, 1956), p. 116:칸트는 "의지를 가지고 있 는 모든 이성적인 존재에게 우리는 자유라는 개념을 알려주어, 그들이 자유롭게 행동 할 수 있도록 해야 한다"고 선언했다.

9 Thomas Nagel, *The Possibility of Altruism*(Oxford:Clarendon, 1970):John Rawls, *Political Liberalism*, 2d ed.(New York:Columbia University Press, 2005), p. 51: "모든 이익은 개인(행위자)의 이익이지만, 모든 이익이 그 이익을 가지고 있는 개인에게 유 익한 것은 아니다."

10 강압이 성립되는 충분 조건과 필요 조건을 보려면 다음 책을 참고하기 바란다. Robert Nozick, *Philosophy, Science, and Method:Essays in Honor of Ernest Nagel*, Sidney Morgenbesser et al., eds.(New York:St. Martin's, 1969) 중 "Coercion", p. 440.

11 이 헌장의 서문에 따르면 캐나다 국회는 "퀘벡 주민들이 프랑스어의 질과 영향을 보

장받길 원한다는 것을 인식한 바, 프랑스어를 정부와 법뿐 아니라 일상생활과 지시, 언어 소통, 상업과 사업의 공식어로 지정한다"고 했다. 프랑스어 헌장 서문, R.S.Q.C-11(1977). 프랑스어 헌장은 흔히 법안 101조로도 불린다.

12 William Johnson, "Latest Ploy by Quebec Language Police Tries the Patients:Elderly Chinese Must be Treated by French-Speaking Nurses" *Financial Post*, 1998년 7월 31일자, p. 1:Paul Amyn, "Pardon My French:Quebec Man Who Took Immersion Here Can't Send Son to English School" *Winnipeg Free Press*, 2004년 3월7일자, p. A3; Stefanie Arduini, "Unilingual Doll Can't be Bought in Quebec" *National Post*, 2003년 12월 11일자, p. A2:*Financial Post*, 1997년 12월 24일자, p. 1:Mark Bourrie, "Row Escalates with Quebec Language Police:Newspaper Vows to Defy Order to Hand Over Photos" *Toronto Star*, 1998년 5월 25일자, p. A7.

13 1년 후, 퀘벡 고등법원은 몬트리올 중국인 병원이 간호사 채용 조건에 중국어 가능자라는 항목을 추가할 수 있다는 판결을 내렸다. Hospital Chinois de Montreal c.S.C.F.P., section locale 2948,[2000] R.J.D.T.64, 1999 CarswellQue 3740(1999). 2005년 캐나다 대법원의 Sloski(Tutos of) v. Quebec,[2005]1 S.C.R 201 판례에 따라 우크라이나인 아버지는 이제 아들을 퀘벡의 공립 영어학교에 보낼 수 있게 되었다.

14 찰스 테일러는 프랑스어 헌장을 프랑스계 캐나다인 사회의 생존 문제로 해석한다. "이는 단순히 프랑스어를 쓰고 싶어 하는 사람들을 위해 프랑스어를 공식어로 만들려는 문제가 아니다. 미래에 프랑스어를 사용할 수 있는 기회를 열어놓고자 하는 공동체의 구성원들이 존재한다는 것을 못박아두려는 의도도 포함되어 있다." Charles Taylor, *Multiculturalism:Examining the Politics of Recognition, Amy Gutmann*, ed.(Princeton, N.J.:Princeton University Press, 1994) 중 "The Politics of Recognition" pp. 25~58. 프랑스어 헌장 서문도 참고가 된다.

15 Chaoulli v. Quebec(Attorney General), 2005 S.C.C. 35, 29272, [2005] S.C.J. No. 33 QUICKLAW(2005년 6월 9일) 재판에서 캐나다 대법원은 민간 건강보험 금지에 대해 퀘벡의 인간의 권리와 자유 헌장을 침해했다는 판결을 내렸다.

Clifford Krauss, "As Canada's Slow-Motion Public Health System Falters, Private Medical Care Is Surging" *New York Times*, 2006년 2월 28일자, P. A3.

16 "America's 11 Most Endangered Historic Places 2004."

17 에드워드 L. 글래이저(Edward L. Glaeser)와 매튜 E. 칸(Matthew E. Kahn)은 *Sprawl and Urban Growth*, National Bureau of Economic Research Working Paper No. 9733, 2003에서 도시의 마구잡이 확장 현상은 보다 넓은 주택지에 대한 소비자 수요와 자동차 사용 증가의 결과에 기인한 측면이 크다고 설명했다.

18 A. O. Hirschman, *Exit, Voice, and Loyalty:Responses to Decline in Firms,*

Organizations, and States(Cambridge, Mass.:Harvard University Press, 1970).

19 1993년부터 1997년까지 노동부 장관을 역임한 로버트 라이히(Robert Reich)는 이렇게 지적한다. "문제는 우리가 시장에서 행하는 선택들이 노동자로서, 또는 시민으로서의 우리의 가치를 제대로 반영하지 못한다는 점이다. 나는 매사추세츠 캠브리지의 동네 서점이 (지난 가을에도 그랬던 것처럼) 문을 닫길 원하지 않는다. 하지만 그러면서도 여전히 아마존닷컴에서 엄청나게 많은 책들을 구입한다. 또 자신의 일자리나 공동체가 직접적으로 타격을 받지 않는 한, 그에 대한 책임감을 잘 느끼지 못하는 법이다. 나 자신도 최근 항공사 직원들이 겪고 있는 일들은 마음 아프지만, 그래도 어떻게든 가장 싼 항공 티켓을 사려고 애쓰곤 한다." Robert B. Reich, op-ed, "Don't Blame Wal-Mart" *The New York Times*, 2005년 2월 28일자, p. 19.

제2장 | 자유와 그 경쟁자들

서두의 인용문 | John Julius Norwich, *A History of Venice*(New York:Knopf, 1982), pp. 492~493. 두칼레 궁의 네 개의 문이 있는 방(Sala delle Quattro Porte)에는 앙리 왕과 그의 수행자들이 성 니콜라 성당에 들어가는 모습을 담은 빈센티노의 그림이 걸려 있다.

1 프루스트를 인용했다. "What People Say About Venice."

2 Edward Gibbon, *The Decline and Fall of the Roman Empire*, Hans-Friedrich Mueller, ed. (New York:Random House, 2003), p. 604

3 Arther Ferrill, "Attilla at Chalons", *Quarterly Journal of Military History*(1989년 여름호):48, 51.

4 Brigid Brophy, *Mozart the Dramatist:A New View of Mozart, His Operas, and His Age*(London:Faber & Faber, 1964), pp. 38, 43: "신체적 움직임의 천재(운동선수들)와 호흡 조절의 천재(오페라의 콜로라투라 프리마돈나)들을 침대 속의 행위의 거장을 나타내는 비유로 읽어내는 것은 어려운 일이 아니다. …… 노래를 부를 수는 있지만 콜로라투라처럼은 노래하지 못하는 청강생들과…… 오페라 가수의 기교는 성적 기교를 무의식적으로 연상케 하는 비유로서 세심하게 계산된 것이다. 왜냐하면 두 연인의 거친 숨소리는 아이들이 흔히 엿듣곤 하는 성적 결합을 암시하기 때문이다."

5 Elaine Scarry, *On Beauty and Being Just*(Princeton, N.J.:Princeton University Press, 1999), p. 105.

6 Thucydides, *The History of the Peloponnesian War*, Book 3, Charles Forster Smith trans.(Cambridge, Mass.:Harvard/Loeb, 1953).

7 Horace, *Odes and Epodes*, I.37, Niall Rudd, ed. and trans.(Cambridge,

Mass.:Harvard/Loeb, 2004) p. 95

8 Amartya Sen, *Rationality and Freedom*(Cambridge, Mass.:Harvard University Press, 2002), p. 395. 자유를 이해하기 위해서는 "개인이 선택하려는 것을 가질 수 있을 뿐만 아니라 스스로 선택하는 과정을 통해 그 선택을 이루어낼 수 있어야 한다"고 지적하고 있다.

9 John Rawls, *A Theory of Justice*(Cambridge, Mass.:Harvard University Press, 1971), pp. 567~577: "우선적으로 말할 수 있는 것은, 질서가 잡힌 사회에서는 좋은 사람이 된다는 것(특히 정의의 감각을 가진다는 것)은 그 사람 자신에게도 좋은 일이다."

10 Ludwig Wittingenstein, *Philosophical Investigation*, 3d.ed., G. E. M. Anscombe, trans.(New York:McMillan, 1958), p. 85e.

11 Isaiah Berlin, *The Proper Study of Mankind*, "Two Concepts of Liberty" p. 197.

12 Abraham Lincoln, "Fragment on Slavery"(연설 일자:1854년 7월 1일). The Collected Works of Abraham Lincoln, Vol.2, Roy P. Basler, ed(New Brunswick, N.J.:Rutgers University Press, 1953)에 수록됨. pp. 222~223. 인용 부분에 대해서는 윌리엄 스턴츠(William Stuntz)에게 감사한다.

13 *The Works of Jeremy Bentham*, vol.9, Johm Bowring, ed.(New York:Russell&Russell, 1962), pp. 5~8:John Stuart Mill, *Utilitarianism, Liberty, and Representative Government*(New York:Dutton, 1951), pp.51~80.

14 David DeGrazia, *In Defense of Animals:The Second Wave*, Peter Singer ed. (Blackwell, 2006) 중 "On the Question of Personhood Beyond Homo sapiens," pp 40, 44~46. 저자는 돌고래와 유인원들이 '지능적으로 행동'하며, 돌고래들이 '높은 수준의 근면성과 (또는) 이성'을 보여준다고 주장했다.:Francine Patterson과 Wendy Gordon, *The Great Ape Project*, Paola Cavalieri&Peter Singer, eds.(New York:St. Martin's, 1993) 중 "The Case for the Personhood of Gorillas,"pp.58~59. 저자는 저지대 고릴라인 코코(Koko)에 대해 스탠퍼드비넷(Stanford-Binet) 지능 테스트에서 85~95 사이의 지능지수를 나타냈으며, 500개 이상의 미국식 수화를 구사하여 자신을 표현할 수 있다고 설명하고 있다.

15 이 문제에 대한 논의들은 다음 책을 참고로 하기 바란다. Martha C. Nussbaum, *Frontiers of Justice:Disability, Nationality, Species Membership*(Cambridge, Mass.:Harvard University Press, 2006)

16 *Sovereign Virtue:The Theory and Practice of Equality*(Cambridge, Mass.:Harvard University Press, 2000), pp. 120~183에서 로널드 드워킨(Ronald Dworkin)은 배분적 평등에 대해 '자원의 평등'이라는 복잡하면서도 영리한 관점으로 접근했다. 그는 "자유는 잠재적으로 평등과 충돌하는 독립된 정치적인 이상이라기보다는 평등의 한 측면으로서 작용하게 된다"고 주장했다. 의료보험 문제에서 볼 수 있는 자유와 평

등의 충돌에 대한 그의 분석을 읽어보면, 그가 과연 이 문제를 만족스러운 수준까지 정리를 해냈는지 의구심을 갖게 한다. pp. 172~180에서 드워킨은 '실리적이고 불완전한 정치가 지배하는 현실 세계에서 자유와 평등을 조화'시키도록 제안한다. 예를 들면, 그는 부가 적절하게 배분된다면, 영리병원이나 민간 보험에 대한 규제 철폐도 정당화될 것이라고 예상한다. "그렇더라도 정부는 평등을 추구하기 위한 계획의 일환으로 민간 의료 시장을 폐지할 수도 있다." 또 그는 "인간의 기본적인 자유는 내가 지금 이런 주장을 한다고 해서 흔들리지 않는다. 심각하게 반평등주의적 사회에서조차도 말이다"라고 말했다. 그는 이 기본적인 자유의 예로서 동성연애자들이 '성적 친밀감'을 표현할 수 있는 자유를 들고 있다. 나 역시도 이것이 기본적인 자유라는 데에 동의한다. 제5장을 보기 바란다.

17 2000년에 스웨덴의 상위 10퍼센트와 하위 10퍼센트의 소득자 비율은 6.2였다. 상위 20퍼센트와 하위 20퍼센트의 비율은 4.0이었다. 같은 해 미국의 비율은 15.9와 8.4였다. 1999년 영국은 13.8과 7.2였다. 또한 0(완전한 평등)에서 100(완전한 불평등)까지의 숫자로 평등도를 나타내는 지니 계수에서는 스웨덴이 25.0, 미국이 40.8, 영국이 36.0을 기록했다. United Nations, *Human Development Report*, p. 270.

18 Scarry, *On Beauty*, p. 98

19 Immanuel Kant, *The Metaphysical Elements of Justice*, John Ladd, trans.(Indianapolis:Bobbs-Merrill, 1965), p. 35:"그 자체로, 또는 그 최대한의 행위가 보편 법칙에 부합되며 모든 사람의 자유와 공존할 수 있는 자유의 의지로서 행해지는 경우라면, 그 모든 행위는 옳다."

John Rawls, *A Theory of Justice*, p. 60:"모든 사람은 타인의 최대한의 자유와 조화를 이루는 범위 내에서 최대한의 기본적인 자유를 누릴 평등한 권리를 갖는다." 그런데 이 '첫 번째 원칙'의 '최종' 성명에서는 그 내용이 살짝 달라진다. "모든 개인은 기본적인 자유를 평등하게 누릴 수 있는 최대한 광범위한 체제에 대해 평등한 권리를 가지며, 이 권리는 타인의 최대한의 자유를 보장하는 체제와 조화를 이루는 범위 안에서만 성립된다."(p. 250) 이 원칙이 어떻게 달라졌는지 궁금하다면 다음 책을 참고하기 바란다. John Rawls, *Justice as Fairness:A Restatement*(Cambridge, Mass.:Harvard University Press, 2001), pp. 42~50.

20 《관습법The Common Law》에서 Brown v. Kendall, 60 Mass. 292(1850) 판결에 대해 언급한 홈스의 발언을 인용했다. 매사추세츠 주 대법원은 개싸움을 말리려다가 원고에게 상해를 입힌 피고에 대한 손해배상 청구 소송에서 '보편적인 주의 의무'를 판결 기준으로 삼았다. 이는 '분별력 있고 신중한 사람이 이 사례와 같은 긴급 상황에서 예상되는 위험을 막기 위해 조심성을 발휘하는 것을 말한다(p. 296).' 달리 말하면, 피고가 만약 이 주의 의무를 이행하지 않았다면, 원고의 부상에 법적 책임을 져야 하는 것이다. 이 기준은 모든 법에 적용된다. 즉, 타인의 상황을 고려해야

하는 것이다.

21 전에도 이와 같은 질문을 다음 책에서 던진 적이 있다. Charles Fried, *The Tanner Lectures on Human Values*, vol.3(Cambridge, Eng.:Cambridge University Press, 1982) 중 "Is Liberty Possible" p. 89.

제3장 | 자유와 권리

1 자유를 역량으로 보는 관점을 처음 제시하고 발전시킨 것은 아마르티아 센과 마르타 누스바움(Martha Nussbaum)이다. Amartya Sen, *Development as Freedom*(New York:Knopf, 1999). 누스바움의 이러한 관점은 광범위한 문학 작품에 영향을 미쳤다. 센의 '역량 개념'의 가장 큰 공헌 중 하나는 열 가지 '인간 역량' 목록을 제시한 것으로 여기에는 생명, 신체적 건강, 신체적 온전함, 감각, 상상력, 사고와 감정, 실제적인 판단력, 소속, 다른 종(동물, 식물, 자연과 공존하며 이를 배려하는 것), 유희, 개인의 정치적 정신적 환경을 지배할 수 있는 능력이 포함된다. 자세한 내용은 다음 책을 참고하기 바란다. Martha C. Nussbaum, *Women and Human Development:The Capabilities Approach*(Cambridge, Eng:Cambridge University Press, 2000);Martha C. Nussbaum, "Capabilities as Fundamental Entitlements:Sen and Social Justice" *Feminist Economics*(2003년 7월, 11월호):33, 41~42.

2 O. W. Holmes. Jr., *The Common Law*(London:McMillan, 1887), p. 3.

3 이를 주제로 내가 집필한 책은 다음과 같다. Charles Fried, *Contract as Promise*(Cambridge, Mass.:Harvard University Press, 1981).

4 Jean Piaget, *The Moral Judgment of the Child*(New York:Free Press, 1965);Janet W. Astington, "Children's Understanding of the Speech Act of Promising" *Journal of Child Language* 157(1988):5세에서 13세까지의 아이들이 '약속'이라는 개념을 어떻게 이해하는지에 대한 추적 조사에서, 어린아이일수록 '약속'을 '진실을 말하는 것'이라고 받아들이고, 9세 정도가 되면 대부분의 아이들이 약속과 예측의 차이점을 구별할 수 있다고 한다.

5 Barbara H. Fried, *The Progressive Assault on Laissez Faire:Robert Hale and the First Law and Economis Movements*(Cambridge, Mass.:Harvard University Press, 1998);Cass R. Sunstein, *Free Markets and Social Justice*(New York:Oxford University Press, 1997)

6 Lon L. Fuller, *The Morality of Law*(New Haven, Conn.:Yale University Press, 1969), pp. 124~125.

7 Friedrich A. Hayek, *Law, Legislation, and Liberty:A New Statement of the*

Liberal Principles of Justice and Political Economy(Chicago : University of Chicago Press, 1979), Friedrich A. Hayek, *The Constitution of Liberty*(Chicago : University of Chicago Press, 1960).

8 제1장의 후주 14번 참고.

9 Richard M. Titmuss, *The Gift Relationship : From Human Blood to Social Policy*(London : London School of Economics, 1997)

10 John Locke, *Two Treatises of Government*, Thomas Hollis, ed.(London : A. Millar et al., 1764), bk2, ch V, section 27. 칸트의 다음 책들에서도 비슷한 내용을 다루고 있다. Immanuel Kant, *The Metaphysical Elements of Justice*, John Ladd, trans.(Indianapolis : Bobbs-Merrill, 1965), pp. 51~72 ; Immanuel Kant, *The Science of Right*(1790), section 15, 17.

11 많은 철학자들(예를 들면 Kant, *Science of Right*, section 18~21)에 의해 이 주장은 보다 긍정적이고 덜 근엄한 영향력을 가지게 되었다. 헤겔은 보다 낭만적인 견해를 제시하며, "개인은 최소한의 재산을 소유할 권리를 가지며, 이는 외부의 사물에 자신의 의지를 결합시킴으로써 자신의 자유를 표현하기 위한 것이라고 보는 이론이다. 이는 로크의 이론보다 소유권의 개념에 대해 보다 적극적으로 접근하고 있는데, 로크의 이론은 재산의 사용과 취득에 대한 외부의 압력에서 벗어날 자유에 초점을 맞추고 있는 만큼 소극적"이라고 묘사했다. Liam Murphy&Thomas Nagel, The *Myth of Ownership*(New York : Oxford University Press, 2002), p. 45(G. W. F. Hegel, *Philosophy of Right*, sections 41~53을 인용했다). 이미 눈치 챘겠지만 이 장의 제목은 머피와 네이글의 책에서 빌려왔다.

12 Jeremy Waldon, "Homelessness and the Issue of Freedom" *UCLA Law Review* 295(1991) : 39, 296~300.

13 그는 내가 처한 상황이 상대적으로 더 급박하기 때문에 아주 조금밖에 돈을 주지 않을 수 있다. 하지만 내가 다른 모든 사람을 끌어들여 노동조합을 만들 수 있다면, 그의 상황 역시 우리가 처한 상황과 마찬가지로 급박해질 것이다.

14 제럴드 A. 코언(Gerald Cohen)은 로크식 자유에 대한 비평을 다음 책에서 전개했다. *Self-Ownership, Freedom, and Equality*(Cambridge, Eng : Cambridge University Press, 1995)와 "Freedom and Money : An Essay in Grateful Memory of Isaiah Berlin."

15 Robert Nozick, *Anarchy, State, and Utopia*(New York : Basic, 1974), pp. 174~178.

16 Herman Melville, *Moby-Dick ; or, the Whale*(Berkeley : University of California Press, 1979), p. 406.

17 Murphy&Nagel, *Myth of Ownership*, p. 63, n. 3.

18 Ibid., pp. 63~66.

현대의 자유

19 Ibid., pp. 65, 75.

20 Ibid., pp. 65, 64. 머피와 네이글의 이론의 보다 일반적인 버전은 다음 책에서 찾아볼 수 있다. Stephen Holmes&Cass R. Sunstein, *The Cost of Rights: Why Liberty Depends on Taxes*(New York : Norton, 1999). 이 책들은 모든 권리는 이를 효과적으로 인식하기 위한 정부의 행동(예를 들면 경찰에 의한 보호)에 달려 있기 때문에 정치적이라고 주장한다.

21 Plutarch, *The Lives of the Noble Grecians and Romans*, vol.2, Arthur Hugh Clough, trans.(New York : Modern Library, 1992), p. 148.

22 이는 군주제가 아무리 끔찍하다 할지라도 '만인에 대한 만인의 투쟁'이 계속되는 국가 이전의 자연 상태보다는 낫다고 하는 홉스주의식 주장이다. 인간의 도덕성을 중시하는 입장에 대한 이런 식의 논박은 너무나도 자주 제시되기 때문에 여기에서 짚고 넘어갈 필요가 있다. 간단하게 말하면, 그 투쟁에서 자신의 기회를 획득하길 원하지 않는 체제나 개인이 있다고 보는 것은 잘못된 생각이다. 애당초 어째서 어떤 체제나 정권이라는 존재를 받아들여야 하는가? 혹시 어느 한쪽의 체제가 도덕적으로 더 낫다고 주장할 만한 논거가 존재하지 않기 때문은 아닐까? 이것이야 말로, 통치 체제나 법 제도의 대안을 제거하거나, 선택할 수 있는 여지를 제공하지 못할지도 모른다는 문제에 대한 대답이 될 수 있을 것이다.

23 그렇다고 해도 질병이나 자연재해, 또는 불운에서도 지켜줄 수 있는 것은 아니다. 이 부분은 제2장의 논의와 연결되는 내용이다.

제4장 | 마음의 자유

1 44 Liquormart, Inc. v. Rhode Island, 517 U.S. 484(1996)

2 Ludwig Wittenstein, *Tractatus Logico-Philosophicus*(London : Routledge, 2000), section 7.

3 그렇다면 일기나 미출판된 소설, 친구들과의 편지는 영어로 쓸 수 있으리라 생각할지 모른다. 퀘벡의 프랑스어 헌장은 이를 허용하지만, 나는 이를 오로지 퀘벡 주 정부가 자유롭고 수준 높은 민주주의 체제이기 때문이라고 생각한다. 이 프랑스어 헌장의 목적은 모든 사람이 지금은 아니더라도, 앞으로 점점 더 많은 사람들이, 그것도 아니라면 앞으로 태어날 다음 세대들이 '언젠가는' 프랑스어로 생각하고 말하도록 하는 것이다. 그게 아니라면 도대체 목적이 무엇이란 말인가?

4 소칼(Sokal) 사건이라는 어처구니없는 사건이 있었다. 이 사건은 물리학자인 앨런 소칼(Alan Sokal, 1955~) 교수가 〈경계를 넘어서 : 양자 중력의 변형적 해석학을 위하여Transgressing the Boundaries : Toward a Transformative Hermeneutics of Quantum

Gravity〉라는 엉터리 논문을 《소셜 텍스트Social Text》에 기고하면서 시작되었다. 《소셜 텍스트》는 문화 연구 학계의 선도적인 학술지로 '모든 것은 사회적 구조에 의한 것'이라는 주장을 지지하는 입장을 견지하고 있었다. 소칼은 이 논문에서 과학 역시 정합성을 확보하지 못하면 심각한 오류를 야기한다는 주장을 펼쳤다. 높은 학식을 자랑하는 《소셜 텍스트》의 편집자들은 그의 논문을 채택했고, 문학 연구에 대한 과학자들의 견해가 얼마나 무지하고 무능한지를 조소하는 특별호를 발간하면서 소칼의 논문을 실었다. 소칼은 자신의 논문이 엉터리임을 밝힘으로써, 문화 연구계의 거장들인 편집자들의 어리석음과 무지뿐 아니라, 철학자인 폴 보고시안(Paul Boghossian)이 지적했듯이, 정치가들 역시 '(자신의) 사상적 뿌리가 다른 어떠한 출판상의 기준보다도 우선시하는 입장을 보이고 있음'을 만천하에 드러냈다. Paul A. Boghossian, "What the Sola Hoax Ought to Teach Us" *Times Literary Supplement*, 1996년 12월 13일자, pp. 14~15. 이 문제를 둘러싼 진지한 토론은 다음 책에 실려 있다. Thomas Nagel, *The Last Word*(New York : Oxford University Press, 1997)

5 네이글은 이 사회적 구조관에 대해 이렇게 주장한다. "반대 의견에 대한 대답은 …… 무조건적이고 비상대적인 심판은 환상이다. 우리는 한걸음 물러나 우리 자신을 생각하는 사물로서 바라볼 수 없으며, 그런 심판을 가능케 하는 안전한 토대를 찾을 수도 없기 때문이다. 이 관점에서 볼 때 우리의 모든 행동은 …… 필연적으로 개인성이나 사회적 본성의 발로이지, 인간적인 특성이 개입되지 않은 판단에 의한 것이 아니다. 그렇기에 그런 심판은 존재할 수 없다. 그러나 나는 이런 결론은 성립될 수 없다고 본다. …… 소위 이성적 판단(사람이 어떤 행동을 하는 데에는 그럴 만한 이유가 있다고 하는)이란, 이성적으로 동기화되지 않은 욕망이나 그 개인의 심판에 작용하는 성향, 즉 보편적인 판단 기준이 적용되지 않는 욕망과 성향의 표현에 불과하다는 것을 주관주의자들이 이미 충분히 보여주었기 때문이다." Nagel, *Last Word*, pp. 110~111. Immanuel Kant, *Critique of Practical Reason*, Lewis White Beck, trans.(New York : McMillan, 1985), pp. 92~110 ; Immanuel Kant, *Groundwork for the Metaphysics of Morals*, Allen W. Wood, ed. and trans. (New Haven : Yale University Press, 2002), p.69 : "자유의 발상과 자율성이라는 개념은 떼려야 뗄 수 없는 관계에 있지만 이 자율성이라는 개념 속에 포함되어 있는 도덕성의 보편적 원칙은 모든 이성적인 존재들의 모든 행위에 적용되며 이는 자연의 법칙이 모든 생명체에 적용되는 것과 마찬가지다."

6 Nagel, *The Last Word*, pp. 55~76("Logic")

7 Ivan Illich, *Shadow Work*(1981) 중 "Vernacular Values" pp. 27, 41 : "묵독은 책 읽기의 진화된 형태이다." 나의 다섯 살 난 손자는 내가 입술도 움직이지 않으면서 책을 읽는 것을 도무지 이해하지 못했다.

8 인간의 가장 열정적인 의사소통은 어쩌면 침묵 속에서 이루어지는 기도일지도 모른다. 인간의 가장 진실되고 친밀한 생각들이 전달되면서도 그 표현들은 거의 밖으로 드러나지 않는다.

9 West Virginia State Bd. of Educ. v. Barnette, 319 U.S. 624, 642(1943)

10 Murphy&Nagel, *The Myth of Ownership*, p. 64

11 Hague v. Comm. for Indus. Org., 307 U.S. 496, 515(1939)

12 '발언의 자유를 위한 뉴딜 정책'은 캐스 선스타인이 사용한 표현이다. 선스타인은 루스벨트가 뉴딜 정책을 통해 재산권과 계약의 자유를 증진한 것처럼, 발언의 자유 이론에도 이와 비슷한 시도가 필요하다고 주장했다. Cass R. Sunstein, *Democracy and the Problem of Free Speech*(New York : Free Press, 1993), pp. 17~52 ; Cass R. Sunstein, *The Partial Constitution*(Cambridge, Mass. : Harvard University Press,1993), pp. 197~231 ; Cass R. Sunstein, Republic.com(Princeton, N.J. : Princeton University Press, 2001), pp. 125~166.

13 Pruneyard Shopping Ctr. v. Robins, 447 U.S. 74, 83(1980)에서는 '마을의 블록을 몇 개나 점령하고, 수많은 별개의 사업체가 포함되어 있으며, 대대적으로 대중에게 열려 있는' 민간 소유의 쇼핑몰은 '표현과 탄원의 자유'를 누리기 위해 대중이 찾아오는 것을 거부할 헌법상의 권리를 가지지 못한다고 판결했다. ; Int'l Soc'y for Krishna Consciousness, Inc. v. Lee, 505 U.S. 672(1992)에서는 "공항 터미널은 공공을 위한 집회 장소가 아니다"라고 보았다. : Benefit v. City of Cambridge, 424 Mass. 918, 919(1997)에서는 '일반 시민들이 자주 찾는 지역'에서 구걸을 하는 것을 금하는 도시 조례는 위헌이라고 판결했다. : 요차이 벤클러(Yochai Benkler)와 로런스 레식(Lawrence Lessig)은 "Net Gains" *New Republic*,(1998년 12월 14일자, p. 15)에서 방송 전파에 대한 FCC를 통제할 수 있는 기술을 개발하는 것은, 발언의 자유를 보장하는 귀중한 자원의 독점으로 이어질 수 있는 만큼 위헌이라고 주장했다.

14 발언의 자유에 대한 미국 헌법상의 원칙은 다음 책에서 정리하였다. Charles Fried, *Saying What the Law Is : The Constitution in the Supreme Court*(Cambridge. Mass. : Harvard University Press, 2004), ch.4.

15 공원의 음악당에서 연주하는 연주자들에게 시가 제공하는 음향 기기를 사용하도록 요청하여 소음을 규제하려 한 시의 대응이 타당하다고 옹호하고, "공공을 위한 집회 장소라 할지라도 타당한 이유가 있을 경우, 정부는 자유가 보장된 발언의 형식과 그 발언이 이루어지는 시간과 장소에 규제를 가할 수 있다"고 한 Ward v. Rock Against Racism, 491 U.S. 781(1989) 판례와, 마을 강당 앞을 행진하려고 한 나치당의 계획을 막으려는 의도에서 제정된 마을 조례가 "나치 사상과 상징들의 공격성으로부터 보호받아야 하는 개인 소유 지역을 마을이 선포하도록 하기에는, 나치당의 행진으로 침해될 수 있는 개인의 이익이 그리 크지 않다"고 하여 무효화시킨 Collin v. Smith,

578 F.2d 1197, 1207(7th Cir. 1978) 판결을 비교해보기 바란다.

16 Meyer v. Nebraska, 262 U.S. 390(1923) 재판에서는 네브래스카 주 내의 공립, 사립, 미션 스쿨을 막론한 모든 학교에서 영어로만 수업을 진행하도록 의무화한 주 정부의 학칙은 위헌이라고 선언했다. Bartels v. Iowa, 262 U.S. 404(1923) 재판에서도 마찬가지로 8학년 미만의 학생에게 외국어 교육을 금지한 아이오와 주의 학칙이 무효화되었다.

17 Sunstein, *Democracy and Free Speech*, p. 36: "정부의 법 규제는 재산권과 계약, 그리고 불법 행위 위에 성립되는 동시에 이를 창조해낸다."; Sunstein, *Republic. com*, pp. 128~131. "대중에게 받은 이 선물은(방송국 소유주들에게 '무료'로 디지털 TV를 위한 프로그램을 만들어낼 권리를 주기로 한 정부의 결정은) …… 정부와 법이 라디오와 TV 방송국을 소유하고 있는 사람들의 권리에 책임을 져야 한다는 것을 알려준 …… 가장 최근의 사례다."; Owen Fiss, The Irony of Free Speech(Cambridge, Mass.:Harvard University Press, 1996); Morton J. Horwitz, "Foreword : The Constitution of Change:Legal Fundamentality Without Fundamentalism" *Harvard Law Review* 30, 109(1993):107에서는 "로크너 원칙이 수정헌법 제1조에 까지 적용되었음"을 탄식했다.

18 Cass R. Sunstein, "The Future of Free Speech" *Little Magazine*, 2001년 3, 4월 호, www.littlemag.com/mar-apr01/cass.html. : "만약 헌법이 발언 수단을 가지고 있는 모든 개인에게, 그 수단을 통해 무엇을 표현할지를 결정할 권리를 보장한다고 믿는다면 …… 정부는 이 수단을 통해 발산되는 표현을 규제할 수 없다. 그러나 우리는 왜 헌법이 그 권리를 보장해줄 것으로 믿어야 하는가? 방송국들은 정부가 승인한 허가증이 있기 때문에 방송을 할 수 있으며, 웹사이트 운영자들은 그들의 소유권을 법에 의해 보장받는다. 이런 법 제도들이 소유권을 만들어내고, 강화하는 것이다."; Owen Fiss, "the Censorship of Television" *Northwestern University Law Review* 1215, 1223(1999):93: "모든 언론 매체는 국가로부터 상당한 혜택을 받으며, 계약이나 재산, 기업 관련 법, 또 모든 시민을 대상으로 하는 경찰이나 소방서의 서비스와 관련된 법률 조항에서도 이런 혜택에 대한 문구는 찾아볼 수 있다."

19 *Voting with Dollars:A New Paradigm for Campaign Finance*(New Haven:Yale University Press, 2002), pp.12~24

20 Murphy&Nagel, *Myth of Ownership*, pp. 63~64.

21 Robert C. Post, "Community and the First Amendment" *Arizona State Law Journal* 4/3(1997):29: "발언의 자유는 인간이 기본적으로 누려야 하는 자유 속에 포함되어 있는 것이지, 따로 분리되어서 생각해야 할 문제가 아니다. 그럼에도 발언의 자유를 요구하는 목소리가 너무나도 자주, 또 흔하게 들려오기 때문에 사람들은 흔히 이를 과소평가하곤 한다. 또 발언의 자유는 정부가 특정 행동 양식 등을 규제할

때마다 간과되는 가치이기도 하다. 이런 이유 때문에 발언의 자유는 다른 가치들과의 경쟁에서 너무나도 무력하게 밀려버리고 만다."

22 Wisconsin v. Yoder, 406 U.S. 205, 211~212(1972)

23 Ibid., p. 245(Douglas, J., 부분적으로 반대하며) "오늘의 판결로 위태로워진 것은 부모의 미래가 아니라, 이 학생의 미래다."

24 W. Va. State Bd. of Educ. v. Barnette, 319 U.S. 624(1943); Pierce v. Soc'y of Sisters, 268 U.S. 510(1925); Meyer v. Nebraska, 262 U.S. 390(1923).

25 Edmund Gosse, *Father and Son:A Study of Two Temperaments*(London:Oxford University Press, 1974).

제5장 | 섹스

서두의 인용문 | Nicolas de Chamfort, Maximes et Pensees:Caracteres et Anecdotes(Paris:Gallimard, 1970), section 359, p.110. 이 발언은 프랑스어로, 특히 장 르누아르(Jean Renoir, 1894~1979)의 영화 〈게임의 규칙(La Regle du jeu)〉의 여주인공처럼 아름다운 여성의 입에서 흘러나오면 더욱 그럴싸하게 들린다.

1 Murphy&Nagel, *The Myth of Ownership*, p. 65

2 이런 경향에 대해 롤스는 그 유명한 '무지의 베일'이라는 이론을 이용하여 설명했다. 이는 자신의 타고난 능력, 사회·경제적 지위, 심리 상태 및 성향, 재능, 성격 등을 모르는 채로 자신의 원칙을 선택한다는 것을 설명하기 위한 가상의 장치다. John Rawls, *A Theory of Justice*, pp. 17~22

3 교황 베네딕토 16세의 첫 번째 회칙, Deus Caritas Est(2006년 1월 25일).

4 Catharine A. MacKinnon, *Toward a Femist Theory of the State*(Cambridge, Mass.:Harvard University Press, 1989), p. 195.

5 Andrea Dworkin, *Intercourse*(London:Secker&Warburg, 1987), p. 122: "인간은 존중되어야 할 신체를 가지고 있다. 그리고 이 신체가 침해를 당할 때 이를 학대라 부른다. 여성의 신체는 성행위 시 관통된다. 여성의 신체는 침해될 수 있기에 육체적으로 견고하다고 하는 주장은 거짓이라 할 수 있다. 남성의 진실에 대한 담론에서는 …… 이를 관통적 침해라 부른다. …… 이 침해는 성행위의 동의어다. 이와 동시에 이 관통은 사용하기 위한 것이지 학대하기 위한 것이 아니다. 그렇기에 이는 일반적인 사용이며 여성의 몸에 들어가 그녀의 영역 안으로 밀고 들어가는 것(침해하는 것)은 적절한 것이다. 그녀는 물론 인간이지만 신체적 개체성을 포함하지 않는 기준에서만 이렇게 말할 수 있다. …… 남성을 평생 동안 완전히 멀리하는 것은 극단적인 일탈이

며, 정신병리학적으로 인간으로서의 본질을 드러내는 것을 거부하는 길이다."

6 Karl Marx&Frederick Engels, *Collected Works*, vol. 6(New York:International, 1976) 중 Communist Manifesto, pp. 476~519.

7 Richard M. Titmuss, *The Gift Relationship*(London:London School of Economics, 1997), p. 314: "헌혈과 그 기증자 간의 관계를 상업화하는 것은 이타주의적 표현을 억압하고, 공동체 의식을 좀먹는다. …… 그리고 빈곤층이나 숙련된 기술을 가지지 못한 실업자나 흑인, 또는 소득이 적은 계층에 의해 더 많은 피가 제공되게 되면, 그 결과 혈액 시장은 오염된 혈액을 제공할 가능성이 크게 높아진다." Margaret Jane Radin은 *Contested Commodities*(Cambridge, Mass.:Harvard University Press, 1996), p. 95~114에서 '불완전한 상업화'라는 발상의 가능성을 모색하고 추진함으로써 티트머스의 주장에 호응했다.

8 Titmuss, *The Gift Relationship*, pp. 307~308

9 Frederick Schauer, "Speech and 'Speech'-Obscenity and 'Obscenity':An Exercise in the Interpretation of Constitutional Language" *Georgia Law Journal* 899, 922~926(1979):67.

Eric A. Posner, "Law and the Emotions" Georgia Law Journal 1977, 2012(2001): 89: "동성인 두 명의 성인이 손을 잡고 있는 모습을 볼 때마다 혐오감을 느끼는 사람이 있다고 하자. 이 사람은 이 혐오감을 느끼고 싶지 않기 때문에 동성애적인 행동을 제한하는 법률을 운용하는 데 기꺼이 세금을 내려고 할 것이다. 문제는 이 사람의 거부감을 독성 물질의 냄새, 즉 공해에 대한 거부감과 똑같이 볼 수 있느냐는 것이다."

10 Kwame Anthony Appiah, *Cosmopolitanism:Ethics in a World of Strangers*(New York:Norton, 2006), p. 77.

11 Immanuel Kant, *The Metaphysics of Morals*, Mary Gregor, trans,(Cambridge, Eng.:Cambridge University Press, 1991), section 25, p. 96.

12 Ibid. sections 24~26, pp. 96~98. 칸트는 종족 번식을 가능케 하는 행위를 '자연의' 성행위라 보았다. Immanuel Kant, *Lectures on Ethics*, Peter Heath, trans.(Cambridge, Eng.:Cambridge University Press, 2001), pp. 160~161.

13 사회생물학자들은 이를 다음 세대를 출산하고 돌보는 진화론적 계획을 위해 인간의 본능을 일깨우는 장치라고 본다. 일례로 에드워드 윌슨은 '인간의 사회생활의 기본이 되는 부부간의 유대를 강화하는' 인간의 성의 몇 가지 특성에 대해 설명했다. Edward O. Wilson, *Sociobiology:The New Synthesis*(Cambridge, Mass.:Harvard/Belknap, 2000), pp. 547~548. 이 두 설명이 서로 모순되지는 않는다.

14 Martha C. Nussbaum, *Hiding from Humanity:Disgust, Shame, and the Law*(Princeton, N.J.:Princeton University Press, 2004), pp. 71~123:William Ian Miller, *The Anatomy of Disgust*(Cambridge, Mass.:Harvard University Press, 1997):William

N. Eskridge, Jr., "Body Politics:Lawrence v. Texas and the Constitution of Disgust and Contagion" *Florida Law Review* 1011, 1023(2005):57; Richard A. Posner, *Sex and Reason*(Cambridge, Mass.:Harvard University Press, 1992), p. 98에서는 일탈된 성행위로 '자위, 동성애, 관음증, 노출증, 소아성애와 페티시즘'을 들고 있다.

15 여기서는 Youngstown Sheet&Tube Co. v. Sawyer, 343 U.S. 579, 634(1952) 판결에 동의했던 잭슨 판사의 발언을 풀어서 설명했다.

16 이는 주인과 노예에 대한 헤겔의 유명한 변증법이다. 헤겔은 남을 노예로 부리고 있는 행위는 자신의 인간성을 손상시키는 일이라고 보았다. G. W. F. Hegel, *Phenomenology of Spirit*, A. V. Miller, trans.(Oxford:Oxford University Press, 1977), pp. 110~118.

17 노직은 강압적인 협박과 비강압적인 제안의 차이에 대해 이렇게 설명했다. 전자가 '일련의 행위'의 일반적으로 기대되는 결과를 초래하지 못하는 데 비해 후자는 일반적으로 기대되는 결과보다 더 좋은 결과를 낳는다. 또 비강압적인 제안은 선택의 폭을 넓히지만, 협박은 제한한다는 차이가 있다. Robert Nozick, *Philosophy, Science, and Method*, Morgenbesser et al., eds(New York:St. Martin's, 1969) 중 "Coercion", pp. 440, 447~453.

18 Michael Sandel, "Markets, Morals, and Civic Life" *Bulletin of the American Academy of Arts & Sciences* 58(2005년 여름호):6

19 자신에게 유리하도록 판결을 끌어내기 위해서 판사나 판결을 내릴 만한 지위에 있는 사람에게 뇌물을 준 소송 건은 별도로 다뤄야 한다고 본다. 그들은 부패한 경찰관과 같은 처벌을 받아야 한다.

20 Appiah, *Cosmopolitanism*, p. 111

21 Lawrence v. Texas, 539 U.S. 558(2003), 기각된 Bowers v. Hardwick, 478 U.S. 186(1986).

22 Leon R. Kass, *Life, Liberty, and the Defense of Dignity:The Challenge for Bioethics*(San Francisco:Encounter, 2002), ch.5, pp. 177~219.

23 Galway Kinnell, *Moral Acts, Mortal Wounds*(Boston:Houghton Mifflin, 1980) 중 "After Making Love We Hear Footsteps":"부모가 (자신의 아이를) 하늘의 축복이자, 단 하나밖에 없는 축복이며 사랑의 열매로 볼 수 있는 힘은 무엇일까? 그리고 그들은 올바르게 보고 있는 것일까?"라고 시작되는 이 시는 미국 생명윤리 대통령 자문위원회의 권장 도서 목록인 Being Human에 포함되어 있다.

1 Murphy&Thomas Nagel, *The Myth of Ownership*, p.64~65

2 Nozick, *Anarchy, State, and Utopia*, pp. 160~164.

3 Ibid., p. 169. "근로 소득에 대한 과세는 강제 노동과 마찬가지다."

4 주인과 노예에 대한 헤겔의 변증법과 비교해보길 바란다.

5 칸트가《형이상학과 도덕의 기초》에서 전개한 주장이며, 롤스의 '무지의 베일' 과도 연관이 있다.

6 내가 발표한 소론(小論) "Market, Law, and Democracy" *Journal of Democracy* 11(2000년 7월호):5, 7에서 인용했다.

7 자유주의국가재단(Libertarian Nation Foundation)은 "투명하고 신뢰할 만한 자발적인 제도를 개발하여, 이를 제대로 설명하고, 공동체의 구성원 모두가 이 제도의 내용을 신뢰한다면 정부의 강압적인 제도가 시민들의 상호 만족을 가져올 자발적인 제도로 바뀌는 날이 올 것"이라고 주장한다.

8 Martin Feldstein, *Income Inequality and Poverty*, National Bureau of Economic Research Working Paper 6770, 1998년 10월.

9 Legislative Council Secretariat, *Fact Sheet*, www.legco.gov.hk/yr04-05/english/ sec/library/0405fs07e.pdf 기초가 되는 자료들의 수집 방법들이 각국에 따라 다르기 때문에 이 수치들은 대략적인 비교를 위해서만 사용되었다.

10 토지의 소유권자는 썰물 때의 최저 수위선 또는 밀물 때 바다 방향으로 1650피트까지를 기준으로 둘 중 더 면적이 적은 땅을 소유할 수 있다. 일반 시민들은 낚시, 야생 조류 사냥, 항해 목적으로라면 지역권(地役權)을 행사할 수 있다. *Opinion of the Justices to the Houses for Representatives*, 365 Mass. 681(1974). 매사추세츠 주의 갯벌을 둘러싼 권리가 어떻게 변천했는지는 Trio Algarvio, Inc. v. Comm'r of the Dep't of Envtl. Prot., 440 Mass. 94, 97~101(2003)에서 찾아볼 수 있다.

11 Idaho v. Coeur D'Alene Tribe, 521 U.S. 261, 284(1997): "'영국에서는 …… 밀물 때의 최고 수위선 밑에 존재하는 바다의 토양이나, 바다로 들어가는 강줄기는 왕의 소유라는 인식이 정착되어 있다. 'jus privatum'이라 불리는 이 권리가 왕에게 있건, 대상물에 있건, 항해와 낚시에 대한 대중의 권리(jus publicum)가 우선시된다.' 미국 법이 물 밑에 잠긴 섬 등을 포함하여 항해할 수 있는 물길에 대한 대중의 권리를 존중하는 영국법의 영향을 크게 받은 것은 놀랄 일이 아니다." 영연방의 재산권에 대한 개요는 다음 판례에 잘 정리되어 있다. Shively v. Bowlby, 152 U.S. 1, 18~26(1894).

12 1974년, 매사추세츠 의회는 최고 수위선과 최저 수위선 사이의 시간 동안은 일반 시민이 지나갈 수 있는 권리를 인정하기로 했다. 즉, 개인 소유의 해변이라도 마음대로

지나갈 수 있는 것이다. 매사추세츠 주 대법원은 육지의 토지 소유자들의 재산권에 대한 물리적 침해를 막을 수 있는 권리가 박탈당할 수 있으므로, 이 조례는 토지 소유자들에게 합당한 보상을 하지 않는 한, 위헌이라는 판결을 내렸다. Opinion of Justice, 365 Mass. 681(1974).

13 Randy E. Barnett, *Restoring the Lost Constitution:The Presumption of Liberty*(Princeton, N.J.:Princeton University Press, 2004).

14 Bracton, *Bracton on the Laws and Customs of England*, vol.2,(헨리 드 브랙턴 (Henry de Bratton, 1210~1268)의 글과 발언이 인용되었다.), p. 58.

15 Rancho Viejo, LLC v. Norton, 323 F.3d 1062(D.C. Cir. 2003)

16 〈창세기〉 1장 26절.

17 매우 보수적인 시대의 매우 보수적인 판사도 이를 이해하고 있었다. "관습법상에서 개인의 재산이나 이익은 보호받지 못한다. 이는 지역법의 한 종류일 뿐이며, 다른 법보다 더 우선시되지 않는다. 관습법에 의해 생겨난 재산권은 해당 절차 없이는 박탈할 수 없지만, 행위의 규정으로서의 법인 만큼 헌법의 제한으로 인해 보호되지 않는 한, 국회의 의지에 의해 바뀔 수도 있다." Second Employee Liability Cases, 223 U.S. 1 50(1917), Munn v. Illinois, 84 U.S. 113, 134(1876) (Van Devanter, J.)를 인용했다.

18 사이버 공간 속에서 지적재산권을 어떻게 적용할 것인가에 대해서는 방대한 문헌과 열띤 토론이 전개되고 있다. 일례로 다음과 같은 책이 있다. Lawrence Lessig, "Innovating Copyright" *Cardozo Arts and Entertainment Law Journal* 611, 623(2002):20: "문화는 타인의 재산이라는 생각에서 자유로워져야 한다. 우리는 과거에는 상상도 하지 못한 디지털 기술들을 구사할 수 있게 됨으로써 창조자로서의 힘을 가지게 되었으며, 그런 만큼 정책 입안자들을 탄복시킬 문화들을 만들고, 추가하고, 찢고, 섞고, 구울 수 있는 권리를 가져야 한다." :Jonathan Zittrain, "The Copyright Cage" Legal Affairs, 2003년 7/8월호, www.legalaffairs. org/issues/July-August-2003/feature_zittrain_julaug03.msp: "나는 디지털 혁명이 저작권에 미치는 영향을 싫어한다. 이는 단순히 CD의 불법 복제 문제가 아니다. 나는 개인의 창조성이 마지막 한 조각으로까지 분해되어 이익의 대상으로 평가되는 것이 싫다. 이 새로운 기술이 저작권이라는 종잇조각과 다른 아날로그 매체에 발목을 잡히는 것이 싫다. 즉, 볼 수는 있어도 프린트는 할 수 없고, 들을 수 있어도 공유할 수 없고, 읽을 수 있어도 빌려줄 수 없고, 소비할 수 있어도 창조할 수 없도록 얽매이는 것이 싫다. 그러나 내가 이 상황을 싫어한다고 해서, 저작권이라는 개념에 근본적으로 결함이 있다고 믿는 것은 아니다." :William W. Fisher III, *Promises to Keep:Technology, Law, and the Future of Entertainment*(Stanford, Calif.:Stanford University Press, 2004), p. 7:"제이미 보일(Jamie Boyle)이 물었듯이, 유치원 교사들이

아이들에게 장난감은 같이 가지고 놀라고 하면서, 음악이나 영화를 공유하는 것은 비도덕적이라고 가르칠 수 있을까?":Recording Industry Association of America, *Music and the Internet*, "음악 산업의 가능성은 엄청나다. 팬들과 음악가, 음반 회사들도 마찬가지다. 새로운 기술 혁신이 가져다준 이 기회들은 무한하다는 생각이 든다. 동시에 이 기회를 이용하려면 음악을 만들어내는 아티스트들의 이익은 저해될 수밖에 없다. 이는 공정치 못하며, 인류의 창조적인 미래를 훼손하게 될 것이다." 이 외에도 Cass Sunstein, *Republic.com*(Princeton, N.J.:Princeton University Press, 2001) 이 참고가 될 것이다.

19 United States v. Causby, 328 U.S. 256(1946) 재판에서는 인접한 군용 비행장에서 이륙한 비행기가 지나가는 항로 바로 밑의 토지를 구입한 소유자들이 제기한 소송에서 법원은 수정헌법 제5조를 근거로, 저공비행은 합헌이라는 판결을 내렸다.

20 Murphy&Nagel, *Myth of Ownership*, pp. 130~141;Walter J. Blum&Harry Kalven, Jr., "The Uneasy Case for Progressive Taxation" *University of Chicago Law Review* 417(1952):19

21 Louis Kaplow&Steven Shavell, *Fairness versus Welfare*(Cambridge, Mass.:Harvard University Press, 2002), p. 31~35.

22 Randy E. Barnett, *Restoring the Lost Constitution*;F. A. Hayek, *The Road to Serfdom*(London:Routledge, 2001), pp. 75~90.

제7장 | 자유의 정신

1 B. Netanyahu, *The Origins of the Inquisition in Fifteenth-Century Spain*(New York:Random House, 1995), pp. 975~980.

2 한 수녀가 옷을 다 입은 채로 목욕을 하기에, 문을 잠그면 누구도 보지 못할 텐데 왜 옷을 입고 목욕을 하냐고 묻자, 하느님께서 보신다고 대답을 했다고 한다. Bertrand Russell, *Unpopular Essays*(London:Routledge, 1995), pp. 86~87. 사실은 그녀 자신이 볼 수 있기 때문이라고 생각하는 사람들도 있다.

3 Stephen Breyer, *Active Liberty:Interpreting Our Democratic Constitution*(New York:Knopf, 2005), p. 55.

4 Frederick F. Schauer, "Reflections on 'Contemporary Community Standards':The Perpetuation of an Irrelevant Concept in the Law of Obscenity" *North Carolina Law Review* 1, 14~17(1978):56; Cass R. Sunstein, "Pornography and the First Amendment" *Duke Law Journal* 589(1986):616~617:"포르노그래피의 메시지는 이성적인 설득의 과정을 거치지 않고 간접적으로 소통된다. 즉 일반 대

중의 사고 체계와 토론을 거치지 않고 전파되기 때문에 공론화하여 자유롭게 견해를 개진할 수 있게 하더라도 그 해악을 막는 것은 불가능하다."

포르노그래피에 대한 쇼어의 견해는 맞을지도 모르지만, 현재로서는 이 견해는 대중에 대한 규제를 정당화하는 데 이용되고 있을 뿐이다. 포르노그래피가 묘사하는 행위들의 자유가 보장되어야 하는 것과 마찬가지로 포르노그래피의 개인적인 소비 역시 자유의 특권이다. 포르노그래피와 관련해서는 이외에도 여러 논쟁들이 전개되고 있다. 내 의견은 다음 책에 정리되어 있다. *Saying What the Law Is:The Constitutional in the Supreme Court*(Cambridge, Mass.;Harvard University Press, 2004), pp. 102~106.

5 Thomas Nagel, The Last Word(New York:Oxford University Press, 1997), pp. 55~76.

6 John Stuart Mill, *On Liberty*, ch.5: "만약 정부가 모든 아이들에게 좋은 교육을 제공하고자 한다면, 정부에 의한 교육을 아예 제공하지 말고 부모가 원하는 교육을 원하는 기관에서 받을 수 있도록 내버려두면 된다."

7 Edward L. Glaeser&Matthew E. Kahn, *Sprawl and Urban Growth*; Edward L. Glaeser&Jesse Shapiro, *Is There a New Urbanism?:The Growth of U.S. Cities in the 1990s*, National Bureau of Economic Research Working Paper Series No. 8357(2001). 도시의 확장과 '튼튼한 인적 자본 기반'의 상관관계에 대한 조사 결과에 따르면, 사람들은 보다 온화하고 건조한 기후에서 생활하기를 원하며, 대중교통보다는 자가용을 선호했다.

8 44 Liquormart, Inc. v. Rhode Island, 517 U.S. 484, 516(1996);Va. State Bd. of Pharmacy v. Va. Citizens Consumer Council, 425 U.S. 748(1976).

9 제10지구 연방 상소법원은 오클라호마 주 제도를 옹호했다. Powers v. Harris, 379 F.3d 1208(10th Cir.2004), cert. denied, 125 S. Ct. 1638(2005). 제6지구 연방 상소법원은 수정헌법 제14조에 근거하여 테네시 주 제도를 무효화했다. Craigmiles v. Giles, 312 F.3d 220(6th Cir.2002).

10 McCray v. Unites States, 195 U.S. 27(1904).

11 독일에서는 연간 소득이 45,900달러(2005년 기준) 이하인 사람은 사회보장 프로그램 가입이 의무화되어 있다. 이보다 소득이 많은 경우는 국가 연금과 민간 연금 중 선택을 할 수 있다. 영국에서는 국가 건강보험 가입이 의무화되어 있기는 하지만, 진료 대기 기간을 앞당기거나, 가입자가 원하는 의사 또는 의료기관에서 진료를 받을 수 있도록 해주는 보조 보험에 가입할 수 있다. 프랑스의 경우에는 85퍼센트 이상의 국민이 민간 보조 보험에 가입해 있다. 민간 보험으로 지출되는 의료비는 국가 총의료비의 12퍼센트에 달한다. Timothy Stoltzfus Jost, "Private or Public Approaches to Insuring the Uninsured:Lessons from International Experience with Private Insurance" *New York University Law Review* 76(2001):419, 439, 468~471.

12 Richard H. Thaler와 Cass R. Sunstein, "Libertarian Paternalism," *American Economic Review* 93(2003):175.

13 Pierce v. Soc'y of Sisters, 268 U.S. 510(1925)

14 이 구절은 하버마스를 원용한 조슈아 코언의 말을 인용했다. 하버마스는 예술 비평의 초기 세대를 언급하며 이렇게 말했다. "그들은 더 나은 논쟁 말고는 권위라는 것을 알지 못한다." Jurgen Habermas, *The Structural Transformation of the Public Sphere*, Thomas Burger, trans.(Cambridge, Mass.:MIT Press, 1998), p. 41. 담론에 대해 언급하면서 하버마스는 "더 나은 논쟁이 전개되고 있다는 것 이외에는 어떤 힘도 작용하지 않는다"라고 말했다. *Legitimation Crisis*, Thomas McCarthy, trans. (Cambridge, Eng.:Polity Press, 1988), p. 108.

15 Robert Nozick, *Philosophical Explanations*(Cambridge, Mass.:Harvard/Belknap, 1981), p. 7.

16 Charles Fried, *Saying What the Law Is*, pp. 78~142.

17 Colin Lucas, "Nobles, Bourgeois, and the Origins of the French Revolution" *Past and Present*, 1973년 8월. pp. 84, 118. 그 시대에도 벌써 이런 원칙이 존재했다. "개인 간의 분쟁을 조정할 때에는 모든 사람에게 동일한 법이 평등하게 적용된다. 한편 공동체 안에서는 사회적으로 존경받는 사람이 있는가 하면, 그렇지 못한 사람이 있다. 존경받는 명예 시민들은 그가 고귀한 계급에 속해 있기 때문이 아니라, 뛰어난 능력과 장점들이 있기에 이런 평판을 받는다. 그러나 빈곤의 늪에 빠진 자는 공동체 속에서 의미 있는 역할을 할 수 없기 때문에 자신의 '이름'을 갖지 못한 채 국가의 노예로 살아갈 수밖에 없다." :Thucydides, *History of the Peloponnesian War*, Vol 2, Charles Forster Smith, trans.(Cambridge, Mass.:Harvard/Loeb, 1969) 중 Pericles' Funeral Oration, p. 323.

18 "사유 재산은 정당한 보상 없이 공공으로 차출되어서는 안 된다." :U.S. Constitution, Amendment V. Under NAFTA, 어떤 국가도 (1)국민의 공공 이용을 위해, (2)비차별 정책하에서 (3)법 집행 절차로 인해, (4)정당한 보상을 한 경우가 아니면, 타국의 투자자가 투자한 대상물을 국유화하거나, 수용해서는 안 된다. North American Free Trade Agreement, Dec. 8~17, 1992, U.S.-Can.-Mex., ch.11, section B,32 I.L.M. 605, 642~647.

19 1980년대 초반 유네스코는 개도국에 대한 잘못된 정보가 확산되는 것을 막기 위해 '신국제 정보질서(New World Information Order)'를 도입하려 했다. 미국과 영국은 이에 저항하는 뜻으로 유네스코에서 탈퇴했다. 짐바브웨는 자국 언론의 어용화로 악명이 높다. Michael Wines, "3 Journalists Flee Zimbabwe, Fearing Arrest After Threats" *New York Times*, 2005년 2월 22일자, p. A3.

20 Richard A. Epstein, Taking:*Private Property and the Power of Eminent*

Domain(Cambridge, Mass.:Harvard University Press, 1985);Bruce A. Ackerman, *Private Property and the Constitution*(New Haven, Conn.:Yale University Press, 1977);William A. Fischel, *Regulatory Takings:Law, Economics, and Politics*(Cambridge, Mass.:Harvard University Press, 1998).

21 이 비유는 다음 문헌에서 빌려왔다. "The Artificial Reason of the Law or:What Lawyers Know" *Texas Law Reviews* 60(1981):35, 57.

찾아보기

261

현대의 자유

찰스 프리드 Charles Fried

하버드 로스쿨의 교수로 재직하며 40년 동안 법철학과 헌법을 가르치고 있다. 레이건 행정부에서 법무부 차관을 지냈으며 매사추세츠 주 내법원의 판사를 역임했다. 지은 책으로는 《약속으로서의 계약Contract as Promise》, 《법이란 무엇인가Saying What the Law Is : The Constitution in the Supreme Court》 등이 있다.